《河北港口年鉴》(2013 版)编纂人员

主　　审：宋敬中

副 主 审：张金河　姚凤霞

主　　编：王晓艳

副 主 编：刘会平　刘　斌

编　　辑：王庆普　刘荣宽　李小波　边　恒　韩丽娜
刘爱民　荀利敏　王宏卿　张琪玮

摄　　影：康书楷　苑　捷　王海强　马秋林　范德福
崔文凯　刘爱民　田立军　王　琳　闫敬河
刘　军　王立伟　王一玮　杜尚伟　刘　斌
孙建国　田家新　崔　卫　赵洪文　徐美夏
周　媛　等

(排名不分先后)

编 辑 说 明

一、以马克思列宁主义、毛泽东思想、邓小平理论、“三个代表”重要思想、科学发展观、习近平新时代中国特色社会主义思想为指导，坚持辩证唯物主义和历史唯物主义的立场、观点和方法。

二、《河北港口年鉴》是河北港口集团有限公司(简称“集团公司”)主办的一部全面、系统地记述企业经营、发展进程的综合性年刊。

三、《河北港口年鉴》全面汇集、遴选各方面重要资料，客观反映新变化、新成就及经验教训，真实反映了百年港口改革开放和转型发展的历史进步，为集团公司永续发展提供借鉴，为社会各界了解集团公司提供全方位信息。

四、《河北港口年鉴》(2013)紧紧围绕集团公司确立的企业发展战略，翔实记述了“主业发展快中求强，转型发展稳中求进”和“以港为基、跨区经营、多元发展”的重要史实，秉笔书写2012年基本港情、突出特点及经验教训。年鉴以综合反映为主，注重宏观概述与重点记述相结合，供读者把握了解企业发展脉络和本年度大事要事，以资借鉴。

五、《河北港口年鉴》分类目、分目、条目三个层次。《河北港口年鉴》(2013)在总结以往工作经验基础上编辑成书，在条目编排上有所继承与创新，新增与调整了“秦港股份”“企业文化”等类目、分目和条目。在内容编撰上力求全面系统、图文并举，但瑜不掩瑕，一些方面仍有待于探索、改进。恳请各界人士提出宝贵意见，以便今后继承创新，进一步提高年鉴编辑出版质量。

3月9日，省委常委、副省长聂辰席（右一）在市领导的陪同下到秦皇岛港，在煤炭调度指挥中心听取河北港口集团董事长、党委书记邢录珍（左二）工作汇报

7月2日，交通运输部部长李盛霖（右一）到秦皇岛港，就近期煤炭压港情况进行专题调研指导，并慰问秦港职工

8 月 15 日，省委副书记、省长张庆伟在省市领导陪同下到秦港西港区调研，在现场听取河北港口集团董事长、党委书记邢录珍汇报港口总体布局和西港搬迁改造工程规划方案

8 月 23 日，国家发改委副主任胡祖才（左一）率相关部门负责人到秦皇岛港，就港口发展、环境保护工作进行现场调研

8月23日，以全国政协人口资源环境委员会副主任王曙光为组长的专题调研组到秦皇岛港，听取港口生产经营、西港搬迁改造工程以及海洋环境保护工作汇报

11月6日，交通运输部部长杨传堂在省市领导陪同下到秦皇岛港，就煤炭、矿石等重点物资运输保障和港口安全生产进行调研指导，并慰问港口职工

1月17日，河北港口集团有限公司、秦皇岛港股份有限公司第一届三次职代会暨年度工作会议召开

5月25日，秦港股份公司与秦皇岛市政府、承德市政府在承德举办“秦皇岛港承德地区推介会”

7月9日，第二届秦皇岛煤炭交易商洽谈会隆重开幕

9月20日，秦港股份公司在张家口市召开"秦皇岛港张家口地区业务座谈会"

11月8日，秦皇岛港在广东省珠海市召开2013年度煤炭业务座谈会

3月7日，河北港口集团党委、河北港口集团召开"弘扬雷锋精神，立足岗位奉献"报告会，特邀学习雷锋先进典型到港口俱乐部作事迹报告

4月9日至14日，秦港股份公司党委在青岛港湾职业技术学院举办中层后备干部培训班

10 月 31 日，秦港股份公司党委在河北港口集团办公楼大厅举办“迎接党的十八大、创先争优成果展”

11 月 18 日，河北港口集团党委常委、副总经理、驻村工作组组长朱朝阳与工作组成员在承德市围场满族蒙古族自治县下伙房乡下伙房村研究扶贫方案

1月9日，河北港口集团、河北钢铁集团、沧州港务集团在石家庄举行黄骅港综合港区矿石及通用散杂货泊位项目合作协议签约仪式

5月30日，国内首家集铁路运输与公路运输为一体的内陆港、省重点建设项目、河北港口集团首个内陆港——邯郸国际陆港在邯郸市邯山区奠基

10 月 26 日，秦皇岛出入境检验检疫局、秦港股份公司、秦皇岛金海粮油公司在秦皇岛海景假日酒店举行“共建秦皇岛植物检疫安全港区活动签约仪式”

11 月 5 日，秦港股份有限公司、华能曹妃甸港口有限公司在秦皇岛海景酒店签署战略合作框架协议

11 月 5 日，河北港口集团职工美术书法摄影展开幕

8 月 27 日，河北港口集团文艺队在港口俱乐部自编自演“喊海的男子汉”歌舞节目

8 月 27 日，河北港口集团文艺队在港口俱乐部自编自演“心的方向”歌舞节目

8 月 27 日，河北港口集团文艺演出队在港口俱乐部自编自演“难忘港湾”歌舞节目

6月10日,"河北港口集团第一届职工体育运动会"升旗仪式在市奥体中心隆重举行

◀ 标枪项目

跳高项目 ▼

目　录

港口建设

设施设备

港口机构

港口物流

企业管理

服务保障

党群组织

公法武保

党派团体

企业文化

港口职工

人物与荣誉

文件选编

发文目录

附　录

河北港口年鉴2013

HEBEI GANGKOU NIANJIAN 2013

专记

河北港口集团组建三周年回顾

沿海战略助推转型跨越

2009年7月8日，河北港口集团应省委、省政府“建设沿海经济发展强省”战略之运而生。经过3年成长，河北港口集团总资产已由成立之初的180亿元翻一番达到366亿元，生产泊位由49个增至64个，年设计通过能力由2.58亿吨达到3.09亿吨。拥有全资和控股、参股投资企业32家，涉及港口建设、港口运营、港口物流、港口服务、地产开发、港机制造及维护等诸多领域。2011年，干散货吞吐量继续领跑全球。河北港口集团完成吞吐量3.61亿吨，进一步巩固了国家能源运输主枢纽地位。旨在整合全省沿海港口岸线资源、打造沿海经济隆起带的“大手笔”显示出蓬勃向上、可持续发展的良好态势。

河北港口集团发展的背后，是省委、省政府和省国资委的关注目光和政策支持。河北港口集团成立以来，省委、省政府和省国资委领导多次到河北港口集团及秦皇岛港、唐山曹妃甸港区、沧州黄骅港综合港区实地考察，特别是2011年9、10两月，刚刚上任的省委书记张庆黎、省长张庆伟先后到黄骅港综合港区和秦皇岛港调研，明确要求做大做强河北港口集团，为建设沿海经济强省做出新的贡献。11月，伴随着河北沿海地区发展规划正式上升为国家战略，省委书记张庆黎在省第八次党代会上明确提出，要“举全省之力打造曹妃甸新区和渤海新区两大增长极”。

根据省委、省政府赋予河北港口集团

2009年7月8日，河北港口集团有限公司成立

“整合省内港口岸线资源，推动河北省沿海港口功能和结构调整，促进港口与临港产业统筹发展”的重要职能，河北港口集团确立了“12358”的发展框架。即坚持“以港为基、跨区经营、多元发展、转型升级”的“一条主线”；打造河北港口集团发展的资本和信息服务“两大平台”；明确港口经营、建设及配套服务，港口物流、其他水上运输辅助服务“三大主业”；做强港口经营、港口物流、地产开发、投资金融、综合服务“五大板块”；开展港口主业、港口建设、港机制造、资源开发等“八项业务”。一幅覆盖秦、唐、沧三地海域，触角延伸至各港口腹地，开拓至全国疆土的恢宏远景的实现正在路上。

在此战略指导下，河北港口集团重点项目建设有序推进。从2009年7月16日打下第一根桩始，黄骅港综合港区码头工程10万吨级散杂货通用泊位仅用17个月即告竣工，于2010年8月17日正式开航运营，创造了“黄骅港速度”。2011年12月29日，黄骅港综合港区年设计通过能力为40万标准箱的两个多用途泊位改造完成，进一步完善了黄骅港综合港区功能。黄骅港综合港区矿石码头一期工程通过初审，煤炭、油品和集装箱专业泊位也正在谋划中，力争在“十二五”期末，将其建设成为功能齐全、设施完善的综合性大港，真正成为冀中南地区最便捷的出海口和“富民强省的战略通道”。

2009年7月16日，黄骅港综合港区码头工程举行开工仪式

拟建5个5万~10万吨级煤炭专用泊位、年设计通过能力5000万吨的曹妃甸煤炭码头二期工程自2009年底通过国家核准立项后，于2010年5月动工建设，目前各种机械设备正在安装调试过程中，2012年底实现试运行。

2012年12月，曹妃甸煤二期设备进入调试阶段

作为河北港口集团支柱的秦皇岛港在千方百计保持良好运营的基础上，积极探索港口物流新模式，整合后续发展资源。对杂货运输进行重组，提升了市场竞争力；与诸强联手，通过整合北方沿海港口煤炭供应信息，建立煤炭网上交易平台，2010年10月开始在国家发改委主导下发布环渤海动力煤价格指数，2011年7月成功举办夏季煤炭交易商洽谈会，积极打造河北唯一、中国最大的海运煤炭交易市场品牌，大大提升河北港口集团在海内外的影响力。2012年1月2日，睿港煤炭物流有限公司正式成立，通过开展煤炭供应链的增值服务，进一步完善上、下游煤炭物流网络链接流程。河北港口集团2012年港口物流年活动正在扎实推进；秦皇岛港20万吨级航道改造、西港搬迁改造工程等也都按计划有序推进，对于提高秦港通过能力、促进长远发展具有重要作用。

河北港口集团在环渤海区域初步形成功能相得益彰、货类各有侧重的“三港联动”局面。

河北港口集团由传统运输服务企业向综合性港口物流集团转型的步伐不断迈进，一套转型发展、结构完善的物流网络体系呼之欲出。2012年5月30日，河北港口集团与邯郸市政府首个战略合作项目——邯郸国际陆港奠基开工，标志着河北港口集团转型升级迈出新步伐。该项目以黄骅港、邯黄铁路为依托，集口岸、保税、仓储、商贸、金融、临港产业等为一体，建成后将成为冀中南地区强大的经济引擎，河北港口集团的功能将再次得到提升，在全省经济发展中的作用也将得到凸显和加强。根据国家能源战略和煤炭储运基地布局，河北港口集团与江苏国信集团联手建设靖江煤炭码头及配套项目，与华中航运集团联手打造海江多式联运煤炭运输通道，共同构建煤炭大物流体系，确保区域能源安全和社会稳定。河北港口集团还先后与上海、浙江、内蒙等地政府部门以及申能、同煤等知名企业签署战略合作协议，有力拓展了河北港口集团发展空间。

生产经营蓄势后续发展

盛德大业，来自生产经营，来自经济基础。河北港口集团组建以来，致力于港口运输生产和经营环境的改善，吞吐量不断攀升，至2012年6月，共完成港口吞吐量10.37亿吨，连年提前完成省国资委下达考核目标并刷新吞吐量纪录，年均增长9.5%，继续保持全球最大散货运输港口企业地位。利润总额也有大幅提升，两年平均增幅达24%以上，为"十一五"画上圆满的句号，为"十二五"创造了良好开端，在区域经济发展中起到龙头作用。

河北港口集团的根基是生产经营，根基的稳固在于秦港。秦港作为已有百年发展历史的老港，深厚的文化底蕴、先进的管理经验、高效的运营方式、丰富的市场资源，为河北港口集团发展奠定了坚实的基础。同样，河北港口集团的应运而生，也为秦港发展打开新的空间，营造了更有利的运营环境。河北港口集团先后与浙江、山东等地政府部门及大用户签署了电煤运输保障协议，抓住上海世博会时机，与上海市政府签订电煤保供运输协议，多方建立起电煤运输战略合作伙伴关系；与铁路方面加强沟通协作，争取大秦线的运力保障，有力稳固了秦港能源运输主枢纽地位和在国民经济中的重要作用。秦港也堪当重任不负所望，依托本港雄厚的市场、人脉、基础资源，充分发挥现代化、高效率优势，战胜一个个困难，生产运营水平稳步提高，港口吞吐量不断攀升。尤其在电煤抢运、保障世博会电煤运输等大的任务面前，更是大局当

秦皇岛港煤五期码头鸟瞰

先，为河北港口集团站稳脚跟和后续发展立下功勋。河北港口集团成立当月，秦港月吞吐量就收获了之前十个月以来的新高。2010年、2011年全港吞吐量和煤炭吞吐量均创历史新高，分别年增长10%和10.65%。2010年元月，面对罕见寒潮低温使南方电煤告急、本港海域冰情严重的突发情况，秦港上下全力以赴，按照交通运输部、省政府、省国资委和河北港口集团领导的要求，全面协调铁路、矿方、海运、海事、引航、用户等各方面关系，细化生产组织和调度指挥各环节，建立与铁路同步的快速反应机制，争取海事部门开辟了电煤运输绿色通道，保证了北煤南运大通道的畅通无阻，全月抢运电煤达1832万吨，为“保民生、保增长、保稳定”做出突出贡献，赢得了交通运输部、省委省政府及省国资委的高度赞扬和充分肯定。

唐山曹妃甸港区在周边矿石泊位不断增加、矿石运输市场起伏不稳等不利情况下，夹缝中求生存、图发展，以专业、大型、深水优势应对矿石接卸能力不足的挑战，通过划分片区和阶段性动态管理，及时掌握市场及客户信息，有针对性地做好矿石运输生产前沿和后续工作，始终保持平稳运行态势。同时，积极开拓杂货运输市场，努力增加杂货码头通过量。2010年完成吞吐量5660万吨；2011年完成7009万吨，创下投产以来新高，同比增长25%。

作为省内1号重点工程，黄骅港综合港区10万吨级通用散杂货泊位和两个集装箱泊位相继建成投产，大大提升了河北港口集团的年设计通过能力。他们认真落实河北港口集团总体部署，积极培育物流链，开拓腹地市场，与数十家企业达成合作意向，以降低运输成本吸引客户，港口生产始终保持高位运行。2011年完成吞吐量1119万吨，成为名副其实的冀中南最便捷的出海口，为拉动区域经济做出不懈努力。

管理创新激发企业活力

河北港口集团的组建和经营管理体制的变化，打破延续多年的传统管理模式，为调整优化管理架构、健全管理机制带来难得的机遇。成立之初，河北港口集团即反复研究论证，确定管理架构和总部组织机构设置方案，完善母、子公司治理结构，为河北港口集团科学发展构建组织体系。

2011年4月，河北港口集团新一届领导班子针对企业管理存在的“短板”，采取一系列行之有效的措施，进一步理顺管理体制，提高河北港口集团综合管控效率，形成多项改革并进、以精细化管理为引领的科学管理体系，以适应河北港口集团战略发展和生产经营的需要。

——整合资源促进挖潜增效。一方面充分利用外部资源，不断深化合署办公机制。在巩固优化与太原铁路局合署办公的基础上，促成河北海事局、检验检疫局、引航站相继入驻调度指挥中心合署办公，实现信息共享、联合调度指挥，减少各协作单位间的沟通环节，促进了矿路港航电的密切协作和无缝对接。河北港口集团与口岸等外部单位的关系日益密切，协作效率显著提升。另一方面，各个生产环节抓落实、抓细节，不断挖掘自身潜力，力争实现生产效率最大化。将每个生产环节细化到岗、纽化到人，确保每个岗位、每个细节都有人负责，通过实施科学调度、重载交接、压缩辅助作业时间、量化写实生产效率等方式，保证运输生产高效运行。

——突出精细管理提升管控效能。各部门科学定位、明确职能界面，加强制度建设，优化资源配置，河北港口集团管控效率显著提升。坚持企业管理以财务管理为中心，财务管理以资金管理为中心的原则，建立和完善内部管控机制，加强资金集中管理，尽力压缩经营成本，提高经济效益。全面优化股权资产配置，积极开展资本运作，构建以资产为纽带、以现代企业制度为基础的两级管理架构。同时通过安全管理、信息化管理、设备管理、效能监察、环境保护等全方位的精细化运作，充分发挥各部门专业职能作用，管理结构进一步完善，效能不断增强，为河北港口集团生产运行提供了坚实保障。

——体制改革注入源头活水。在充分考虑职工利益、做好风险评估、维护企业的和谐稳定的前提下，河北港口集团扎实推进包括薪酬制度、公务用车、劳务用工以及外委维修等四项改革，建立系统配套的改革措施。劳务用工制度的改革为河北港口集团压缩劳务工 2000 余人，节省资金近亿元。外委维修体制改革一年即可压缩维修费 6000 余万元。通过改革，不仅合理降低了经营成本，而且消除了多年积累的体制性矛盾，有效调动了职工的积极性，进一步增强了河北港口集团发展活力和竞争力。

——有条不紊推进秦港股份上市。秦港股份上市工作从 2010 年开始全面提速并得到省委、省政府高度重视。2012 年 6 月 25 日，中国证监会已正式在网上披露秦港股份《招股说明书》，标志着秦港股份上市审核进入最后攻坚阶段。

这条“挖潜增效、精细管理”的内涵式发展之路，使河北港口集团在国内外复杂的经济形势下、在周边港口的激烈竞争中立于不败之地，2010 年、2011 年吞吐量节节攀升，2012 年提前 10 天实现上半年“时间过半，任务过半”。

河北港口集团“创先争优”活动综述

2011年3月，省国资委党委委员、副主任赵波（前右一）下基层为河北港口集团12个省国资委共产党员先锋岗授牌

2010年4月，省委、省国资委党委按照党中央指示，决定在基层党组织和党员队伍中深入开展“创先争优”活动。河北港口集团党委迅速行动，活动方案、动员大会、机制机构、氛围营造，形成了高度重视、高起点谋划、高规格组织、高标准要求、高质量推进态势。河北港口集团所属各单位创新活动载体和工作举措，紧紧围绕河北港口集团党委确定的“党建工作上水平、企业管理上台阶、河北港口集团发展上位次”的总体目标和“推动集团科学发展、促进企业和谐稳定、服务广大职工群众、加强基层党组织建设”的总体要求，做到了节点鲜明，重点突出，影响广泛，成效显著。

“共产党员先锋岗”工程、“标准化党支部”工程、“共产党员责任区”“五个一”争优竞赛等一大批有内容、有特色的活动载体把广大党员吸引到活动中来，涌现出12个先进基层党组织和27个先进基层党支部，40个先进党小组，48个共产党员先锋岗，181名优秀共产党员，44名优秀党务工作者。典型引路，提升了党组织和党员队伍的创造力、凝聚力、战斗力，把党的思想政治优势、组织优势和群众工作优势转化成为河北港口集团的创新优势、竞争优势和发展优势，解决了一批影响和制约河北港口集团发展的突出问题，办成一批关系职工群众切身利益的实事好事，有力推进各项工作有序开展。

2010年11月11日，河北港口集团党委召开创先争优活动经验汇报会

构建载体　对标先进

2011年，是“十二五”规划的开局之年，也是“创先争优”活动进入全面争创、扎实推进和对标定位、晋档升级的实质

性阶段。河北港口集团党委及时做出具体安排，多次围绕党性教育、岗位奉献、对标定位、选树典型召开推进会和经验交流会，引导各级党组织在解决实际问题、取得实效上下功夫，突出认责承诺、夺旗争星、亮牌示范等多项活动的“创”“争”特色，最终实现晋档升级。其间，河北港口集团党委积极推进学习型党组织建设，开设领导干部大讲堂，围绕政策法规、经营管理、金融物流、创新思维等内容举办了30多期专题讲座，进一步提高领导干部的政治理论水平和技术业务素质。秦港股份党委把“创”“争”活动与巩固扩大学习实践活动成果结合起来，与基层党建工作结合起来，与推动中心工作结合起来，使政治优势实实在在地转化成为竞争优势、发展优势；服务管理分公司党委结合自身实际，在各级党组织中开展领导干部“下基层、访职工、做实事”主题活动，为改进基层党组织工作作风、提升党员干部党性观念和实践能力、密切联系职工群众、增强思想政治工作实效趟出一条新路。

在纪念建党90周年之际，河北港口集团党委抓住时机，评选表彰一批先进基层党组织和优秀共产党员，举办多场全国劳动模范王余禾事迹报告会，组织全体职工投票选举产生第三届港口“十大标兵”，以纪念青年岗位明星活动10周年为主题开展“青春足迹”宣传活动，扩大先进模范的影响力和号召力，激发广大职工学习先进、争创一流的热情和力量，为港口生产和各项工作实现新的跨越增添动能。七分公司业务部党支部和浙能富兴燃料公司秦京津党支部开展共产党员先锋岗“五岗对标促双赢”对标竞赛活动，采取专用场地“一条

2010年5月7日，秦港股份七分公司生产业务部党支部与浙能富兴公司秦京津党支部联合举行“创建共产党员先锋岗”对标竞赛活动启动仪式

龙”式服务，使浙能富兴燃料公司重点合同兑现率从77.38%提高至100.17%。九分公司装船部的业务和设备与六分公司装船队相近，卸车部与七分公司卸车部相近，各自都有好做法好经验，但由于不是一个单位，所以彼此鲜有交流。在对标工作中，九分公司党群工作部为他们做起了红娘，开展联手创争共建，收到了优势互补、你追我赶、共同提高的效果，放大了标杆效应。

“共产党员先锋岗”“共产党员责任区”是示范带动作用最突出的活动载体，通过对标1030、党员攻关项目、党员品牌工程等形式，展现共产党员当先锋、作表率的引领作用。六分公司卸车队机修大班在河北港口集团优秀共产党员、班长史自生带领下，连续几年创下设备维修零返工的优异成绩，被评为省国资委系统“共产党员先锋

岗”。沧州渤海港务公司积极开展党小组劳动竞赛，以老带新，4 天连创单班卸船、单班单船接卸、单船接卸 3 项新纪录，再次展示了“黄骅港速度”。港口工程公司勘察设计分公司党员骨干带头，连续 20 多天风餐露宿，坚守在测量船上进行黄骅港综合港区航道水深测量工程，在规定工期内完成全部测量任务，为黄骅港综合港区顺利开港提供了有力保障。省国资委系统“共产党员先锋岗”、铁运分公司东五场信号维修班职工许春生勤奋学习、刻苦钻研铁路信号业务，利用废旧信号设备，自主设计创建了职工模拟现场培训基地，节约资金 100 万元。他编写的《信号工基础培训教材》等达百万字，培训职工 2400 多人次，有效提升了专业系统人员的岗位操作技能。

业绩斐然　谱写历史新篇

两年多时间，丰富多彩的“创先争优”活动为河北港口集团带来新变化：

发展战略提升。河北港口集团组建之后，急需根据港口新的功能和定位确立可行的发展战略。河北港口集团把这项工作作为“创先争优”活动的首要任务，对标行业高端和国内强势港口企业，按照“以港为基、跨区经营、开放多元、转型升级”的发展思路，牢牢把握“主业发展快中求强、转型发展稳中求进”的总基调，编制完成河北港口集团 2011–2020 年度发展战略文本。

运行效益提升。河北港口集团装卸运输生产两年实现两次跨越，2010 年，港口吞吐量和利润总额均创历史最高纪录，分别完成 3.15 亿吨和 10.5 亿元。2011 年，这两项纪录再次被刷新，完成吞吐量 3.61 亿吨，同比增长 14.8%；实现利润总额 12.27 亿元，同比增长 2.3%。其中秦皇岛港吞吐量创下 2.8 亿吨历史最高水平，同比增长 8.9%；曹妃甸港区矿石吞吐量跨上 7000 万吨台阶，黄骅港综合港区试运行期间即突破 1100 万吨，使杂货运输所占吞吐量份额从河北港口集团成立前的 9%迅速上升至 27%，增长了 2 倍。2012 年 1—10 月，在市场低迷情况下，河北港口集团已完成吞吐量 28928 万吨，按照省国资委下达的年度 3.3 亿吨任务，超计划进度 1428 万吨。

实体项目提升。河北港口集团把加快推进实体项目建设和储备作为深化“创先争优”活动的重要抓手，确保实现“促发展、保提升”的目标。秦、唐、沧三大港区协调联动初具规模，构成了发展物流业务的有力支撑。其中黄骅港综合港区集装箱航线于 2011 年底正式开通，使其由单一的散杂货港口向现代化、多功能、综合性港口迈进一步；与河北钢铁集团、沧州港务集团

2012年10月，秦港股份党委举办“迎接党的十八大，创先争优成果展”

签订矿石码头建设合作协议，成立沧州黄骅港矿石港务有限公司，确定河北港口集团控股建设的主导地位；唐山曹妃甸港区煤二期工程设备安装调试紧锣密鼓进行，工程投产后将进一步扩大海运煤炭市场占有份额；邯郸国际陆港物流园区项目有序推进，并已被列为2012年河北省重点建设项目。

科技创新提升。实施科技创新引领港口信息化发展，推进港口应用软件开发、基础网络建设和装卸设备挖潜、工艺流程优化，开发了路港合署办公系统、视频会议系统、可视化生产调度系统、海运煤炭交易网等36个项目，建成石家庄、秦皇岛、唐山和沧州“四地五点”信息专网，搭建秦港“一环两点四中心”基础架构，实现东、西港区万兆骨干传输，使河北港口集团向第四代港口和综合型物流企业迈进一大步。有22个项目取得计算机软件著作权，39项科技成果通过省级技术成果鉴定，1项获得省科技进步二等奖，43项获省优秀发明奖，58项获中国港口协会科技进步奖等奖项，河北港口集团荣获“中国港口科技进步奖”。

幸福和谐提升。河北港口集团把解难题、办实事、惠民生作为深化“创先争优”活动的出发点和立足点，让河北港口集团改革发展成果惠及全体职工。2011年职工平均收入较上年增长14.4%；实施设备维修、劳务用工等多项改革，节省成本近亿元；薪酬制度改革积极稳健推进；河北港口集团成立特困职工帮扶基金会，已帮扶特困职工42名，金额16.5万元；广泛开展送温暖活动，慰问职工1358人次，慰问金额197.4万元。同时积极承担国有企业社会责任，捐助资金530余万元，用于救助灾区和帮扶新农村建设。

为了推进“创先争优”活动深入开展，河北港口集团党委实施联系点制度，中层以上领导干部先后建立300多个联系点，河北港口集团领导多次深入各自的联系点了解并点评“创先争优”活动进展情况，帮助基层单位解决实际问题。全面“创”“争”和典型示范引领效应使“创先争优”活动成为职工群众满意的工程，河北港口集团256个基层党支部在群众评议中满意率达到95%以上。

各级党组织和党员的行动带动了群团组织跟进，工会组织开展的“技术强化年”“技术对标年”等多项主题活动深入到班组和职工中间，两年间举办技术培训和技能比赛890场次，职工参赛率达85%以上。共青团组织开展的青年突击队竞赛、青年岗位创新创效活动，更是激发出年轻人智慧的火花，完成创新创效项目58项，创直接经济效益600多万元。

河北港口集团党委既定的“党建工作上水平、企业管理上台阶、河北港口集团发展上位次”的“创先争优”总体目标得以顺利实现。两年多来，河北港口集团党委向省国资委网站发布“创先争优”活动信息400余条，河北港口集团内部媒体刊发相关新闻870余篇。活动期间，省国资委领导多次到河北港口集团调研指导“创先争优”活动，均对河北港口集团所做工作给予高度评价，称之为“有章法、有特点、有亮点、有成效，值得推广和借鉴”。

各类劳动保险覆盖职工生活

随着改革开放的脚步，河北港口集团的发展日新月异，职工享受的实惠也越来越多。养老、医疗、住房以及各种补充劳动保险，凡是政策倡导或允许范畴，河北港口集团都是第一时间跟进，“五险一金”和企业自愿与之相对应的补充劳动保险已覆盖包括离退休人员在内的所有职工。

企业年金是基本养老保险的重要补充。基本养老保险主要是解决基本生存保障问题，企业年金则是以提升生活质量为目的。早在2001年，还没有企业年金概念时，河北港口集团的前身——秦皇岛港就为2001年10月底前在职和离退休职工建立了一次性补充养老保险，并以保险卡形式将最低3600元、最高14400元本金发放到职工手中，已纳入职工个人正式企业年金帐户。企业年金是河北港口集团2005年依据国务院文件精神在我省率先实施的，缴费由个人和企业两部分组成。7年来河北港口集团共收取4.4亿元，其中企业为职工缴纳3.65亿元，职工个人缴纳7559.75万元，企业与个人的缴费比例为5:1。以2011年退休的职工为例，平均可以领取3万~5万元。据社保中心测算，到2015年，一名普通退休职工可拿到6万~8万元企业年金。为确保这部分资金安全并能够保值增值，河北港口集团设立企业年金管理委员会，加强企业年金的管理和监督。

补充医疗保险是河北港口集团为职工健康送出的大礼包。鉴于基本医疗保险的保障能力有限，河北港口集团于2003年实施补充医疗保险制度。形成基本统筹加企业补充，在职与退休，门诊、住院、年度补助全覆盖的较为完善的医疗保障体系，基本免除了因疾病给职工带来的经济困扰。据社保中心统计，2006年以来的6年间，河北港口集团共为38624人次报销医疗费用4855.43万元。社保中心随机抽取了两个案例，一位退休职工住院发生医疗总费用271441.73元，基本医保统筹为其支付46000元，河北港口集团为其支付：大额补充医保133716.44元，补充医保住院费报销9357.30元，一次性住院补助31287元，为其支付总额达220360.74元，占总医疗费的81%以上。还有一位身患癌症的在职职工，2011年在慢性病门诊发生医疗费71088.81元，基本医疗统筹支付46000元，河北港口集团为其报销18371.27元，最后个人负担不到总医疗费用的10%。

与医疗保险同步到位的还有医疗服务。为使港口医院更好地为职工健康服务，河北港口集团2006年至2012年7月投资3134万元用于改善医疗环境和医疗设施，新建一座配套设施齐全的病房楼，床位数从321张增至545张，引进了专业技术人才，提升了医疗设备先进水平，让职工在看病的同时享受到企业的温暖。本着关爱健康、提升幸福指数的原则，河北港口集团每年都安排参保职工体检，2006年以来，共计体检123854人次，查出高血压24352人次，糖尿病 9062 人次，癌症 26 人次，心脏病 1927 人，妇科病 20483 人次，成为保障职工健康的“齐格菲”防线。

在老年大学，在各个活动站，我们都能看到退休职工们老有所学、老有所乐的惬意和悠闲。那乐是源自内心的，是源自无忧的生活。现在河北港口集团退休职工绝大多数能拿到每月 3000 多元的基本养老金，这为退休后的生活奠定了坚实基础。同时河北港口集团于 2005 年专门为离退休职工建立了补充养老保险，按离退休前职务、工作年限以及政策性因素造成的养老金偏低程度确定发放数额，河北港口集团平均每年支付这样的补贴 1800 万元，人均每月可领取 232 元。这使得 2008 年以前退休人员养老金水平与现在退休人员的差距由 580 元缩小到 360 元，进一步保障了离退休职工的生活水平，也使得河北港口集团离退休人员待遇在全省大中型企业排名中位列前茅。

河北港口集团对于工伤保险统筹待遇的补充，是 2005 年开始执行的一次性经济补偿，生产安全事故工亡数额为 30 万元，非生产安全事故按 50%计发。仅这一项，2006 年以来支付了 300 万元，有效解决了伤亡职工家庭的实际困难。

大事记

秦皇岛港股份有限公司　上海申能燃料有限公司
同煤集团朔州矿业公司　上海嘉禾航运有限公司
秦皇岛港煤炭准班轮协议签字仪式

1月

9日　河北港口集团有限公司(以下简称集团公司)与河北钢铁集团、沧州港务集团在石家庄举行黄骅港综合港区矿石及通用散杂货泊位项目合作协议签约仪式。按照协议，黄骅港综合港区矿石码头工程在2013年底竣工。

11日　集团公司与内蒙古自治区发改委港口办在石家庄签署合作备忘录,双方表示全面落实冀蒙经济社会发展合作协议精神,加大投资力度,推进内蒙古自治区临港产业园区和物流基地以及内陆港项目建设。

16日　在石家庄召开的2012年河北省港航工作会议上，秦港股份公司获得2011年度“河北省港航系统安全生产及隐患大排查大整改先进集体”。

17日　集团公司一届三次职代会暨年度工作会议召开。会议确定集团公司“十二五”战略目标、2012年主要生产经营目标和集团公司党委工作指导思想。

19日　集团公司在海景假日酒店举办2012年迎新春团拜会。

是日　集团公司召开民主党派情况通报会。民革、民盟、九三学社、民建、农工党共5个民主党派支部的主要负责人以及集团公司、秦港股份、服务管理分公司负责统战的相关人员参加了会议。

是日　集团公司第一次党政联席会审议通过《关于在职工中开展法制宣传教育的第六个五年规划（2011—2015年）》和“六五”普法经费预算。

是月　中华全国总工会、中华全国工商联合会授予鸿港公司“全国‘双爱双评’先进企业”荣誉称号。

2月

7日　集团公司董事长、党委书记邢录珍率队专程赶赴沧州市,就加快黄骅港综合港区开发建设事项与沧州市副市长、渤海新区党工委书记、管委会主任回学勇,沧州市政府副秘书长于金义,渤海投资有限公司董事长杨树增等进行了深入洽谈。

9日　按照省委统一安排，集团公司驻村工作组一行6人背负着责任和重托，在集团公司党委常委、副总经理、工作组组长朱朝阳带领下，赶赴承德市围场满族蒙古族自治县下伙房乡下伙房村和棋盘山镇九号村,开展为期一年的驻村帮扶工作。

10日　省交通运输厅在沧州渤海新区主持召开《黄骅港综合港区多用途码头工程初步设计变更》审查会。

21日　交通运输部规划司水运规划处处长毛健一行在省、市交通和港航部门负责人的陪同下到秦皇岛港，调研港口规划建设工作。

是日　秦皇岛方圆港湾工程监理公司曹妃甸煤码头二期工程项目监理部被评为“2011年河北省水运工程建设优秀项目监理部”。

29日　集团公司2012年度入党积极分子培训班开班，来自各单位的155人参加学习培训。

3月

2日 曹妃甸煤炭港务有限公司被评为“2011年度河北省水运工程建设先进单位”。

7日 集团公司党委、集团公司在港口俱乐部召开“弘扬雷锋精神，立足岗位奉献”报告会。学习雷锋先进典型龙凡、李素丽、孙桂琴应邀到秦皇岛港，向800余名职工代表报告了他们践行新时期雷锋精神的动人事迹。

9日 省委常委、副省长聂辰席在市领导王三堂、邢留逮、张经华以及省市相关部门负责人陪同下到秦皇岛港，就港口物流、煤炭交易市场建设进行调研。集团公司、秦港股份领导陪同考察。

13日 省安监局副局长徐英旺带领省政府安全生产督导检查组到秦皇岛港检查指导安全生产工作。

15日 河北海事局在秦皇岛市组织召开《秦皇岛港煤五期905#、906#待泊兼生产性泊位改造工程通航安全评估报告》专家审查会，专家组一致同意评估报告结论。

16日 在参加“首届天津口岸对外开放国际交流会”期间，集团公司领导会见全球物流学会首席执行官齐瑞安·瑞恩和首席信息官兼中国总监杨磊，双方签订了合作意向书。

27日 秦港股份承办的中交企协人力资源管理委员会2012年度秘书长工作会议在北戴河召开。

28日 集团公司荣获2011年度河北省国资委系统信息化工作先进单位称号。

是月 集团公司2011—2020年发展战略文本正式编制完成，该文本系统阐述了集团公司2011—2020年发展战略和目标，为更好地贯彻落实河北沿海地区发展规划，更好地服务省域经济和沿海经济发展指明了方向。

是月 集团公司2011年效能监察5个项目获得省国资委纪委奖励；秦港股份荣获“第二届全国交通企(事)业法治先进单位”称号。

4月

9日 秦港股份党委在青岛港湾职业技术学院举办中层后备干部培训班。

10日 集团公司旗下的合资控股子公司沧州黄骅港矿石港务有限公司正式挂牌成立。

是日 以省社科院党组书记、院长周文夫为组长的“走基层沿海行”调研组到秦皇岛港，围绕河北沿海地区发展规划上升为国家战略之后系列经济发展的重大问题进行调研。

13日 省国资委系统召开干部警示教育大会。集团公司党委书记、董事长邢录珍，党委副书记、纪委书记、工会主席周忠义在石家庄主会场参加会议。省监察厅驻省国资委监察专员冉德章宣读了省国资委纪委、省监察厅、驻省国资委监察专员办公室《关于河北港口集团有限公司原董事长、党委副书记黄建华严重违法违纪案件的通报》，对案件的基本情况、主要原因和教训进行了深刻剖析。

是日 集团公司与燕山大学在燕大世

纪楼举行战略合作签约仪式。战略协议的签订标志着双方在校企合作的基础上又上升到一个新的层面。

24 日　集团公司首次组织召开委派投资企业高管人员述职大会，先后听取了23 名集团公司委派的投资企业高管人员现场述职。

26 日　秦港股份“张海波技能大师工作室”正式获批为国家级技能大师工作室。这是秦皇岛市首个国家级技能大师工作室。

27 日　集团公司召开干部警示教育大会，贯彻落实全省干部警示教育大会和省国资委系统干部警示教育大会精神，要求全体党员干部深刻吸取黄建华违法违纪案件教训，引以为戒，警钟长鸣，不断增强拒腐防变的自觉性和坚定性。

5 月

3 日　由省委组织部、省国资委组成的综合考核组对集团公司领导班子和领导人员进行 2011 年度综合考评。

4 日　由省国资委副主任曹新兴为组长的综合考核组一行 9 人到秦皇岛港，对集团公司工作进行综合考评。

8 日　集团公司召开黄骅港综合港区矿石码头一期工程初步设计审查会。矿石码头一期拟建 4 个 20 万吨级专业化泊位，年设计吞吐能力 5000 万吨。

13 日　秦港股份召开 2012 年度科技成果鉴定会。秦港股份申报的 7 个项目全部通过省级科技成果鉴定。其中，“运煤敞车反位智能识别系统”项目达到国际领先水平，“港口装卸系统优化与节能对策研究”等 3 项成果达到国际先进水平，“面向 EAM 和 WMS 的数据协同管理系统”等 3 项成果达到国内领先水平。

15 日　曾在秦港承担港口运输任务 17 年的“上游 1115”号机车（1980 年唐山机车车辆厂制造）从唐山安全运抵秦皇岛，落户港口博物馆。

17 日　南非布法罗市政府代表团一行 7 人到秦皇岛港进行友好访问。

18 日　华中地区（海进江煤炭）组煤保供恳谈会暨河北港口集团与华中航运集团战略合作签约仪式在武汉举行。双方联手打造华中及长江沿线煤炭供需平台，改变了湖北主要依赖铁路运输保障煤炭供给的状况，有利于煤炭交易效率的进一步提高和成本的进一步降低，提高电煤供给的可靠性。

25 日　秦皇岛市政府、承德市政府和秦港股份在承德市举办秦皇岛港承德地区推介会，共同铺就两地水陆物流大通道，打造承德地区出海口，推动两市经贸互动。

28 日　秦港股份、同煤集团朔州矿业公司、上海申能燃料公司、上海嘉禾航运公司在上海兴国宾馆会议中心共同签署《秦皇岛港煤炭准班轮运输协议》，标志秦皇岛港至上海煤炭运输准班轮航线开通。

是日　巴哈马籍豪华邮轮“汉萨蒂克”搭载 159 名来自德国、美国、智利等国的旅客，靠泊在秦皇岛港 21# 泊位，进行为期一天的秦皇岛观光游览活动。

30 日　国内首家集铁路运输与公路运输为一体的内陆港、河北省重点建设项目、邯郸市一号工程、集团公司首个内陆港——

邯郸国际陆港在邯郸市邯山区奠基。

是日 集团公司在邯郸市组织召开邯郸国际陆港物流园区规划方案专家评审会。

31 日 全国政协副主席阿不来提·阿不都热西提在市政协副主席霍兴文的陪同下到秦皇岛港调研。

6 月

5 日 省港航系统安全生产检查组到秦皇岛港检查、指导工作。

10—11 日 “河北港口集团第一届职工体育运动会”在市奥体中心隆重举行，这是 2009 年集团公司成立以来的首届职工体育盛会，千余名职工踊跃参加。

12 日 花旗环球银行大中华区联席主管、董事总经理朱勇一行做客集团公司领导干部大讲堂，讲解港口行业发展态势和企业资本运作等方面内容。

15 日 江苏省靖江市委常委、靖江经济开发区党工委书记、管委会主任尤红，靖江经济开发区管委会副主任、招商局局长李建新一行到秦皇岛港访问。

是日 山东海运股份有限公司总经理张卫国、副总经理赵显福一行到秦皇岛港访问，双方就航运市场形势和港口现代物流发展进行了深入探讨和交流。

21 日 秦皇岛港公安局召开先进表彰会，表彰在 2011 年度港口公安工作和重特大刑事案件侦破中涌现出的先进集体和个人。交通运输部公安局党组书记、局长张玉胜，政治部副主任程华超出席会议。会上，1 个先进集体、3 名先进个人获交通运输部公安局表彰。

26 日 集团公司董事、秦港股份总经理何善琦带领秦港股份人力资源部负责同志专程对省国资委系统评选出的“有突出贡献的优秀专业技术人才”侯贵宾和“有突出贡献的优秀高技能人才”王余禾、张海波进行慰问和奖励。

27 日 《中国港口》杂志社主办、集团公司协办的 2012 年《中国港口》杂志信息工作会议在秦皇岛晨砻大酒店召开。

是日 民盟河北省委调研组到集团公司，就“如何完善河北省港口功能，优化港口结构，加快形成布局合理、功能完备、辐射性强的现代化综合性港口群”的课题进行调研。

29 日 集团公司党委隆重召开纪念建党 91 周年暨“创先争优”活动表彰大会。11 个基层党组织、30 个基层党支部、86 个党小组、234 名优秀共产党员受表彰。

7 月

2 日 交通运输部部长李盛霖在副省长宋恩华的陪同下到秦皇岛港，就近期出现的煤炭压港情况进行专题调研指导。

5 日 省发改委副主任王立忠一行到秦皇岛港，对海运煤炭市场、港口生产运营等情况进行调研。

9 日 第二届秦皇岛煤炭交易商洽谈会隆重举行，来自全国煤炭、电力、贸易、物流、港口、航运企业及金融机构 300 余家代表齐聚港城。会上启动运营了省重点建设的煤炭交易平台。

10 日 集团公司与秦皇岛市人民政府、中国煤炭运销协会共同举办第二届秦皇岛煤炭交易商洽谈会物流与金融专场推介会。会上,秦皇岛海运煤炭交易市场负责人与中国建设银行秦皇岛分行、江苏江阴港口集团、秦皇岛兴龙仓储公司等合作伙伴分别签署了物流金融合作协议。

是日　集团公司组织召开大宗商品物流信息化专场研讨会,来自全国物流、信息化行业的专家、学者及沿海主要港口信息化工作负责人50余人参加会议。

18日　中共中央政治局常委、全国政协主席贾庆林在省委书记张庆黎、省长张庆伟以及省、市各级领导的陪同下到黄骅港综合港区调研。

21日　省政协副主席、党组副书记刘永瑞,省政协副主席孔小均带领省政协调研组一行32人,就推动河北省沿海地区科学发展到秦皇岛港调研。

23日　交通运输部规划研究院在北京主持召开《黄骅港散货港区矿石码头一期工程环境影响报告书》预审会议,《环境影响报告书》通过了专家预审。

24—26日　集团公司党委在革命圣地西柏坡组织开展"弘扬西柏坡精神,加强党性教育"主题党日活动,来自集团公司各单位的优秀党员、优秀党务工作者和新党员共44人参加这次活动。

25日　市科协主席李三练一行就港口科技、信息化工作到秦港调研。

26日　集团公司召开2012年上半年经济活动分析会。全面总结上半年工作,深入分析面临的形势和挑战,安排部署下半年重点工作,要求重点抓好挖潜提效,确保年度目标任务顺利完成。

27日　在第八届"振兴杯"全国青年职业技能大赛河北省初赛中,秦港股份流机分公司职工王坤获计算机网络管理员比赛第三名,拿到全国大赛入场券。

8月

2日　集团公司在"我们在一起"省抗洪救灾专题晚会上捐款500万元。

9日　副市长邢留逮在市商务局等相关部门负责人的陪同下,实地考察后勤分公司东港早餐店。

13日　全国人大常委会内务司法委员会主任委员、原交通部部长黄镇东专程到秦皇岛港看望慰问为港口发展建设做出重要贡献的离退休老干部。

15日　省委副书记、省长张庆伟在省长助理、省政府秘书长尹亚力,市长朱浩文等领导陪同下到秦皇岛港西港区实地调研。集团公司董事长、党委书记邢录珍详细汇报了港口总体布局和西港搬迁改造工程规划方案等情况。

23日　国家发改委副主任胡祖才率国家发改委相关部门负责人到秦皇岛港调研,并召开各界代表座谈会。胡祖才对秦皇岛港始终坚持发展生产环保先行的做法给予高度评价。

是日　全国政协"渤海海洋环境保护"调研组到秦皇岛港调研,对港口环境保护所做的工作给予充分肯定。

是日　河北海事局在沧州市组织召开黄骅港综合港区通用散货码头起步工程、通用散杂货码头工程、多用途码头工程通航安全核查验收会。专家组一致认为,通用散货码头起步工程、通用散杂货码头工程的各2个5万吨级泊位、多用途码头工程的4个5万吨级泊位均已达到相关验收要求,具备通航条件。黄骅港综合港区3项工程顺利通过核查验收。

24日　陕西省榆林市市长陆治原率榆林市能源局、煤炭运销集团相关负责人到秦皇岛港，重点考察了秦皇岛海运煤炭市场和港口生产运营情况。

是日　交通运输部水运科学研究院院长张宝晨一行到秦皇岛港，就港口发展战略、节能减排、技术创新等问题进行调研。

26日　省国资委纪委书记石小琢等领导到港口博物馆进行考察，对博物馆建设项目给予充分肯定,并提出指导性意见。

27日　由国务院国资委纪委主办、省国资委承办、集团公司协办的全国地方国资委纪委书记研讨会在秦皇岛市召开。

28日　同煤集团董事长张有喜一行访问秦皇岛港，秦港股份总经理何善琦等领导会见来访客人,双方就市场分析、生产形势等情况交换了意见。

29日　荷兰南荷兰省副省长霍弗特·福尔德豪森率考察团访问秦皇岛港。考察团一行参观了煤三期翻车机房和煤五期码头后进行座谈，对港口规模和环保理念给予高度评价。双方共同签署了《友好合作备忘录》。

9月

5日　新组建的中海散货运输公司总经理邱国宣一行访问集团公司。双方就企业建设、运营、物流、金融和资源产业等诸多方面合作交换了意见。

6日　省委常委、常务副省长杨崇勇到煤一期码头和西港区实地调研。邢录珍董事长详细汇报了港口总体布局和西港搬迁改造工程的规划方案等情况。

是日　在省企事业电视协会节目观摩评比会上，新闻中心选送的两个专题节目分获一、二等奖。

9日　中国关心下一代工作委员会教育发展中心授予秦港股份“全国热心助学先进单位”称号。

12日　秦港股份在第十四届中国科协年会“技术创新企业发展”论坛上被评为“科技专家企业工作站”。

13日　集团公司党委下发《关于调整服务管理公司所属党组织隶属关系的通知》,变更23个基层党组织隶属关系、撤销4个基层党组织编制。

18日　河北沿海地区发展规划实施领导小组会议在沧州召开。会上,集团公司领导汇报了黄骅港综合港区矿石码头建设前期准备情况,表示将以“三个同步”“保二争四”为目标,不遗余力地推进矿石码头前期工作,确保按期开工。会前,省委常委、常务副省长、省沿海地区发展规划实施领导小组组长杨崇勇一行实地考察了黄骅港综合港区二期工程。

是日　省国资委党委委员、副主任毛丽君一行到秦港就集团公司投资发展、经营管理、宣传思想文化等工作进行调研。

是日　省国资委检查组到集团公司工程技术公司检查指导工作，对该公司经营管理、市场拓展等项工作给予充分肯定。

20日　秦港股份在张家口市召开“秦皇岛港张家口地区业务座谈会”。秦皇岛港在会上做出郑重承诺，将为张家口地区打造畅通便捷的物流通道，成为张家口地区最顺畅的“出海口”，并从8个方面为客户提供全优服务。

是日　港口工程公司决定成立驻天津办事处，开始办理进津备案手续，为参与天津建筑市场投标工作做准备。

24日　中交第一航务工程局有限公司董事长武永涛到秦皇岛港访问，集团公司、秦港股份领导邢录珍、何善琦、张国庆在海景假日酒店会见来访客人。双方就港口发展建设项目上加强合作、互利共赢等方面进行了沟通交流。

25日　由省安监局主办、集团公司教育中心协办的企业负责人、安全管理人员复审培训班开班。

27日　在省国资委开展的“做责任企业”主题创建活动中，集团公司被评为先进单位。

是日　集团公司技术中心申报的“河北港口群电子数据交换（EDI）技术研究”课题被正式列入《2012年度河北省交通运输厅科技计划项目》。

10月

11日　国家发改委综合运输研究所“秦皇岛港西港搬迁方案”课题组在省发改委相关部门负责人的陪同下到秦皇岛港调研，并召开“秦皇岛港西港搬迁方案”座谈会。

14日　经省新闻出版局批准，《河北港口新闻》正式出版对开彩报。

18日　省安监局职业卫生督导检查组到秦皇岛港，对集团公司职业卫生监管工作进行督导检查。

22日　交通银行河北省分行行长尹兆君一行到秦皇岛港访问。双方在多元发展、转型发展和金融服务等方面进行了磋商。

23日　秦港股份六分公司卸车队机修大班荣获“2012年度河北省青年安全生产示范岗”称号。

24日　集团公司与沧州市政府就共同加快黄骅港散货港区20万吨级矿石码头及后续码头建设等相关事宜进行深入磋商。

25日　“沧州渤海港务公司港口推介会”在冀南重要中心城市、新型工业基地——邢台召开。此次推介会旨在同邢台周边乃至冀中南等腹地区域的企业增进了解，加深友谊，通过港企互动、强强联手，实现互惠互利、共赢发展。

是日　在中央文明办主办、中国文明网承办的“我推荐、我评议身边好人”活动评选中，秦港股份流机分公司职工张立秋荣登9月份“中国好人榜”，被评为“孝老爱亲好人”。

31日　秦港股份党委在集团公司办公楼大厅举办“迎接党的十八大，创先争优成果展”。

是日　央视《新闻联播》报道了集团公司职工刘光胜16年如一日悉心照顾瘫痪在床的岳母和病妻的感人事迹。

是月　秦皇岛港口博物馆一期工程基本完工，初步具备接待参观能力。集团公司企业文化建设再添新亮点。

11月

4日　集团公司董事长邢录珍会见美国高盛公司客人，就港口环境管理、粉尘控制工作进行深入交流，对下一步开展环保合作进行商讨。

5日　省国资委召开主任办公会，审议通过秦港股份“以土地使用权增资兴奥秦港能源储运公司”和集团公司“参股浙江浙能电力股份公司”两项议题。

是日　省交通运输厅厅长高金浩、副厅长刘广海一行到秦皇岛港调研港口建设、生产经营情况。

是日　招商证券旗下招商致远资本投资有限公司客人来秦港访问，双方就招商证券发起设立股权投资基金事项进行洽谈。

是日　秦港股份和华能曹妃甸港口有限公司签署《战略合作框架协议》，双方将在唐山曹妃甸港区后续码头建设和运营等方面开展深入合作。

6日　交通运输部部长杨传堂在省市领导的陪同下到秦皇岛港，就2012年冬季和2013年春季煤炭、矿石等重点物资运输保障和港口安全生产进行实地调研，并在煤炭调度指挥中心与省交通运输厅、市政府、集团公司主要负责同志进行座谈。

是日　交通运输部公安局副局长胡江山一行到秦皇岛港检查指导港口反恐和消防工作。

8日　集团公司干部职工在各级党委组织下认真收听收看中共十八大开幕盛况，并采取多种形式学习讨论。

是日　秦皇岛港2013年度煤炭业务座谈会在广东省珠海市召开。来自铁路、煤炭企业、航运、电力、海事、引航、煤炭运销等相关单位和部门的60余位代表参加了座谈会。与会代表希望今后进一步加强合作，不断完善煤炭运输链各环节工作。

13日　省国资委党委委员、副主任毛丽君带领调研组到秦皇岛港，就集团公司考核指标完成情况、企业年金等工作进行调研。

是日　集团公司港口吞吐量累计完成30021万吨，连续4年突破3亿吨。

15日　《河北经济日报》主办的河北十大和谐企业揭晓恳谈会在石家庄召开，集团公司荣膺“2012河北十大和谐企业”称号。

17日　中国地方志指导小组办公室党组书记田嘉一行到港口博物馆调研考察，对博物馆建设给予高度评价并提出殷切希望。

28日　由省国资委党委主办、集团公司冠名承办的“河北港口杯——省国资委系统企业之歌大赛”在石家庄举行，集团公司荣获大赛一等奖第一名和特别贡献奖。

是月　中国企业文化研究会授予集团公司“2012年度企业文化建设优秀单位”；省绿化委员会、人力资源和社会保障厅、林业厅联合授予秦港股份“河北省国土绿化突出贡献单位”，秦港股份是秦皇岛市唯一获此殊荣的企业。

12 月

4 日 省交通厅港航局党委书记唐建新带领省港航局检查督导组到秦港股份一分公司进行年度督导检查，充分肯定了一分公司安全生产工作。

5 日 秦港股份会同太原铁路局及神华等 4 家大型发运企业，召开 2012 年冬季煤炭运输生产专题会，研究制订加快铁路车辆周转、增加煤炭运量的措施。

8 日 省安监局人事培训处处长李林龙率省安监局评审组，在市安监局领导陪同下，到集团公司教育培训中心进行安全培训资质升级评估检查。

是日 省节能中心到秦皇岛港实施专项节能监察，对指标完成情况及各项相关工作给予肯定。

18 日 省国资委系统监管企业党的十八大精神宣讲报告会在省国资委二楼会议室举行。省国资委党委副书记、纪委书记石小琢为与会的集团公司总部 80 多名党员干部作宣讲报告。

21 日 集团公司和秦港股份领导赴黄骅港调研，会见沧州市委常委、新区党工委书记、管委会主任、黄骅市委书记回学勇。双方表示进一步加强合作，加快推进 20 万吨级矿石码头、航道建设，为黄骅综合大港二期工程中的矿石码头、煤炭码头、油品码头建设和运营奠定坚实基础。

港口概况

河北港口年鉴 2013

HEBEI GANGKOU NIANJIAN 2013

地理位置

【概况】 河北港口集团有限公司（以下简称集团公司）经营开发的三大港区（秦皇岛港区、唐山曹妃甸港区、黄骅港综合港区）位于河北省东部，是华北、东北、西北经济区的重要通海门户。地理位置与大连港、天津港成鼎足之势，地理坐标：秦皇岛港区为北纬39°54′36″，东经119°36′42″；唐山曹妃甸港区为北纬38°55′，东经118°30′；黄骅港综合港区为北纬38°19′，东经117°52′。

自然条件

【概况】 秦皇岛港、唐山曹妃甸港区、黄骅港综合港区为海湾港，海域开阔，无岛屿罗列，自然条件优越，尤其秦、唐港区水深、风平、不冻、不淤。港口经济腹地资源丰富。

【秦皇岛港区】

▲概况 秦皇岛港位于渤海辽东湾西侧，河北省滨海平原的东北侧，靠近万里长城的东端，地处山海关内外要冲，扼东北、华北之咽喉，是我国北方著名的天然不冻港。这里海岸曲折、港阔水深，风平浪静，泥沙淤积很少，万吨货轮可自由出入。秦皇岛港是世界第一大能源输出港，是我国“北煤南运”大通道的主枢纽港。

秦皇岛港以新开河口为界形成东、西港区格局。港区海岸沿线西起汤河口，东至沙河口，总长13.3千米，除去东山公园、东山浴场岸线，尚有港航岸线11.6千米。港区海域面积115.2平方千米（其中锚地面积54平方千米），陆域面积10.8平方千米，水陆域总面积为126平方千米。

秦皇岛港是山西、陕西、内蒙古煤炭的主要出海口，是华东、华南经济发达地区主要能源供给港，同时也是东北、华北、西北经济区域的重要大型商贸口岸。港口经济腹地辽阔，资源丰富，以煤炭、粮食、矿石、化肥、水泥、钢材等干散货运输为主，与世界100多个国家和地区的港口保持贸易往来。

▲潮汐 秦皇岛港潮汐类型是以日潮为主的相对不规则的混合潮型，潮时不等，平均高潮位1.24米，平均低潮位0.53米，平均潮差0.7米。2012年潮差平均约0.74米。

▲潮流 秦皇岛港附近海域涨潮流向为西南西，落潮流向为东北东，属往复流。平均流速0.5节，最大涨落潮流速分别为1节和0.7节。转流时间极不规律，主要视当日潮汐而定。

▲波浪 秦皇岛外海水域开阔，波浪比较大，以风浪（含以风浪为主的混合浪）为主，约占75%，常浪象是南向，频率为39%。实测最大波高3.3米，波向南东。该海区波浪特点是无浪日少，无浪的频率仅为6.3%；小浪多，其中0.8米以下的波高占87%，0.9～1.2米的波高约占8.8%，1.3米以上的波高仅占4.2%。

▲风况 常风向西南西，出现频率为10.6%。强风向为东北东，实测年平均风速3.9米/秒，最大风速23.9米/秒。春、秋季多西南风或西南西风，冬季为东北或东北东风，夏季多南风。2012年有大风日1天，发生在4月27日。

▲气温 季节性较明显。多年平均气温10.3℃，夏季最热在8月份，月平均

24.5℃，冬季最冷在 1 月，月平均气温 –6.5℃。2012 年气温接近常年，平均气温为 9.6℃，年极端最高气温 33.2℃，出现在 7 月 29 日，年极端最低气温 –18.9℃，出现在 2 月 2 日。

▲降水 年平均降水量 656.2 毫米，年最大降水量 1221.21 毫米，年最小降水量 419.5 毫米。年降水主要在 6—8 月间，占全年降水总量的 70%以上。日最大降水量 215.4 毫米。2012 年平均降水量 1159.1 毫米，其中 8 月降水量是常年的 3 倍多。年内出现暴雨、大暴雨共 4 次，其中 8 月初第十号强热带风暴"达维"引发的洪涝灾害为最。

▲雾况 海面能见度小于 1000 米影响港口作业的天数年平均为 9.2 天，其中持续在 4 小时以上的雾日为 5.8 天，雾日多发生在春末夏初。2012 年出现大雾天气 4 天，分别是 2 月 6 日、3 月 17 日、4 月 13 日、5 月 1 日。

▲冰况 秦皇岛港附近海域每年初冰日为 11 月下旬，终冰日为翌年 3 月上中旬，冰期平均为 105 天，最长可达 124 天，常年岸边有少量固定冰，冰的厚度一般为 10 ~ 30 厘米，5 米等深线以外很少出现固定冰，对船舶航行和港口装卸运输生产无影响。

【唐山曹妃甸港区】

▲概况 曹妃甸港区位于滦河三角洲西面，西距天津港 38 海里，东北距唐山京唐港 33 海里，距秦皇岛港 92 海里。拥有 69.5 千米可用岸线。曹妃甸水深岸陡，不淤不冻，岛前 500 米处水深即达 –25 米，且有一条东西长 6 千米、南北宽 5 千米、最深处达 –36 米的深槽，是渤海沿岸唯一不需开挖航道和港池即可建设 30 万 ~ 70 万吨级大型泊位的优良天然港址。

曹妃甸水资源可供量相对充裕，引滦河 9.5 亿立方米入唐供水系统为主水源，引桃林口水库 3.92 亿立方米入唐供水系统为辅助水源，再通过海水淡化等措施，可满足曹妃甸港区和临港工业区的用水需求。岛后方滩涂广阔且与陆域相连，浅滩面积达 450 平方千米，为临港工业和城市的发展提供了充足的空间。

港区经济腹地——华北、西北、东北地区物产丰富，尤其是环渤海地区产业布局集中，经济基础雄厚。直接腹地唐山是一座具有百年历史的沿海现代化大都市，也是中国近代工业的发祥地，被誉为"中国近代工业的摇篮"。唐山是全国重要的能源、原材料工业基地，已经探明煤炭、石油、铁矿石、天然气等各种可开采的资源 47 种，形成了以煤炭、钢铁、电力、建材、机械、化工、陶瓷、纺织、造纸、食品为主导的十大支柱产业。唐山具有丰富的人力资源，尤其是从事机械加工、装备制造等方面的技术工人数量大、水平高，加之京津的巨大人才储备和强大的研发能力，都为曹妃甸港区开发建设提供有力的人才、技术支撑。

▲气候 曹妃甸港区属于大陆性季风气候，具有明显的暖温带半湿润季风气候特征。

▲潮汐 曹妃甸海域的潮汐性质系数为 0.77，属不正规半日混合潮。最低潮面在当地平均海平面下 1.77 米。

▲潮流 海域潮流性质为不规则半日

潮流，运动形式基本呈往复流，其流向与海底地形有密切关系。在浅滩外侧基本与岸线一致，涨潮时的流向在曹妃甸甸头西侧向西而略偏北，东侧向西略偏南；落潮流向则反之，在甸头以西流向东略偏东南，甸头以东流向东略偏东北。

▲波浪 常浪向为S，频率10.87%；次常浪向为南西，频率7.48%；强浪向为东北东，最大波高4.9米，该方向波高H4%≥1.5米的出现频率为1.63%；次强浪向为NE，最大波高4.1米。

▲风况 港区冬季盛行偏西北风，频率为47%，平均风速为5.1米/秒；春、夏季盛行偏南和东南风，频率为49%和64%，平均风速为5.1米/秒和6.6米/秒；秋季多偏西南风，频率为34%，平均风速为4.9米/秒。海域受台风（热带气旋）影响不大，平均每3年出现一次，但有时一年可发生两次。台风（热带气旋）发生在7—8月份，期间风速可达25米/秒，并可引起附近海岸较大幅度的增水。

▲气温 港区年平均气温为11.4℃，极端最高气温36.3℃，极端最低气温-20.9℃。

▲湿度 年平均相对湿度66%，7月份相对湿度较高，为79%；11月份相对湿度最低，为60%。

▲降水 年平均降水量554.9毫米，最大年降水量934.4毫米，最大一日降水量186.9毫米。降水多集中在夏季，6—9月的降水量约占全年降水量的74%。

▲雾况 港区能见度低于1千米的雾日数平均每年有9天，多发生在11月至翌年2月，此期间雾日约占全年的77%；最长连续雾日数为3天。

【黄骅港综合港区】

▲概况 黄骅港综合港区位于河北省与山东省交界处、沧州市区以东约90千米的渤海之滨，陆路距黄骅市区约45千米，水路北距天津60海里，东距龙口149海里。

港区规划陆域面积120平方千米，码头岸线长45.5千米。经济腹地辐射晋冀鲁豫和大西北地区，具有发展钢铁、能源、化工等产业的优势，集装箱年生成量500万标准箱左右。

黄骅港综合港区直接经济腹地为神东煤田和沧州市，间接腹地为冀中南地区及山西忻州、朔州和陕西榆林等神黄铁路沿线地区。港区间接经济腹地地域辽阔、资源丰富，有130种矿产，其中49种储量居全国前10位；河北焦煤储量占全国保有储量的60%；铁矿石产量占全国的35.8%。此外，河北省是粮、棉、油产区之一；山西原煤产量居全国第一且70%销往省外；鲁西北地区的滨州和德州不仅是山东重要的粮棉产地，还拥有丰富的油气和原盐资源，已经形成了以纺织、化工、机械、食品等为主的工业体系。

▲气候 港区位于渤海湾弓顶处，四季分明，降水量少。

▲潮汐 港区附近海域潮汐属不规则半日潮型。其潮汐特征值（自当地理论最低潮面算起）为：最高的高潮位为5.71米；最低的低潮位为0.26米；平均高潮位为3.58米；平均低潮位为1.28米；平均海面为2.40米；最大潮差为4.14米，平均潮差为2.30米。

▲风况 风向秋冬季节以偏北风为

主，春季以偏东风居多，夏季雷暴大风则风向不定。常风向为东向，次常风向为南西，强风向为东和东北东。大风天气类型为寒潮、台风、龙卷风、气旋、雷暴等，其中以寒潮大风为主。

▲气温 多年平均气温为12.2℃，最高平均气温为17.3℃，最低平均气温为7.8℃；历年极端最高气温为37.7℃，极端最低气温为－19.5℃。

▲降水 历年平均降水量为501毫米，最大年降水量为719.4毫米，最小年降水量为336.8毫米。历年最大一日降水量为136.8毫米；降水量主要集中在6—8月，占全年降水量的70%以上。

▲冰况 初冰日在12月上旬，盛冰日在1月，融冰日在2月下旬，终冰日在3月上旬，总冰期约90天，其中盛冰期约2个月。固定冰最大宽度为7千米，最大冰厚度为0.35米；流冰厚度最大0.2米，速度一般为0.3～0.4米/秒，流冰方向主要集中在偏西和偏东两个方向。

港口功能

【概况】 集团公司主要功能是为客户、货主、船方提供港口经营、建设及配套服务、港口物流和其他水上运输辅助服务。

【运输服务】 集团公司运输方式主要靠水陆联运。水运和铁路运输是港口集疏运的主要通道。在水运方面涉及为全国各远洋和海运系统的船舶提供靠泊装卸服务。陆运通过港口自备铁路与国家铁路、港区公路与市区道路的衔接，以及管道运输等，形成完善便捷的陆路运输网络。

2012年，随着国民经济继续保持平稳较快增长，进出口贸易不断增加，集团公司港口吞吐量不断攀升。在河北省沿海港口从事远洋运输的企业日益增多，船队迅速发展。中国远洋运输集团下属的中远散货运输有限公司、广州远洋运输公司、中国远洋集装箱运输有限公司的船队与集团公司各个港口货运业务联系密切，进出的货物以煤炭、杂货、矿石、集装箱、化肥为大宗。

路港联办使用可视化信息系统提高协同指挥调度能力和运输服务效率

河北省沿海运输以中国海运（集团）总公司为主，中海集团下属公司的船队常年往来于集团公司各个港口，主要运输货物有煤炭、原油、杂货、集装箱等，另外还有多家船公司参与沿海各港口、电厂的货物运输。

秦皇岛港区共有国家铁路京山（北京—山海关）、沈山（沈阳—山海关）、京秦（北京—秦皇岛）、大秦（大同—秦皇岛）4条干线铁路联通，即“四线对一港”。进出港线有：南秦线（南大寺—秦皇岛南站）、南联线（秦皇岛南站—秦皇岛东站）、龙联线（秦皇岛东站—龙家营）、柳联线（龙家营—柳村）

4 条联络线与港口自营铁路连接，使国铁干线的车流在秦皇岛地区进行疏解，形成枢纽。

沈山线将秦皇岛港与东北经济圈腹地紧密结合起来。大秦铁路则是晋煤到秦的主要通道，货运列车分别到达秦皇岛南站、东站和秦皇岛站后，再经港口自营铁路与秦皇岛港东、西港区的码头连接。秦皇岛港区便捷的公路和国道相连，形成顺畅的集疏港通道，增强了港口杂货集疏运能力。

曹妃甸港区与腹地交通便利发达，铁路有京山、京秦、大秦等国铁干线东西贯通，唐遵、卑水、汉南、滦港 4 条国铁支线南北相连；公路与京沈、唐津、唐港高速和沿海高速、唐承高速互通，构成了四通八达的运输网络。从国际海运看，曹妃甸港区 25 万吨级矿石码头实现了国内外通航，距韩国仁川港 400 海里，距日本长崎 680 海里、神户 935 海里，与矿石出口国澳大利亚、巴西、秘鲁、南非、印度等国海运航线也十分顺畅，构成了运输成本较低的海陆一体化的交通运输体系。

黄骅港综合港区铁路与津浦、京九、朔黄铁路及沧州地方铁路组成铁路网络；港区公路与津汕、京福高速公路和 205、307 国道等公路网相连；邯黄铁路和邯港、保港两条高速公路与原有铁路、公路相接，形成发达的集疏运网络；以沧津、沧临为主的管道网是沧州接纳外贸进口原油、连接周边油田的重要通道。

【综合业务服务】 集团公司各港区为用户提供配套的船舶引航、靠离、装卸、堆存等服务业务，不论节假日，实行全日三班连续作业。集团公司机关除值班室人员昼夜值班外，夏季工作时间上午 8:00—12:00，下午 14:30—17:30，春、秋、冬季工作时间：上午不变，下午 14:00—18:00。

▲外轮代理 集团公司外轮代理业务由中国外轮代理总公司旗下的各分公司承担，先后与国内外百余家船公司和货主建立了长期的代理合作关系。中海船务代理公司和河北省外运公司船代也担负到港外轮的代理业务。

▲引航拖带 集团公司各港区的船舶引航业务由各港区引航站分别承担。秦皇岛港船舶拖带业务由秦港股份船舶分公司承担，唐山曹妃甸港区船舶拖带业务由唐山港曹妃甸拖轮有限公司承担，黄骅港综合港区拖带业务由船舶分公司项目部和沧州渤海港务公司共同承担。

港作拖轮辅助进港货轮安全靠泊

▲外轮理货 集团公司秦皇岛港区、黄骅港综合港区外轮理货业务由所在港区外轮理货单位提供服务，曹妃甸实业港务公司外轮理货业务由所在港区商品检验检疫部门承担。主要业务范围：承接航行国际航线船舶的船方、货方或其他委托方的理

货业务，所理货物包括普通货物和集装箱等，所提供的理货单据具有法律效力。理货费用按中国外轮理货总公司对外公布的标准费率计收。

▲船货保险 中国人保、中国人寿、太平洋保险等公司承担集团公司各港区船舶及船舶进出货物运输保险业务。

▲救助打捞 秦皇岛港海上救助打捞业务由交通运输部北海救助打捞局秦皇岛救助站、秦皇岛海上搜救中心承担。曹妃甸港区海上救助业务由唐山市海上搜救中心承担。黄骅港综合港区海上救助业务由沧州市海上搜救中心承担。交通运输部北海救助打捞局秦皇岛救助站建有190米长的救助码头，配有拖轮、工程船和各种潜水救助打捞设备及器材。

▲通信联络 到港的外籍船舶可按国际通信办法与海岸电台联系，在港内航行或在锚地停泊的船舶，还可使用甚高频无线电话与港务监督、三大港区行政业务部门进行联系。由秦皇岛海事局、唐山海事局和沧州海事局分别管辖的三大港区VHF中心无线电话台负责各辖区到港船舶的无线电话中转和遇险业务。

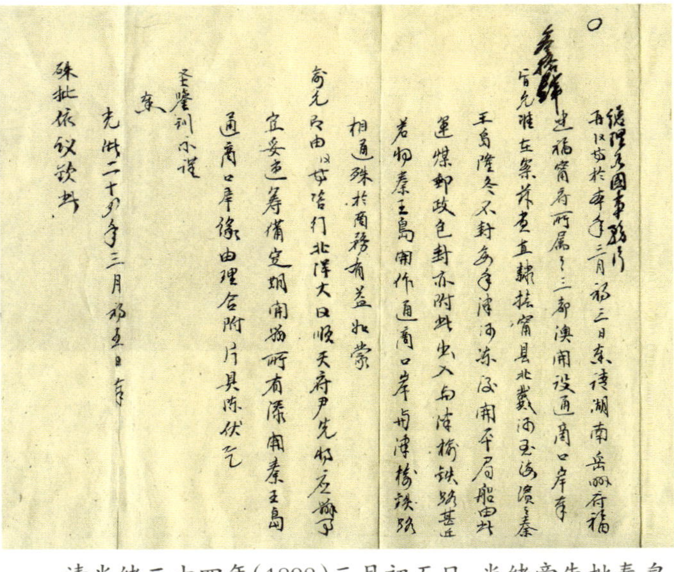

清光绪二十四年(1898)三月初五日，光绪帝朱批秦皇岛开埠

【生活服务】 集团公司各港区外籍船舶船员的生活用品、食品供应，由各港区所在地对外供应公司提供服务，还提供船舶清扫、机械维修及组织旅游等服务。集团公司各港区为船员和到港办公人员提供医疗服务的是港口医院及相关医院。秦皇岛海景大酒店是集团公司下辖的对外提供食宿服务、具有独立法人地位的酒店。港口宾馆亦为到秦皇岛港客人提供食宿服务。

历史沿革

【概况】 集团公司是省属国有独资港口集团，由省国资委履行出资人职责，是集港口建设、开发、经营，国有资产管理、运营以及投融资功能于一身的综合性企业集团。

集团公司的前身是秦皇岛港务集团有限公司。清光绪二十四年(1898)，皇帝御批在秦皇岛自行开埠建港，成立开平矿务局秦皇岛经理处。新中国成立后，港口归属经多次变更，后由交通部直接投资、管理、经营。1999年，交由中央大中型企业工委管理。2002年，秦皇岛港下放河北省管理，同年8月，经河北省人民政府批准，秦皇岛港务集团有限公司成立。2004年初，港口又进行了产权重组和体制调整，改制为股权多元化的有限公司。2008年3月30日设立秦皇岛港股份有限公司，秦港集团作为主发起人，协同大秦铁路等共10家企业共同出资发起设立股份公司。2009年7月8日，经河北省政府批准组建河北港口集团有限公司。

发展现状

【概况】 集团公司是当今世界最大的煤炭输出和干散货运输港口企业。集团公司自成立始就担负起整合河北省沿海岸线资源，主导省内港口建设、开发和国有资产管理运营的重任。集团公司顶住后金融时代经济下行、内需不旺和周边港口激烈竞争的压力，组建当年港口吞吐量首次突破并连续4年突破3亿吨。

2012年，集团公司总资产377.49亿元，拥有生产泊位62个，拥有全资和控股、参股投资企业33家。

集团公司牢牢把握河北沿海地区发展规划上升为国家战略的重大机遇，调结构、转方式、促升级、增效益，着力优化港口发展布局；牢牢把握“主业发展快中求强，转型发展稳中求进”的总基调，制定以一个网络（港口物流网络）、两个平台（资本平台、信息服务平台）、三大主业（港口经营及配套服务、物流和贸易及相关服务、相关投资与资产管理）、五大板块（港口经营、物流服务、地产开发、投资金融和综合服务）、八项业务（港口主业、港口物流、港口建设、港机制造、港口地产、港口服务、资源开发和资本运作）为内容的发展战略，着力构建物流基础网络，加快打造秦、唐、沧三大港口基地，推进煤炭、矿石、油品化工和集装箱项目建设，形成“以港为基、跨区经营、多元发展”的格局。

2012年，集团公司发展成为“三港一地”（石家庄总部、秦皇岛港区、唐山曹妃甸港区、黄骅港综合港区）大型综合性的港口

2月1日，二分公司抗击严寒，确保设备安全运行，抢装“浙海165”电煤船

8月初，杂货分公司精心组织，安全优质地完成“祥荣门”轮1488吨异型钢管装船任务

产业集群，逐步向“四商合一”(资本运营商、资源开发商、码头运营商和综合物流服务商)的卓越港口集团迈进。

年度综述

【概况】 2012 年，集团公司认真贯彻省委、省政府以及省国资委的决策部署，坚持以科学发展为主题，以加快转变经济发展方式为主线，牢牢把握“主业发展快中求强，转型发展稳中求进”的总基调，开拓市场，深化改革，加快调整，强化管理，各项工作亮点突出、成绩明显。

指标完成跨上新台阶，全面完成省国资委下达的各项考核指标。完成吞吐量 3.49 亿吨，实现利润总额 14.16 亿元，净资产收益率 5.34%，经济增加值 8.6 亿元，万元增加值综合能耗 124 千克标准煤，流动资产周转率 2.05 次。实现总收入 107.26 亿元，首次突破 100 亿元大关。杂货吞吐量首次超亿吨，黄骅港集装箱吞吐量突破 10 万标准箱。

转型升级迈出坚实步伐。转型升级既是适应经济全球化与全球物流网络一体化的需要，又是适应港口业发展趋势的必然选择。2012 年，集团公司将转型升级写入职代会报告，又在新制定的企业发展战略中进一步强调，其内容涵盖港口物流、综合服务、投资金融等各大业务板块，激发了各板块要素活力，开创了转型升级新局面。集团公司煤炭作业收入占总收入比例进一步下降，由 2011 年的 77.49%下降为 2012 年的 50.98%。物流产业取得显著进展，物流事业部深入开展研究，稳步推进物流战略与规划拓展，秦皇岛港区、唐山曹妃甸港区、黄骅港综合港区统筹发展，优势互补，竞争力不断提高。睿港煤炭物流公司创新探索煤炭专业物流发展模式，运行当年实现收入 30.55 亿元，为集团公司扩大收入规模、推进结构调整、优化经营指标做出突出贡献。

4月25日，董事长邢录珍(前左一)代表河北港口集团和省国资委签订2012年度承包合同

2012年，黄骅港综合港区集装箱吞吐量突破10万标准箱

2012年，曹妃甸港区进入黄金成长期，完成货物吞吐量6623万吨，实现利润5.14亿元

7月10日，集团公司召集来自全国的重点客户举办大宗商品物流信息化专场研讨会

煤炭交易市场快速发展，全年实现交易量4016万吨，实现交易额259亿元，动力煤炭价格指数影响不断扩大，新推出了煤炭现货交易、产运需衔接、网络融资和海运煤炭运价指数，研究论证了环渤海煤炭交易中心组建方案。邯郸国际陆港物流园区项目顺利奠基，起步区工程稳步推进。对外投资取得较好进展，实现合并口径投资收益4.66亿元，占集团公司利润总额的32.91%；出资6.5亿元参股浙能电力并发起公司上市。港口工程公司实现收入9.65亿元，同比增长123.4%，外部市场承揽项目突破亿元大关，呈现出蓬勃发展态势。港口机械公司加强设备维修和运行服务，积极开展门机、皮带机、集装箱场桥等设备制造业务；实现收入2.11亿元，同比增长26.5%；实现利润329万元，同比增长81.76%。房地产公司结合秦皇岛港西港区开发方案及相关支持政策，开展了西港区开发一期工程策划；设立渤海新区项目公司并完成黄骅地产项目可研报告。

秦港股份上市取得新进展，一批历史遗留问题得到较好解决。黄骅港公共基础设施移交款52.18亿元、税金返还2.94亿元已经全部收回，其间利息2.18亿元也将收回；山海关港股权转让款1.2亿元已经收回6400万元。2012年6月25日，秦港股份《招股说明书》在中国证监会网站上预披露，9月6日进行了补充预披露，上市工作已进入审核阶段。

重点项目建设取得新成绩，为集团公司持续发展积聚了后劲。秦皇岛港20万吨级航道工程前期工作进展顺利，已列为省交通行业重点建设项目。曹妃甸煤二期项目主体设备完成安装，码头工程已具备竣工验收条件，铁路、供电、辅建区等外部配套建设取得可喜进展。黄骅港20万吨级矿石码头开工建设，煤炭、油品码头项目工程可研报告编制完成。水曹铁路项目与首钢集团达成共识，审批材料已呈报省国资委。香港公司组建取得了省国资委批复和省商务厅的境外投资许可，正在办理公司注册手续。云南普洱矿产项目顺利推进，着手开展资源勘查前期工作。

2012年，建设中的唐山曹妃甸煤二期工程一角

改革创新得到新加强，进一步激发了集团公司发展活力。撤消服务管理分公司，完成了机关部室及所属各单位组织机构设置和定岗定编，集团公司管理架构得到调整和优化，责权界面进一步清晰，管控效率不断提高。稳步推进薪酬体制改革，出台了集团公司员工竞聘上岗、职位体系管理、薪酬分配等系列管理办法。实施劳务用工、维修体制改革，全年节省劳务费、维修费近亿元。建立企业年金业绩考核评价体系，激发各投资管理机构的动力，年金投资扭亏为盈，全年实现投资净收益3176万元，同比增加4862万元，平均投资净收益率达5.59%。深入开展后勤板块改革研究，后勤业务改革与发展框架方案编制完成。

发展战略

河北港口年鉴 2013

HEBEI GANGKOU NIANJIAN 2013

战略编制

【概况】 2010 年 3 月，按照省国资委指示，河北港口集团有限公司(以下简称集团公司)第一届董事会第十二次会议确定由交通运输部水运科学研究院、国务院发展研究中心组成联合课题组，开展集团公司发展战略的研究及编制工作。2011 年 4 月，集团公司重新审视企业发展面临的内外部环境，提出要进一步调整和完善集团公司发展战略的具体要求。课题组结合河北省委、省政府和省国资委的有关指示精神，重新梳理了集团公司发展战略调整要点。2012 年 3 月，发展战略编制完成，经集团公司第一届董事会第三十八次会议审议通过，并按照省国资委主管部门意见，完成对发展战略相关内容的调整，并正式印制文本。这是集团公司组建后第一部，也是集团公司有史以来最为全面、系统的一部战略文本，不仅为自身描绘出美好的发展蓝图，同时为集团公司更好地贯彻落实河北沿海地区发展规划，更好地服务省域经济和沿海经济指明了方向。

战略内涵

【战略定位】 集团公司是主导河北省港口建设、开发和国有资产管理运营的综合性集团公司；是运营国家能源大港、保障国家能源运输安全的主体；是世界最大的散货码头运营企业；是推动河北港口发展、促进河北沿海经济强省战略实施的重要企业。

【发展愿景】 世界一流的干散货码头业务和国内领先的港口产业集群经营人；集资本运营商、资源开发商、码头运营商和综合物流服务商为一体的大型综合性卓越集团公司。

【集团宗旨】 推动区域繁荣，追求企业卓越，成就个人发展。

【战略选择】 超越战略，抓住机遇实现对自我和竞争对手的超越；实现两个转变：由码头运营商向集资本运营商、资源开发商、码头运营商、综合物流服务商为一体的大型综合性集团公司转变，由优秀码头公司向卓越集团公司转变。

【总体战略表述】 集团公司总体战略表述概括为“12358”战略，即坚持以科学发展观为统领，贯彻“调结构、转方式、促升级、增效益”的总体部署，按照“以港为基，跨区经营、多元发展、转型升级”的总体发展思路，着力建设“一个网络、两个平台”，确立“三大主业”发展方向，构建“五大板块”的管理模式，重点发展以港口为核心的“八项业务”，倾力打造港口产业集群，至 2020 年发展成为国内一流的集资本运营商、资源开发商、码头运营商和综合物流服务商为一体的大型综合性卓越集团公司。

“一个网络”，即以秦唐沧三大港区为载体、物流项目为辐射节点、集疏通道为纽带的港口物流基础网络。“一个网络”是集团公司由单一码头经营商向综合物流服务商转型的基础。

“两个平台”，即集团公司发展的资本平台和信息服务平台。

"一个网络+两个平台"构成了集团公司未来发展的基础资源，是集团公司实现后续战略目标的必备条件，同时也是集团公司必须首先追求的目标。

"三大主业"即港口经营及配套服务；物流、贸易及相关服务；相关投资与资产管理。发展方向是按照体现集团公司现有优势产业，兼顾未来重点拓展领域的原则确立的，是保障集团公司未来发展空间和弹性的需要。

"五大板块"，即构建港口经营、物流服务、地产开发、投资金融和综合服务五大板块。业务板块管理是大型企业集团管理层面的具体要求，有利于减少管理维数，便于在扩张业务和提高系统效应的同时，增加有序性。

"八项业务"，是集团公司在战略期发展的重点业务，即港口主业、港口物流、港口建设、港机制造、港口地产、港口服务、资源开发和资本运作。

战略目标和重点

【2011—2015年战略目标】 基本完成"12358"战略框架构筑。跨区域经营地位得到巩固和提升，基本形成多元化战略雏形，符合综合性集团发展要求的管理架构和体制机制得以完善，实现集团公司由世界最大散货港口运输企业向大型综合性企业集团的转变。集团公司综合实力和市场竞争力明显提高，经济效益明显改善。码头业务板块实现上市，管理和效益达到国内同类领先水平，新拓展业务达到或接近同行业先进水平。

【2011—2015年战略重点】 加快"一个网络"建设。在秦皇岛港，通过实施西港搬迁改造，优化港口布局，实现功能升级，提高城市环保生态水平，增强城市经济综合竞争力。在曹妃甸港区，重点抓好5000万吨煤炭码头二期、内蒙古在曹妃甸出海口等项目建设，并积极争取开发后续码头项目。在黄骅港综合港区，加快矿石、杂货、集装箱、煤炭和油品码头建设，"十二五"期末达到矿石7000万吨、杂货1000万吨、集装箱200万标准箱、煤炭5000万吨、油品3000万吨的能力，总通过能力达到2亿吨。加快建设邯郸国际陆港物流园区，同时在曹妃甸、秦皇岛、黄骅三个港区建设临港保税物流园区。在满足产业物流或商贸物流需求，且具备交通可达性的枢纽城市，布局兼具保税功能的物流园区。积极谋划参与腹地通道建设，在业务层面合作基础上，进一步开展资本层面的战略合作。构建多层次的物流网络。

加快"两个平台"的构建。一是要加快资本平台的构建。即具备条件的子公司争取上市建设资本平台，集团公司争取设立财务公司，提高整体筹融资能力和集团公司内部资本的统筹利用效率。二是构建信息服务平台。即构建基于云计算技术的综合信息服务平台，涵盖集团公司各个板块、各项业务，以及矿、路、港、航、电等信息。

明确"三大主业"发展方向。进一步明确港口经营及配套服务；物流、贸易及相关服务；相关投资与资产管理三大主业发展方向，加强战略管理，促进资产向关键领域、核心业务集中，做大做强主业，提高集团公司核心竞争力。

确立集团公司板块管理模式。将八项业务具体归至港口经营、物流服务、地产开发、投资金融和综合服务等五大板块，并按照业务板块进行相应管理。

重点发展八项业务。做强港口主业，做优港口物流、港口建设、港机制造、港口地产、港口服务、资源开发和资本运作。

【2011—2020年战略目标】 实现“12358”战略。“一个网络+两个平台”的基础作用得到充分发挥，“三大主业”日益集中和突出，“五大板块”共同支撑格局形成，依赖资本运作展开的兼并收购成为集团公司发展横向拓展的主要手段，集团公司竞争优势由港口经营提升至整体物流链条的综合优势；港口主业外其他业务得到平衡发展，并成为集团公司发展的重要支撑。集团公司成为制度完善，竞争优势强劲，经济效益领先，集资本运营商、资源开发商、码头运营商和综合物流服务商为一体的大型综合性卓越集团公司。

【2011—2020年战略重点】 加强和拓展“一个网络”。通过资本平台作用的发挥，利用兼并、收购等手段加强港口资源的控制，根据业务情况拓展和开发新的物流项目，拓宽物流网络的覆盖面。

优化人才队伍结构。物流发展和资本运作与港口经营所需人才有较大区别，也是决定未来集团公司战略目标是否可以实现的关键。集团公司应按未来发展的战略构想，制定特殊人才引进计划，进一步完善员工考核、人才培养、干部选拔使用、薪酬待遇等激励机制，打造员工成长、实现价值的平台。

加强风险防范。资本运作具有高风险性，建立健全的风险防范机制非常必要。

加强文化和品牌建设。要在现有企业文化基础上，强化品牌意识，构筑一个基于提升企业持续发展的文化和核心价值观。

提升集团公司整体盈利能力。分解业务流程，强化各个环节精细化管理，提高效率，降低运营费用；以为客户提供全方位服务为核心，延伸服务产业链、拓展煤炭交易市场的业务，追求在为客户创造价值的同时，实现自身价值；加强与周边码头公司合作，优化价格策略，在散货作业价格制定上努力发挥引领作用，提高集团公司利润水平。只有提高竞争力和利润水平，才能最后回报股东、员工和社会。

港口建设

河北港口年鉴 2013

HEBEI GANGKOU NIANJIAN 2013

转型升级项目

【邯郸国际陆港物流园区项目】 2012年，邯郸陆港物流园区项目列入省重点并纳入交通运输部《交通运输“十二五”发展规划》。项目前期工作完成《邯郸国际陆港物流园区项目可行性研究报告》和《邯郸国际陆港物流园区规划》；跑办用地指标，取得625亩用地，陆港项目进入建设阶段。开展铁路入园方案研究，委托铁三院出具铁路入园选线方案，经集团公司审定后与北京路局进行沟通，得到路局有关部门的认可。履行招标程序，委托法布劳格公司从市场适用性、工程与经济可行性等方面系统论证，出具《邯郸国际陆港物流园区项目可行性研究报告》，通过企业内部专家评审，确定陆港西区投资规模、建设内容、平面分区、业态分布、设备配置、建设时序和经济评估。提请邯郸市政府出具陆港东、西两区5000亩土地规划红线，委托高端规划机构完成总体概念性规划，5月30日通过集团公司内审，获得邯郸市政府和各有关部门的肯定。根据总体规划，完成了陆港西区635亩起步区修建性详细规划和设计，分别在10月和12月通过集团公司和邯郸市规委会的审核。

5月30日，集团公司召开邯郸国际陆港物流园区规划方案专家评审会

【江苏靖江煤炭物流基地项目】 江苏省煤炭物流靖江基地一期项目总投资10.68亿元，占地面积423亩，年设计中转量为660万吨。一期项目主要包括1座卸船码头，长度280米，前沿水深14米，可靠泊5万吨级海轮；2台1600吨/小时的桥式抓斗卸船机和4台堆取料机（堆料额定能力3200吨/小时，取料额定能力1500吨/小时）；4个条型堆场，最大堆存能力60万吨。2010年11月由河北港口集团与江苏国信集团、靖江港口公司共同出资建设，由江苏国信秦港港务公司负责建设运营。2012年，江苏国信秦港港务公司克服困难，

重载试运行中的江苏靖江煤炭物流基地项目一期设备

破解发展瓶颈制约，江苏靖江一期工程建设基本完工。

重点建设项目

【黄骅港综合港区起步工程项目】 10万吨级航道是黄骅港综合港区起步工程核心项目，是黄骅港第二条航道，长44千米、疏浚量7500万立方米，2009年初开工建设，历时1年建成。2012年10月30日，省环保厅组织进行了环保验收检查，该项目通过环保验收。

黄骅港综合港区起步工程后方堆场建设完成110万平方米。多用途码头及通用散杂货码头吹填区地基处理工程于2012年5月竣工，10月25日，经省水运工程质量安全监督局验收合格。通用散杂货码头堆场道路工程施工图已通过沧州市港航局组织的专家评审组评审。该工程于2012年5月15日开工，其中北侧堆场20万平方米已经交付使用，给水、排水、电力、通信等管线整体工程基本竣工。多用途码头堆场道路及轨道梁基础工程于2012年5月15日开工；轨道梁基础工程基本具备设备安装条件。港池泊位清淤任务已于6月底完成。起步工程所有前期手续均已完成，前8个泊位于2012年8月23日通过了河北海事局通航安全核查验收。

12月21日，集团公司、秦港股份领导赴黄骅港综合港区调研指导在建重点项目

2012年年初，集运码头职工向厂家专家学习调试设备

【黄骅港综合港区20万吨级矿石码头项目】 2012年4月，沧州黄骅港矿石公司项目前期工作全面启动，工程可行性研究报告、项目申请报告、环境影响评价报告、海域使用论证报告等所有支持性报告在6月底前编制完成。装卸技术规格书于8月编制完成，两条卸堆线和两条取装线设备及相关配套设备的设计审查工作已经完成。2012年7月底完成矿石码头水工勘察报告；矿石码头试桩工作2012年已经完成。地基处理工程先期立项开工。为实现

2013年年底矿石码头投产的目标，堆场软基处理工程作为矿石码头工程的基础工程得到沧州市发改委批复，先期立项，并于2012年6月开工建设。临时供电、施工道路、北区和南区陆域形成项目均已完工；港池泊位浚前测量已完成，疏浚进度基本正常；北区地基处理工程正在紧张施工。

6月，沧州黄骅港矿石公司地基处理工程先期立项开工

【唐山曹妃甸港区煤二期项目】

2012年，曹妃甸港区煤二期工程进度完成良好，完成投资16亿元。曹妃甸港区煤二期码头工程竣工，具备验收条件；翻车机房小区工程、堆场工程基本完工；110千伏变电站、装船部候工楼等附属建筑工程进展顺利；曹妃甸港区煤二期19台大机设备完成主体安装，部分具备单机调试条件。皮带机及供电、管控、洒水除尘各系统施工按计划进行。

2012年，曹妃甸煤二期设备完成主体安装，进入调试阶段

【唐山曹妃甸港区外部配套项目】 2012年，唐山曹妃甸港区铁路扩能项目工程可行性研究报告进入铁道部批复程序；唐山曹妃甸煤炭公司铁路建设请示函也进入审批阶段。2012年4月11日，河北省发展和改革委员会下发了《关于同意新建水曹铁路项目开展前期工作的函》，批准水曹铁路项目开展前期工作。集团公司与首钢集团就水曹铁路项目建设达成共识，审批材料已呈报省国资委。

技改项目

【秦皇岛港码头加固改造项目】 随着船舶大型、专业化的发展，到达港口大型船舶数量不断增加，部分泊位等级不能满足港口生产需求。为保障港口运行安全，实现“内涵式”可持续发展，秦皇岛港决定对码头进行加固改造，适当提高码头靠泊能力。在2011年的基础上，2012年全面开展码头结构检测和改造方案编制，并通过了港航局组织的审查。结合港口生产实际需求，最大化地申报了码头改造范围，将202#泊位等16个泊位列入改造计划，已完成101#、

7月，港口工程公司承建的102#泊位加固改造工程开工

102# 泊位和 905#、906# 待泊兼生产性泊位改造。为科学合理地指导秦皇岛港东港区综合建设工作，组织开展了油区分区规划研究工作，合理规划油区码头及油罐建设。通航评估工作，因新版海港平面设计规范变化，导致秦皇岛港申报的泊位中 9 个泊位存在着靠泊等级降低的问题，如按照规范设计将影响 1000 艘次以上船舶通航，为最大化保证秦港股份生产能力，通过反复沟通及论证，最终获得了海事局理解，16 个泊位分 8 个项目，分 4 次通过海事局组织的通航论证会，方案及通航报告已正式上报交通部。

【秦皇岛港翻、取线改造项目】 2012 年，完成煤二期 1# 翻车机接卸 C80 系统更新改造项目。项目后评价方面，编制完成煤二期 2# 翻车机改造项目后评价报告并正式上报。煤四期翻车机系统改造方案中的“2+0 拨车模式”得到铁路方面的认可，2012 年年初工程可行性研究方案顺利通过太原铁路局审查，进入施工图设计阶段。2012 年实现二、六、七分公司新增取料机重载调试工作目标。

综合项目

【港口总体规划项目】 2012 年，集团公司积极推进港口总体规划报批工作。《秦皇岛港总体规划（送审稿）》经市政府审定，7 月份上报交通运输部和省政府。

秦皇岛港煤二期1#翻车机系统改造现场

【环保项目】 为全面提升秦皇岛港东港区环保水平，充分利用环保返还资金，储备环保项目，2012 年，开展东港区粉尘综合治理，完成煤三至煤五期防风网三期工程，完成煤四期及扩容堆场洒水除尘系统改造等

2012年，建设中的秦皇岛港煤三期堆场防尘网

项目的前期工作。

【其他项目】 2012年末，香港公司组建取得了省国资委批复和省商务厅的境外投资许可，开始办理公司注册手续。秦皇岛港20万吨级航道工程前期工作进展顺利，已列为省交通行业重点建设项目。云南普洱矿产项目顺利推进，已经着手开展资源勘查前期工作。黄骅港综合港区二期工程煤炭、油品码头项目工程可行性研究报告编制完成。

秦皇岛港疏浚物海洋倾倒区即将到期，为保证港口生产正常运行，满足港区水域安全通航要求，启动了新的临时海洋倾倒区选划工作。2011年10月，投资发展部编辑完成了选划报告并通过国家海洋局北海分局审查。在预选的A、B、C三个海洋倾倒区中选择了较近的B区，运距的减少每年可为秦港股份降低百万元的疏浚物外抛费用。2012年2月，项目通航安全评估报告编制及河北海事局审查按时完成，并上报国家海洋局北海分局。6月和7月，国家海洋局和北海分局分别就秦港维护性疏浚工程临时海洋倾倒区选划工作的意见进行了批复，同意选划报告中推荐的B倾倒区作为维护性疏浚工程临时海洋倾倒区。彻底解决了自2010年年底以来没有海洋倾倒区可用的现状，同时也解决了905#、906#泊位改造工程及2012—2015年日常维护性疏浚工程的抛泥问题。

秦皇岛港夜色

设施设备

基础设施

【码头泊位】 2012年，河北港口集团有限公司（以下简称集团公司）现有生产泊位62个（不含秦皇岛港2个改造中的待泊兼生产泊位、曹妃甸港区煤二期5个建设中的泊位和在建的黄骅港综合港区2个矿石泊位），生产泊位总长度15902.36米，设计年通过能力30875万吨，其中，煤炭19265万吨，矿石6600万吨，油品1700万吨，杂货（含集装箱）等3310万吨。

▲秦皇岛港泊位 秦皇岛港拥有专业生产泊位48个（不含905#、906#待泊兼生产泊位），其中，煤炭泊位21个、油品货类泊位7个、金属矿石泊位1个、杂货类泊位16个、集装箱泊位3个，总计年吞吐能力22525万吨。专业生产泊位长度11705.36米，另有非生产泊位20个，长度为1318.47米。

2012年秦皇岛港专业码头泊位一览表

表1

使用单位	泊位名称	结构型式	投产年份（年）	主要用途	前沿设计水深（米）	码头面高程（米）	码头长度（米）	靠泊能力（万吨）	数量（个）	年吞吐能力（万吨）
第一港务分公司	101#	钢筋混凝土栈桥	1974	原油	-11.00	6.00	278.50	2	1	1000
	102#	钢筋混凝土栈桥	1973	原油	-11.00	6.00	278.50	2	1	
	103#	重力式沉箱	1984	原油	-14.00	5.00	322.50	5	1	500
	104#	重力式沉箱	1999	成品油	-8.00	5.00	154.00	0.3	1	40
	105#	重力式沉箱	2008	油品化工品	-9.9	5.00	214.00	0.5	1	70
	106#	重力式沉箱	2007	原油	-5	3	85	0.1	1	20
	107#	重力式沉箱	2012	原油成品油化工品	-9.9	5	186	0.5	1	70
第二港务分公司	200#	重力式沉箱	2005	煤炭	-14.00	5.00	274.00	5	1	800
	201#	重力式沉箱	1983	煤炭	-14.00	5.00	275.00	5	1	600
	202#	重力式沉箱	1983	煤炭	-14.00	5.00	232.40	2	1	600
	203#	重力式沉箱	1985	煤炭	-14.00	5.00	320.00	5	1	1100
	204#	重力式沉箱	1985	煤炭	-14.00	5.00	295.40	5	1	1100
第三港务分公司	7#	混合结构	改造	煤炭	-10.00	5.20	151.70	1	1	185
	8#	重力式沉箱	1962	煤炭	-10.80	3.75	200.00	1.5	1	600
	9#	重力式沉箱	1962	煤炭	-10.80	3.75	200.00	1.5	1	580

续表1

使用单位	泊位名称	结构型式	投产年份（年）	主要用途	前沿设计水深（米）	码头面高程（米）	码头长度（米）	靠泊能力（万吨）	数量（个）	年吞吐能力（万吨）
杂货港务分公司	2#	钢筋混凝土框架	1904	散杂	-6.00	5.20	123.40	0.3	1	—
	4#	钢筋混凝土框架	1903	煤杂	-7.50	5.20	107.30	0.5	1	20
	5#	混合结构	1903	散杂	-9.5	5.20	151.70	1	1	35
	6#	混合结构	1907	散杂	-10.00	5.20	151.70	1	1	35
	10#	重力式沉箱	1987	集装箱	-14.00	3.75	260.20	5	1	90
	11#	重力式沉箱	1987	散化肥	-14.00	3.75	252.50	5	1	
	12#	重力式沉箱	1984	散粮	-14.00	3.75	263.00	5	1	170
	13#	重力式沉箱	1989	件杂	-14.00	3.75	192.00	1.5	1	50
	14#	重力式沉箱	1975	散杂	-14.00	3.75	223.40	5	1	85
	15#	重力式沉箱	1975	散杂	-14.00	3.75	240.00	5	1	85
	16#	重力式沉箱	1975	散杂	-11.00	3.75	172.00	1.5	1	30
	18#	重力式沉箱	1989	件杂	-11.00	3.75	192.00	1.5	1	60
	19#	重力式沉箱	1989	件杂	-11.00	3.75	218.00	1.5	1	200
	20#	重力式沉箱	2004	散杂	-12.50	3.75	257.00	3.5	1	300
	21#	重力式沉箱	2004	散杂	-12.50	3.75	257.00	3.5	1	
	22#	重力式沉箱	2004	散杂	-14.00	3.75	601.86	5	1	
	23#	重力式沉箱	2004	散杂	-14.00	3.75		5	1	
	24#	重力式沉箱	2004	集装箱	-15.80	3.75	537.20	5	1	
	25#	重力式沉箱	2004	集装箱	-15.80	3.75		5	1	
	304#	重力式沉箱	2005	矿石	-17.00	4.50	409.00	10	1	400
第六港务分公司	301#	重力式沉箱	1989	煤炭	-17.00	4.50	340.00	10	1	3200
	302#	重力式沉箱	1989	煤炭	-12.50	4.50	250.00	3.5	1	
	303#	重力式沉箱	1989	煤炭	-12.50	4.50	250.00	3.5	1	
第七港务分公司	704#	重力式沉箱	1996	煤炭	-12.50	5.00	215.00	3.5	1	3000
	705#	重力式沉箱	1996	煤炭	-12.50	5.00	215.00	3.5	1	
	706#	重力式沉箱	1996	煤炭	-16.5	5.00	341.10	10	1	
	707#	重力式沉箱	2003	煤炭	-14.00	5.00	336	5	1	1000
	708#	重力式沉箱	2005	煤炭	-14.50	5.00	229	3.5	1	650
	709#	重力式沉箱	2005	煤炭	-14.50	5.00	266	5	1	850
第九港务分公司	901#	重力式沉箱	2006	煤炭	-14.90	7.00	288	5	1	1100
	902#	重力式沉箱	2006	煤炭	-19.70	7.00	343	15	1	1500
	903#	重力式沉箱	2006	煤炭	-19.70	7.00	282	10	1	1300
	904#	重力式沉箱	2006	煤炭	-19.70	7.00	274	5	1	1100
总计							11705.36		48	22525

备注：秦皇岛港煤五期905#、906#待泊兼生产泊位挖潜改造，尚未投入使用，未列表中

2012年秦皇岛港非生产码头泊位一览表

表2

泊位名称	结构形式	投产年份（年）	主要用途	前沿设计水深（米）	码头面高程（米）	码头长度（米）	数量（个）
1# 泊位	钢筋混凝土框架	1901	外借	–6.00	5.20	123.60	1
3# 泊位	钢筋混凝土框架	1903	工作船	–6.50	5.20	87.30	1
油区工作船码头	重力式沉箱	1973	工作船	–5.00	3.00	90.30	2
油区工作船码头	重力式沉箱	1995	工作船	–5.00	3.00	389.70	5
西港区工作船码头	重力式沉箱	1990	工作船	–5.60	3.20	250.00	5
东港区水工维修基地工作船码头	重力式沉箱	1993	工作船	–4.50	3.02	41.46	1
	重力式沉箱	1995	工作船	–4.50	3.02	60.36	1
老港区工作船码头	混凝土方块	1960	工作船	—	—	80.00	2
煤三期工作船码头	重力式沉箱	1990	工作船	—	—	90.75	1
煤四期工作船码头	重力式沉箱	1997	工作船	—	5.00	105.00	1
合计						1318.47	20

▲唐山曹妃甸港区泊位 2012 年，唐山曹妃甸港区矿石和通用散杂货码头泊位 6 个，其中，25 万吨级矿石码头泊位 4 个；5 万吨级通用散杂货码头泊位 2 个，由曹妃甸实业港务有限公司经营使用。由曹妃甸煤炭港务公司开发建设的曹妃甸煤二期工程 5 万 ~ 10 万吨级煤炭泊位 5 个，2012 年度尚未竣工投产。

2012年曹妃甸港区专业码头泊位一览表

表3

泊位名称	结构形式	投产年份（年）	主要用途	前沿设计水深（米）	码头面高程（米）	码头长度（米）	靠泊能力（万吨）	数量（个）	年吞吐能力（万吨）
矿石码头一期	高桩梁板式结构	2005	矿石	–25	10.3	808	25	2	3000
矿石码头二期	高桩墩式结构	2010	矿石	–25	10.5	790	25	2	3200
通用散杂货码头	深水板桩地连墙与遮连桩共同挡土结构	2007	散杂货	–15.5	4.8	525	5 ~ 10	2	350
合计						2123		6	6550

备注：曹妃甸实业公司矿石码头 2005 年 12 月正式通航，散杂货码头 2007 年 8 月投入运营；曹妃甸煤二期工程在建，未列表中

▲**黄骅港综合港区泊位** 沧州渤海港务有限公司经营使用的10万吨级散货及多用途专业生产泊位共计8个,2012年8月通过河北省海事局通航安全核查验收。沧州黄骅港矿石港务有限公司于2012年4月注册成立,20万吨级矿石码头项目前期施工已完成试桩工作。

2012年黄骅港综合港区专业码头泊位一览表

表4

<table>
<tr><th>泊位
名称</th><th>结构
形式</th><th>投产
年份
(年)</th><th>主要
用途</th><th>前沿设计
水深(米)</th><th>码头面
高程(米)</th><th>码头长
度(米)</th><th>靠泊能力
(万吨)</th><th>数量
(个)</th><th>年吞吐能
力(万吨)</th></tr>
<tr><td>通用散货码头</td><td rowspan="3">高桩
结构</td><td rowspan="3">2010</td><td>散货</td><td rowspan="3">-14.5</td><td rowspan="3">6</td><td rowspan="3">2074</td><td rowspan="3">10</td><td>2</td><td rowspan="3">1800</td></tr>
<tr><td>通用散杂货码头</td><td>散杂货</td><td>2</td></tr>
<tr><td>多用途码头</td><td>杂货、集装箱</td><td>4</td></tr>
</table>

备注:沧州渤海公司2011年12月投入运营;在建的20万吨级矿石码头未列表中

【**港域设施**】

▲**锚地** 2012年,集团公司各港区在用锚地15个,其中,秦皇岛港5个,唐山曹妃甸港区8个,黄骅港综合港区2个。

秦皇岛港东锚地位于以南山头灯塔为圆心和基点,以12海里为半径的圆弧和108度方位线以及10万吨航道东侧距该航道轴线垂直距离1000米的平行线所围成的水域,锚地面积79.9平方千米。泥沙底,水深-11~-14.3米,设计容量为52艘。秦皇岛港西锚地位于以南山头灯塔为圆心和基点,分别以3海里和12海里为半径的两个圆弧以及165度和199度方位线所围成的水域,锚地面积100.6平方千米。底质为泥沙质,水深-10.3~-12.3米,设计容量为31艘。秦皇岛港油轮锚地位于以南山头灯塔为圆心和基点,以12海里为半径的圆弧、100度和108度方位线以及10万吨航道东侧距该航道轴线垂直距离1000米的平行线所围成的水域,锚地面积30.7平方千米。泥沙底,水深-10.3~-14米,设计容量为25艘。秦皇岛港10万吨级船舶重载锚地位于以南山头灯塔为圆心和基点,分别以15.4海里和16海里为半径的两个圆弧、128度方位线以及10万吨航道东侧距该航道轴线垂直距离1000米的平行线所围成的水域,锚地面积6.5平方千米,泥沙底,水深-18.2~-19.7米,设计容量为4艘。大型船舶过驳锚地位于10万吨级船舶重载锚地南方约6海里处,水深-20~-22米。

曹妃甸实业公司在用大泊位公用锚地4个,方位分别为38°51.3′N,118°32.9′E;38°54.2′N,118°33.4′E;38°57′N,118°42.8′E;38°50.2′N,118°42.8′E。在用小泊位公用锚地4个,方位分别为38°52.9′N,118°17.7′E;38°55.6′N,118°18.2′E;38°54.8′N,118°25.7′E;38°52.065′N,118°27.27′E。

沧州渤海港务有限公司在用锚地2个,分别为4号深水锚地和6号深水锚地。

▲**航道** 2012年,集团公司有进出港

航道7条，其中，秦皇岛港6条(包括1条10万吨级深水航道)，黄骅港综合港区10万吨级散货船舶单向乘潮进出港航道1条。曹妃甸港区有3条天然公用航道，其中实业公司在用1条。

2012年集团公司进出港航道一览表

表5

航道名称	方　位	航道数据(米)			航道底质	通过能力(万吨)
		长度	水深	宽度		
秦港主航道	160.3°	6700	–13.5	120	泥沙	5
秦港东航道	191°	4679	–13.5	120	泥沙	5
秦港西航道	130°	4843	–13.5	120	泥沙	5
秦港老航道	172°	3145	–10.0	100	泥沙	1
秦港煤三期航道	191° ~ 215°	2475	–13.5	120	泥沙	5
秦港10万吨级航道	330° ~ 150°	16800	–16.5	200	卵石	10
黄骅港综合港区10万吨级航道	59.5° ~ 239.5°	44000	–14.5	210	泥质	10

备注：在建的秦皇岛港20万吨级航道、唐山曹妃甸公用航道未列表中

▲港池　2012年，秦皇岛港拥有港池7个；沧州渤海港务公司拥有港池3个。

2012年集团公司港池一览表

表6

港池名称	位置(泊位围城)	水深(米)
一港池	秦港102# ~ 103#泊位	–13.5
二港池	秦港200# ~ 204#泊位	–13.5
三港池	秦港301# ~ 303#泊位、704# ~ 706#泊位	–12 ~ –16.5
四港池	秦港2# ~ 7#泊位	–6 ~ –10
五港池	秦港8# ~ 15#泊位	–11 ~ –13
煤五期港池	秦港304#、708#、709#、901# ~ 904#等泊位	–12.5 ~ –16.5
戊己港池	秦港18# ~ 25#泊位	–13.5
港池1	黄骅港综合港区散货码头泊位	–14.5
港池2	黄骅港综合港区散杂货码头泊位	–14.5
港池3	黄骅港综合港区多用途码头泊位	–14.5

备注：曹妃甸港池为天然公用港池，未列表中

▲**防波堤** 2012年，集团公司拥有防波堤8座，其中秦皇岛港3座，曹妃甸港区1座，黄骅港综合港区4座。

秦皇岛港防波堤包括乙码头突堤式防波堤，后来延长加高改建为甲码头背后护岸；西港区岛式防波堤，总长1936.92米，方位角85°23′00″～205°23′03″，轴线距丁码头堵头前沿线约770米，重力式沉箱结构，后与己码头25#泊位连接；原油二期防波堤，长度为917.61米，为三段折线，分为东北堤、东堤和南堤，重力式沉箱结构，背侧有预制钢筋混凝土挡浪墙。

曹妃甸港区防波堤1座，为斜坡式结构，2005年12月建成，堤长2830米。

黄骅港综合港区防波堤4座，2009年建成。其中，F1～F2抛石斜坡堤位于综合港区二港池北岸线，长4830米；F2～F3抛石斜坡堤位于综合港区一、二港池内航道东侧，长3068米；N0+000～N12+974抛石斜坡堤平行于航道轴线，长12974米；F5～F6抛石斜坡堤垂直于航道轴线，F6紧靠神华港，长2537米。

2012年，秦皇岛港、唐山曹妃甸港区、黄骅港综合港区防波堤设施完好，有效抵御了夏季强气旋带来的大风大浪冲击。

【**导航设施**】 2012年，集团公司三港区在用灯塔4座，雷达导塔7座，AIS基站1座，船舶交通管理系统（VTS）3套，及各类导、助航设施设备200余座（套）。

▲**灯塔** 秦皇岛港灯塔位于北纬39°54′38.8″、东经119°36′57.68″，1993年重建。塔高42米，直径6米，顶部配置4.2米宽、7.9米高的大型灯笼，内装密封光束旋转灯器1座，灯光中心高59.6米，射程20海里。1988年7月15日，南山灯塔转归天津海上监督局管理。2012年，秦皇岛港灯塔移交给交通运输部北海航海保障中心秦皇岛航标处管理。

黄骅港综合港区设有灯塔2座，2010年12月建成并投入使用。

曹妃甸灯塔于1998年重建，玻璃钢塔体，塔高18米，射程14海里，2012年仍在使用。

▲**雷达导航塔** 位于灯塔西侧，是秦皇岛港煤二期配套项目，1986年1月建成。雷达导航系统主要包括雷达通信、电子计算器控制、视频地形显示器和天线等，全套设备从日本引进。雷达天线长8米，总高40米。1989年4月，雷达导航塔移交交通部秦皇岛海上安全监督局管理。

黄骅港综合港区建有雷达导航塔6座，位于多用途码头岸线北侧外海浅滩，前导航塔距多用途码头1.3千米，前、后导航

秦皇岛港灯塔（前）和雷达导航塔（后）

塔相距2.4千米，工程于2010年10月12日竣工。2012年，港区雷达导航设备技术状态良好。

2012年，唐山曹妃甸第一雷达站(2008年建成)仍在使用中，煤码头雷达站建设项目开展前期工作。

▲船舶交通管理系统(VTS) 秦皇岛港VTS系统为“一站一中心”结构，即VTS控制中心和南山雷达站。全套设备从德国ATLAS公司引进，主要包括雷达子系统、信息传输子系统、雷达数据处理子系统、CCTV(闭路监视)子系统、综合显示子系统等，其中雷达子系统设备安装在南山导航塔上。VTS系统24小时连续运转，覆盖范围可达20海里以上，为进出港口的船舶提供全天候服务。另在秦皇岛港引航站设置一个RDP(雷达数据显示)工作站，可24小时实时显示船舶交通情况。后对已有的VTS系统进行改造，配置DGPS卫星定位系统移动台5套。VTS系统管理服务水域是以南山灯塔为圆心，18海里为半径的扇形水域。

曹妃甸港区VTS系统布局为一中心一站式，包括雷达天线系统、CCTV监控系统、气象系统、UPS电源系统以及动力环境监测系统等组成部分。VTS中心设在矿石码头综合楼，其雷达系统设置在煤炭码头一期工程区域。

黄骅港综合港区VTS系统(配备雷达应答器)可对以黄骅港南侧防波堤堤头灯为圆心、半径28海里的扇形海域(38°20′24.559″N,117°55′22.647″E)实施交通管理和提供助航服务。

▲导、助航设施 秦皇岛港导、助航设施:灯桩35座，导标56座，浮标92座，立标8座，无线电指向标(RBN/DGPS台站)1座，雷达指向标1座，雷达应答器9座。

秦皇岛港10万吨级航道(150)导、助航设施于1999年12月建成使用，主灯射程10海里，2000年11月移交秦皇岛航标处。航道设备采用陆上导标、海上助航标志和DGPS辅助助航系统相结合方式进行导航、助航。2008年，秦皇岛航标处对港口导、助航设施进行了综合配布调整，在航道口门处设置1座3米深水浮标并安装雷达应答器，在航道前段增加1对灯浮标。2012年将冰标器改为155E型航标灯，铜铸外壳，专用锂电池供电。10万吨级航道共有冰标(夏季为灯浮标)27座，活节式灯桩3座。

黄骅港综合港区设有灯浮标58座、活节式灯桩2座、灯桩9座、导标6座等导航助航设备。曹妃甸港区导、助航设施部分与其他港口企业共用。

装卸机械设备

【煤炭大型成套专用装卸设备】 秦皇岛港

堆场取料机作业

拥有大型成套煤炭专用装卸设备377台（套）。翻、堆作业线最大接卸能力6480吨/小时，取、装作业线最大装船能力8000吨/小时。唐山曹妃甸煤二期处于安装调试阶段，设备未计。

翻车机在翻车机房卸车

2012年秦皇岛港煤炭大型成套装卸设备一览表

表7

名称	参数　　　使用单位	秦港股份二分公司	秦港股份三分公司	秦港股份六分公司	秦港股份七分公司	秦港股份九分公司
翻车机	台数（台）	6		2	3	3
	台时效率	1000吨/小时 1台		4860吨/小时	5400吨/小时 2台	7200吨/小时
		1400～3200吨/小时 3台			6050吨/小时 1台	
		3600吨/小时 1台				
		4800吨/小时 1台				
卸车机	台数（台）		19			
	台时效率		1000吨/小时 14台			
			600吨/小时 5台			
装卸桥	台数（台）		9			
	台时效率		300吨/小时			
堆料机	台数（台）	8	3	2	5	6
	台时效率	2000吨/小时 3台	3000吨/小时 1台	4860吨/小时	5400吨/小时 3台	6480吨/小时
		2660吨/小时 2台	600吨/小时 2台		6480吨/小时 2台	
		3600吨/小时 3台				
取料机	台数（台）	11	2	4	9	8
	台时效率	2000吨/小时 4台	1500吨/小时	6000吨/小时	6000吨/小时	6000吨/小时
		3500吨/小时 2台				
		5000吨/小时 1台				
		3000吨/小时 4台				

续表7

名称参数 \ 使用单位		秦港股份二分公司	秦港股份三分公司	秦港股份六分公司	秦港股份七分公司	秦港股份九分公司
堆取料机	台数(台)	2		1		
	台时效率	3000吨/小时		4860/4500吨/小时		
装船机	台数(台)	7		3	5	4
	台时效率	2500吨/小时 4台 5000吨/小时 1台 6000吨/小时 2台		6000吨/小时	6000吨/小时	8000吨/小时
皮带输送机	台数(台)	61	92	21	41	40
	台时效率	翻堆线:4.5米/秒 取装线:4～4.8米/秒	2.4～3.6米/秒	4.8米/秒	4.8～5.2米/秒	5米/秒

【杂货大型成套专用装卸设备】 2012年，集团公司拥有杂货大型专用装卸设备162台，主要有门式起重机、装船机、卸船机、堆料机、取料机、高塔吊、卸粮机、皮带运输机等。其中，秦皇岛港杂货大型成套专用装卸机械设备68台，分布在西港区杂货泊位和东港区304#矿石泊位；曹妃甸港区大型杂货专用机械设备共计74台，分布在实业公司所属的矿石泊位和通用散杂货泊位；黄骅港综合港区大型成套专用机械设备共计20台，集中设置在散货及多用途码头泊位。

建于2002年的304#专业泊位进行接卸矿石作业

2012年秦皇岛港杂货大型成套专用机械设备一览表

表8

设备名称	数量(台)	设备分布	使用单位
门座式起重机	42	秦皇岛港西港区	秦港股份杂货分公司
散水泥装船机	1		
散粮卸船机	3		
散粮皮带机	4		
散水泥皮带机	2		

续表8

设备名称	数量(台)	设备分布	使用单位
高塔吊	3	秦皇岛港东港区304#泊位	秦港股份杂货分公司
堆料机	1		
取料机	1		
移动漏斗	3		
固定式胶带输送机	8	秦皇岛港东、西港区	
管式皮带输送机	2		
合　计	70		

304#矿石泊位机械设备。304#矿石泊位位于煤三期301#泊位背侧,配置3台轨道式高塔吊(台时效率1500吨)、1台堆料机(台时效率4500吨)、1台斗轮取料机(台时效率3000吨)、3台接卸漏斗(台时效率1500吨)、2台管道皮带输送机(台时效率4500吨)和2台普通皮带输送机。建设了2线铁路装车楼,每线年装车能力为400万吨。管道皮带输送机是304#矿石泊位配套设备,采用封闭装置,减少了转接塔,有效解决了运输过程中洒漏、粉尘污染等问题。

2012年曹妃甸港区矿石码头大型成套机械设备一览表

表9

设备名称		设备分布		
		曹妃甸实业港务公司矿石一期	曹妃甸实业港务公司矿石二期	安装时间
堆料机	台数(台数)	1	3	一期:2005年 二期:2010年
	台时效率(吨/小时)	7500	9000	
	生产厂家协作厂家	大连重工	上海振华	
取料机	台数(台数)	2	0	一期:2005年
	台时效率(吨/小时)	3600		
	生产厂家协作厂家	大连重工		
堆取料机	台数(台数)	2	1	一期:2005年 二期:2012年
	台时效率(吨/小时)	堆料:7500 取料:3600	堆料:9000 取料:4500	
	生产厂家协作厂家	上海振华	上海振华	

续表9

<table>
<tr><th colspan="2" rowspan="2">设备名称</th><th colspan="3">设备分布</th></tr>
<tr><th>曹妃甸实业港务公司
矿石一期</th><th>曹妃甸实业港务公司
矿石二期</th><th>安装时间</th></tr>
<tr><td rowspan="5">卸船机</td><td>台数(台)</td><td>6</td><td>4+2(链斗)</td><td rowspan="5">一期:2005年安装4台;2007年安装2台
二期:2010年
2011年(链斗)</td></tr>
<tr><td rowspan="2">台时效率
(吨/小时)</td><td>2500(4台)</td><td>3200</td></tr>
<tr><td>2750(2台)</td><td>3800(链斗)</td></tr>
<tr><td>生产厂家
协作厂家</td><td>上海振华</td><td>上海振华</td></tr>
<tr><td colspan="3"></td></tr>
<tr><td rowspan="8">皮带输送机</td><td>台数(台数)</td><td>26</td><td>17</td><td rowspan="8">一期:2005年
二期:2009年</td></tr>
<tr><td rowspan="3">皮带宽度
(毫米)</td><td>1200(9台)</td><td rowspan="2">1600(13台)</td></tr>
<tr><td>1600(15台)</td></tr>
<tr><td>1800(2台)</td><td>2000(4台)</td></tr>
<tr><td rowspan="2">皮带速度</td><td>1200毫米、1800毫米带宽的带速为3.75米/秒</td><td rowspan="2">带速全部为4.15米/秒</td></tr>
<tr><td>1600毫米带宽中有4台,带速为2.0米/秒,其余带速为3.75米/秒</td></tr>
<tr><td>生产厂家
协作厂家</td><td>中国港湾建设
(集团)总公司</td><td>上海振华</td></tr>
</table>

2012年曹妃甸港区杂货码头大型成套机械设备一览表

表10

序号	规格/型号	出厂编号	设备名称	数量(台)	投产日期(年)	使用单位
1	MQ4037	4710-266	门座式起重机	1	2007	唐山曹妃甸实业港务公司
2		4710-267		1		
3		4710-268		1		
4		4710-269		1		
5		4710-311		1		
6		4710-312		1		
7		4710-313		1		
8		4710-314		1		
9	MQ4043	ZP10-1488-1		1	2011	
10		ZP10-1488-2		1		

2012年黄骅港综合港区杂货码头大型成套机械设备一览表

表11

序号	规格 / 型号	出厂编号	设备名称	数量（台）	投产日期	台时效率（吨/小时）
1	MQ40-43	20090001	门座式起重机	1	2010年6月	500
2		20090002		1		
3		20090003		1		
4		20090004		1		
5	GYM4043	GY-10-0068		1		
6		GY-10-0069		1		
7		GY-10-0070		1		
8		GY-10-0071		1		
9		GY-10-0072		1		
10		GY-10-0073		1		
11		GY-10-0074		1		
12		GY-10-0075		1		
13		GY-12-0122		1	2012年9月	
14		GY-12-0123		1		
15		GY-12-0124		1		
16		GY-12-0125		1		
17		GY-12-0126		1	2012年1月	
18		GY-12-0127		1		
19		GY-12-0128		1		
20		GY-12-0129		1		

备注：所列设备使用单位为沧州渤海港务公司

【集装箱大型成套专用装卸设备】 集团公司拥有大型集装箱专用设备25台，分布在秦皇岛港和黄骅港综合港区。

秦皇岛港集装箱码头共有3个泊位，分别为己码头24#、25#泊位及丙码头10#泊位。己码头两个泊位均是5万吨级集装箱专用泊位，总长537米，年设计通过能力75万标准箱。配备6台起重量为65吨、外伸距60米的集装箱装卸桥，11台用于场地

秦皇岛港新港湾集装箱码头岸桥

装卸、搬倒的场桥，还有场站拆装箱、仓储作业的各吨级叉车40余台。

黄骅港综合港区投入运营的2个集装箱泊位是集团公司主导开发建设的黄骅港综合港区一期工程的一部分，位于散杂货码头西侧，设计年通过能力40万标准箱，可靠泊10万吨级船舶。用于集装箱装卸的核心设备是4台岸边集装箱起重机和4台轨道式集装箱门式起重机，设备技术规格居国内同类设备先进水平。

黄骅港综合港区集装箱码头岸桥

2012年集团公司集装箱码头大型成套专用设备一览表

表12

序号	规格 / 型号	出厂编号	设备名称	数量（台）	台时效率（标准箱 / 小时）	投产日期	使用单位
1	RTG53/23.47/5+1AC	1195－05#	5# 场桥	1	30	2007.08	秦皇岛港新港湾集装箱码头公司
2		1195－06#	6# 场桥	1			
3		1195－07#	7# 场桥	1			
4		1195－08#	8# 场桥	1			
5		1211－09#	9# 场桥	1		2009.02	
6		1211-10#	10# 场桥	1			
7		1211-11#	11# 场桥	1			
8		1211-12#	12# 场桥	1			
9		1211-13#	13# 场桥	1			
10		1211-14#	14# 场桥	1			
11		1211-15#	15# 场桥	1			
12	65t－60m	03-1498-1	1# 岸桥	1	35	2004.10	
13		03-1498-2	2# 岸桥	1			
14		03-1498-3	3# 岸桥	1			
15		06-1617-01	4# 岸桥	1		2007.09	
16		06-1617-02	5# 岸桥	1			
17		06-1617-03	6# 岸桥	1			

续表12

序号	规格/型号	出厂编号	设备名称	数量（台）	台时效率（标准箱/小时）	投产日期	使用单位
18	JR21	ZP11-1623-1	11#场桥	1	30	2011.12	沧州渤海港务公司
19		ZP11-1623-2	12#场桥	1			
20		ZP11-1623-3	21#场桥	1			
21		ZP11-1623-4	22#场桥	1			
22	ZP65tA8	ZP10-1613-1	1#岸桥	1	35		
23		ZP10-1613-2	2#岸桥	1			
24		ZP10-1613-3	3#岸桥	1			
25		ZP10-1613-4	4#岸桥	1			

【流动装卸机械设备】 2012年，集团公司拥有种类齐全、技术先进的大型流动装卸机械设备375台，其中秦皇岛港区拥有341台，起重机械最大起重能力为500吨；曹妃甸实业公司拥有25台；沧州渤海港务公司拥有9台。

4月，秦皇岛港流动机械在场地联合进行装矿石作业

2012年集团公司大型流动装卸机械设备一览表

表13

序号	设备名称	台数（台）	设备分布	序号	设备名称	台数（台）	设备分布
1	汽车起重机	9	秦皇岛港	12	自卸车	23	秦皇岛港
2	轮胎起重机	41		13	重型汽车	10	
3	塔吊	4		14	大型货车	9	
4	轨吊	1		15	桥式起重机	9	
5	抓煤机	8		16	挖掘机	6	
6	叉车	53		17	吸尘车	1	
7	牵引车	19		18	装载机	25	曹妃甸港区
8	装载机	107		19	空箱堆高机	2	黄骅港综合港区
9	推耙机	28		20	牵引车/半挂车	6	
10	推土机	10		21	正面吊运起重机	1	
11	半挂汽车	3					
合计						375	

【煤炭除杂设备】 集团公司煤炭除杂设备与工艺居同行业领先水平。从卸车到装船，除杂工艺经过3道环节去除煤炭杂质，实现出港煤炭零杂质。2012年，秦皇岛港煤二期2个泊位在翻、堆线皮带机上安装的4台连续式磁铁分离器，煤五期皮带机转接塔安装的15台除铁器，煤一期、煤三期、煤四期安装的除杂设备经维修保养，设备运转正常，除杂效果明显。在建的唐山曹妃甸煤二期也相应配置了煤炭除杂设备。

生产辅助设施

【仓库】 2012年，秦皇岛港生产用仓库总面积为11.2万平方米。其中，2006年12月杂货分公司“己场仓库”建成，面积1.3万平方米；2008年12月，东港备件中心仓库投入使用，其中包括东港立体仓库3040平方米，东港大件库3046平方米，小件库1029平方米。秦皇岛港还拥有4座前方仓库和4座二线仓库（1980年至2004年建成），总面积7.8万平方米；集装箱码头配有公路库和铁路库各一座，计1.4万平方米。

▲散粮筒仓 秦皇岛港散粮筒仓为丁码头散粮泊位配套项目，1987年12月开工，1992年9月经修复后完工，实际仓容为5.98万吨。散粮筒仓包括成套装卸设备、工作楼、筒仓、水泵房、清水池、卸粮坑等设施，是集卸船、储存、倒仓、计量、熏蒸、取制样和卸车等功能为一体的高科技工程。筒仓为钢筋混凝土落地式建筑，基础为灌注桩加承台板。上为48个内径8米的圆筒仓和30个星仓，设计容量6.35万吨。筒仓建设散粮出口线后具备了3000吨/小时的汽车及火车集仓能力和600吨/小时的装船能力，拓展了散粮筒仓的功能。

2001年散粮泊位出口线技改完工后，筒仓容量已显不足，秦皇岛港投资1亿多元在散粮筒仓南侧再建7座筒仓，单仓直径24米，仓高38米，容量1.05万吨，总仓容7万吨，落地式钢筋混凝土结构，配套设备与原筒仓系统相连。2003年投入使用。

▲散水泥筒仓 秦皇岛港散水泥筒仓是一项高科技工程，集集港、装船、计量等功能为一体，成套设备包括筒仓、皮带机、

秦皇岛港散化肥大库

秦皇岛港散粮筒仓

链式斗提升机、转接塔。筒仓为钢筋混凝土落地式建筑，基础为灌注桩加承台板。筒仓高30米，直径22米，3座筒仓仓储共计3.6万吨。

【储油罐】 2012年，秦皇岛港油码头有储油罐15座，储存原油、燃料油、成品油、磷酸、甲醇、乙醇等油品及液体石化产品，总罐容28.6万立方米。

2012年秦皇岛港油码头储油罐一览表

表14

型式	规格（立方米）	数量	建设时间	总罐容（万立方米）	备注
拱顶	1000	2	1991年1月	28.6	渣油
拱顶	3000	3	1992年10月		
拱顶	20000	2	2000年9月		海洋油
浮顶	20000	4	2001年7月		
浮顶	50000	3	2004年		
拱顶	5000	1	2006年		

一分公司油罐区

【堆场】

▲杂货堆场 2012年，集团公司杂货堆场总面积427.19万平方米，其中秦皇岛港堆场面积120.67万平方米；曹妃甸港区（实业公司）堆场面积140.60万平方米；黄骅港综合港区（沧州渤海港务公司）堆场面积165.92万平方米。

▲集装箱堆场 2012年，秦皇岛港集装箱泊位所属陆域面积36万平方米，拆装箱场地14万平方米。黄骅综合港区集装箱堆场与杂货堆场合用。

▲煤炭堆场 2012年，秦皇岛港老煤场堆场面积8万平方米，堆存能力17万吨。9#泊位是秦港第一座前、后沿配套的煤炭专业泊位，后沿堆场堆存能力8万吨。

一、二、三、四、五期煤炭码头都配有

50万吨至400万吨不等的机械化煤炭堆场。煤一期扩容工程新增4个条形专业化煤炭堆场,布局平行于煤一期堆场,面积13万平方米,堆存能力70万吨。煤四期扩容工程利用煤四期和矿石堆场之间的陆域,建设3个条形堆场，堆存能力125万吨。煤五期泊位东侧和现有矿石堆场南侧,建设10个条形煤炭堆场,面积77万平方米,堆存能力400万吨。

秦皇岛港煤五期堆场

曹妃甸煤二期堆场在建8个，面积100.7万平方米(含道路),堆存能力373.5万吨。

【港作船舶】 2012年,秦皇岛港拥有港作拖轮19艘，为进出港船舶提供全天候24小时服务;另有工作船11艘,用于交通、维修等辅助服务。唐山曹妃甸港区所用拖轮均由唐山港曹妃甸拖船有限公司提供。沧州渤海港务公司自有港作拖轮2艘，不足部分从沧州渤海新区港兴拖轮公司租用。

2012年秦皇岛港拖轮一览表

表15

序号	拖轮名称	功率(千瓦)	投产时间(年)	序号	拖轮名称	功率(千瓦)	投产时间(年)
1	秦港1号	1287×2	1996	11	秦港13号	1176×2	1985
2	*秦港3号	1176×2	1978	12	秦港15号	956×2	1998
3	秦港4号	736×2	1987	13	秦港16号	1839×2	2003
4	秦港5号	1176×2	1985	14	秦港17号	1920×2	2006
5	秦港6号	1176×2	1987	15	秦港18号	1839×2	2003
6	*秦港7号	1176×2	1983	16	秦港19号	1920×2	2006
7	秦港8号	1176×2	1983	17	秦港20号	1840×2	2010
8	秦港9号	1570×2	1990	18	*秦港21号	736×2	1999
9	秦港11号	1570×2	1990	19	秦港24号	1840×2	2010
10	秦港12号	1176×2	1983				

备注:*为拖轮、消防两用船;拖轮使用单位秦港股份船舶分公司

2012年秦皇岛港其他工作船一览表

表16

序号	船名	功率(千瓦)	用途	投产时间(年)	备注
1	航修1号	735	航修	1984	
2	环卫1号	368×2	工作船兼垃圾处理	1986	
3	贵安轮	440×2	交通船	1988	
4	启安轮	513	交通船	1993	
5	引航1号	610×2	交通船	2002	
6	秦港2号	1227	工作船	1975	
7	迎安轮	404×2	抓斗挖泥船	1986	
8	永安轮	135×2	工程船	1988	
9	港安轮	450×2	自航驳船	2007	
10	冀港浚6	3089×2	耙吸挖泥	2009	
11	海安轮	2400	消防船	1994	
12	秦港吊	176	浮吊船	1973	
13	远安轮	540	电焊船	1977	
14	广安轮	—	辅助船	1979	

2012年沧州渤海港务公司自有拖轮表

表17

序号	船名	功率(千瓦)	用途	投产时间
1	渤海港务01	1840×2	船舶拖带	2011年7月
2	渤海港务02	1840×2	船舶拖带	2011年7月

运输设施

【自营铁路】 秦皇岛港自备自营铁路由2站(开滦路港站、东港站)、6段(电务段、机务段、工务段、修缮段、货运段、护厂段)组成港口铁路运输服务体系。港口铁路分东、西2大生产区,有分区调车场12个、铁路194.2延长千米、道岔50组、自备车皮175辆和各型内燃机车18台,年拖运量达5300万吨。

秦皇岛港还有供临港企业专用的铁路线:中燃秦皇岛公司铁路专用线、秦皇岛市海兴船舶燃料供应有限公司专用线、秦皇

秦皇岛港东港区铁路调车场

2012年秦皇岛港内燃机车一览表

表18

序号	机车编号	机车型号	功率（千瓦）	投产时间（年）	序号	机车编号	机车型号	功率（千瓦）	投产时间（年）
1	01	HFA-24S	1760	1985	11	37	DF5	1212	1996
2	02	HFA-24S	1760	1985	12	38	DF5	1212	1996
3	04	HFA-24S	1760	1985	13	39	DF5	1212	1997
4	05	HFA-24S	1760	1985	14	40	DF5	1212	1997
5	07	HFA-24S	1760	1985	15	08	NJ2	2300	2002
6	31	DF5	1212	1994	16	09	NJ2	2300	2002
7	32	DF5	1212	1995	17	10	DF7G	2200	2004
8	33	DF5	1212	1995	18	11	DF10DDA	2400	2007
9	35	DF5	1212	1995	19	4	TM5500	294	1991
10	36	DF5	1212	1996					

岛金海粮油有限公司铁路专用线、秦皇岛东方石油有限公司铁路专用线、秦皇岛港新港湾集装箱有限公司铁路专用线等。

黄骅港综合港区拥有自备自营铁路2.17千米。

【输油设施】 原油管道运输始于20世纪70年代，是秦皇岛市继水路、铁路、公路、航空运输之后的第五大运输方式。1974年12月，大庆至秦皇岛港输油管道建设竣工。

2012年，油码头输油系统设备有自控指挥中心、总长46.8千米港区管道、20台输油臂、15座总罐容28.6万立方米原油储罐，通过对码头设施设备技术改造，油码头具备接卸5万吨油船的能力。

陆域卸车系统。包括铁路

秦皇岛港油码头输油管线

秦皇岛港油码头铁路装卸车台

秦皇岛港油码头汽车装卸车台

装卸车台和汽车装卸车台两部分。铁路装卸车台包括4条铁路装卸线，2座铁路装卸栈桥，64个油槽车车位（预留8个车位），1座换热站，2座400立方米缓冲罐，2座60立方米轻油放空罐，1座重油铁路装卸泵房。可装卸原油、重油、汽油、柴油，年装卸能力250万吨（其中卸轻油150万吨，卸重油60万吨，装重油40万吨）。汽车装卸车台包括4座60立方米高架罐（汽油、柴油各2座），4座汽车车台，8个汽车油槽车车位，其中2座车台装原油、重油，2座车台装汽油、柴油；重油卸车车台有2个汽车油槽车下卸车位，设有2座卸油槽及下卸管线，每座卸油槽30立方米，还配有1台80吨汽车衡。汽车装卸车台年装卸能力80万吨。

秦皇岛东方石油公司以秦皇岛港油码头为依托，从罐区至油码头前沿铺设原油管线1条、成品油管线2条。秦皇岛永晖石油公司拥有2条可直接延至秦皇岛港油码头的输油管线。

【道路交通】 2012年，秦皇岛港区主要道路共有120余条、立交桥5座，共计92千米（不含戊己码头西疏港路立交桥）。疏港路与京沈高速公路、津秦沿海高速公路、102国道、205国道和秦承公路相接，形成“五路对一港”公路网络。

曹妃甸实业港务公司辖区主要道路有6条，共计21千米；曹妃甸煤炭港务公司辖区道路共计19条，总长16.94千米。

沧州渤海港务公司辖区主要道路有12条，共计11.12千米；沧州黄骅港矿石港务公司港区道路4条，共计4456米。

通信网络设施

【概况】 通信信息工程分公司是集团公司的通信信息服务和保障单位，主要业务和设施有：固定电话及宽带、无线调度通信、

秦皇岛港区立交桥

有线电视、会议视频系统、SOLAS 视频监控及生产视频监控、计算机局域网络(含光纤网络管理),港口电气设备和自动化控制系统及上述系统的安装维修业务等，还有遍布全港区的通信管道 50 余千米。

9月29日，通信信息工程分公司故障集中受理中心员工接办用户电话申报业务

2月,通信信息工程分公司西港营业厅营业情况

【有线、无线通信】 通信业务是港口生产调度重要组成部分，已全面覆盖集团公司各港区,为生产经营、调度指挥提供重要技术支持手段。有线电话终端深入到港区各个角落和职工住宅小区、公寓。2012 年,有线通信容量 20000 线,有线通信设施有华为 C&C08 程控交换机,建立了防污厂、原八分公司、港口医院、煤炭综合楼等模块机房,有线电话用户 7400 余户。

无线通信采用无线集群技术,通信信息覆盖面广阔,使港口现场作业、调度指挥、车船联络、远距离通话等更加灵活、便捷。无线调度通信系统为 2012 年实施的 800 兆赫兹数字集群系统,拥有无线集群用户3200 余户。

【骨干光纤传输网】 光环网建设搭建了港口信息网，为港口现代化建设提供一个快速、有效的传输平台,是数字秦港的基础。光环网涉及各个港区，形成了一个辐射全集团的信息传输网络,实现了集团公司 OA(办公自动化)系统的网络传输。同时,港口生产调度网、公安局专网、电力分公司专网、铁运分公司电子轨道衡专网等全部通过这个网络运行平台传输。2012 年,光纤总里程为 1400 对芯千米;OA 网用户数量达 3245 户。

【有线电视】 秦皇岛港自有有线电视业务分别为东西港区和职工住宅区两大系统区块,2012 年用户总计 24684 户。

【港区监控】 通信信息工程分公司对港区监控设备实行统一管理，全面保障现场作业和港区安全防范监控系统的正常运行。秦皇岛港视频监控配置300余点，黄骅港综合港区视频监控配置230余点，唐山曹妃甸港区视频监控系统属当地市政管理。三港区保安监控系统将码头、库场和重点部位囊括其中，监控指挥中心可随时动态监测港区重点部位的人员和车辆情况，及时发现和处理影响港区生产安全的事件。港区现场作业视频监控系统提高了生产调度工作效率，同时，通过资源共享可使管理者及时了解掌握现场情况。

【会议视频系统】 集团公司视频会议系统是2010年由信息与技术中心主持实施建设的，2012年在原有基础上实施了系统扩容。视频会议系统包括石家庄总部507会议室、408会议室、秦皇岛办公楼202会议室、秦皇岛南楼大、小会议室、沧州渤海港务公司、曹妃甸实业公司、曹妃甸煤炭港务公司8个视频会议会场。在石家庄省国资委办公楼机房和秦皇岛港办公楼机房各设置了一套核心多路控制设备(MCU)，用于控制集团公司内部视频终端参加省国资委视频会议和集团公司内部视频会议的召开。秦皇岛港、曹妃甸煤炭港务公司、曹妃甸实业港务公司和沧州渤海港务公司分别设有集团公司视频会议系统终端设备。视频会议系统在石家庄和秦皇岛之间设置了IP专线。

综合设施

【船舶修理设施】 秦皇岛港外轮航修服务由港口机械公司(更名)承担，备有专用航修船1艘，主要航修项目包括船体工程、轮机工程、船舶电气、航海仪器等，并承揽清洗油轮、扫舱、捆扎和船舶货物加固、各种损坏机件的金属扣合及焊接修复业务。港作船舶修理还可按修理等级外委或船舶分公司自修。

11月，港口机械公司为沧州渤海公司制造的龙门吊主体安装工程进入尾声

【机械修造设施】 港口机械公司是集机械制造、安装、维修、专业化运行服务、国内外船舶修理业务为一身的新型综合性企业。厂房总面积2.33万平方米，拥有数控车床等修造设备400余台(套)，固定资产5411万元。公司设有港机制造车间、托辊车间、维修车间、东港抢修中心和多个跨地域生产运行服务项目部。公司主要产品有SCF

系列门式螺旋卸车机（专利产品）、皮带输送机整机及配套各类滚筒、托辊等。港口机械公司不仅承担秦、唐、沧三港区的设备运行维修服务，还承接大型轨道起重设备制造业务。

1月，水暖分公司中水厂污水处理设备状况

【水工土建设施】 港口工程公司主要负责集团公司新建水工、土建工程的施工，码头泊位水深维护、挖泥，港口水深测量，码头设施、护舷、护坡和配套工程监护、维修和新建，厂房、堆场、仓库和道路的维修保养，职工住宅设施维修管理，水工、土建工程施工的实验检测。2012年，拥有省属企业最大的双泵双吸耙吸式挖泥船等水工作业船舶11艘，各类机械设备70余台（套），测量仪器、仪表60余台（件），具有港口航道施工总承包一级资质。

【供水供热除尘设施】 秦皇岛港供暖、供浴、供汽、下水疏通等各项服务主要由水暖供应分公司负责。秦皇岛港供热设施有热交换站19个，锅炉13台，供热能力28兆瓦，供暖面积28.3万平方米，供水浴池10座，供暖管网维护长度30000多米。此外还担负部分生产单位除尘、环保、绿化等中水供应工作。拥有排水管线长度4.38万米，污水泵房3座、雨水泵房1座，中水厂2座，中水生产能力3万立方米/天。

曹妃甸矿石码头一期、二期工程均配套了污水处理厂，建筑面积共计7364平方米，处理能力达330立方米/小时；堆场配有喷淋除尘系统2套，包含除尘泵房2座，喷枪共计644台。

2012年，沧州渤海港务公司建有设计能力503立方米/小时的供水调节站一座、处理能力120立方米/小时的含矿污水处理厂一座、设计能力为1.5吨电锅炉房一座及260吨/天的生活污水处理站1座、50吨/天生活污水处理站1座、2吨/小时含油洗箱污水处理站1座、太阳能供热系统2座、地源热泵系统2座。供水供热（污水）设施的运行管理和上、下水维修由水暖供应分公司黄骅运行班承担。

【供电设施】 电力分公司是秦皇岛港生产供电保障单位，拥有集变电、供电、电气施工、电力检测、试验、维修为一体的电力调度服务保障体系；拥有110千伏变电站4座，35千伏变电站2座，6～10千伏有人值守变电所3座，无人值守变电所44座，箱式变压器和台式变压器及电缆转接箱56座。

曹妃甸实业公司拥有110千伏变电站1座，6千伏无人值守变电所10座，供电能力达4万千伏安。

沧州渤海港务公司公司拥有110千伏变电站1座,10千伏变电站6座，供电能力4万千伏安。

【供油设施】 物资采购供应中心拥有27座储油罐,总罐容3015立方米,主要供应秦皇岛港生产用油,主要油品有0号、－20号、－35号柴油和93号、97号汽油。物资供应中心分别在东港区的六分公司、西港区的煤厂、太平湾、丙丁码头和戊己码头设立5个加油站。

2012年物资供应中心储油罐一览表

表19

型式	数量	规　格（立方米）	建设日期（年）	油品种类	容　量（立方米）
地下卧式储油罐	2	20	2002	柴油	40
	1	15	2002	汽油	15
	4	20	2004	柴油	80
	4	20	2004	汽油	80
	2	30	2005	柴油	60
	1	20	2005	汽油	20
	2	30	2006	柴油	60
	3	20	2006	汽油	60
地上拱顶式储油罐	2	200	1987	柴油	400
	2	100	1987	柴油	200
	1	500	1987	柴油	500
	1	500	1992	柴油	500
	2	500	1999	柴油	1000
合计	27				3015

生活服务设施

【职工食堂】 2012年,后勤分公司统一管理的餐饮中心、机关食堂、公寓食堂(2个)、三食堂、六食堂、七食堂、八食堂、油区食堂及东港早餐店共计10个,日就餐职工3000人次(不含二分公司等基层单位内部管理的食堂就餐人次)。曹妃甸实业港务公司建有食堂4座，建筑面积5988.96平方米,日就餐职工1400人次。沧州渤海港务公司职工食堂1座,在建,建筑面积688.32平方米。

【职工浴池】

2012年集团公司主要浴池一览表

表20

<table>
<tr><th>浴池名称</th><th>建成年份</th><th>日洗浴量</th></tr>
<tr><td>秦港股份铁运分公司浴池</td><td>1970 年</td><td rowspan="10">8000 余人</td></tr>
<tr><td>秦港股份一分公司浴池</td><td>1973 年</td></tr>
<tr><td>秦港股份二分公司浴池</td><td>1983 年</td></tr>
<tr><td>秦港股份杂货分公司(原五分公司)浴池</td><td>1984 年</td></tr>
<tr><td>秦港股份杂货分公司(原四分公司)浴池</td><td>1989 年重建</td></tr>
<tr><td>秦港股份三分公司浴池</td><td>1991 年重建,2012 年 3 月关停</td></tr>
<tr><td>秦港股份七分公司浴池</td><td>1996 年</td></tr>
<tr><td>秦港股份六分公司浴池</td><td>1999 年重建</td></tr>
<tr><td>秦港股份杂货分公司(原八分公司)浴池</td><td>2002 年</td></tr>
<tr><td>秦港股份九分公司浴池</td><td>2005 年</td></tr>
<tr><td>曹妃甸实业公司 1 号浴池</td><td>2005 年 12 月</td><td rowspan="2">700 余人</td></tr>
<tr><td>曹妃甸实业公司 2 号浴池</td><td>2011 年</td></tr>
</table>

【通勤设备】 2012 年,后勤分公司汽车队备有接送职工上下班的通勤客车 29 台,机关车队另有轿车、卧车 74 台,承担往来石家庄总部和三港区的公出工作。

【住宿设施】 秦皇岛港职工住宿总建筑面积 129.58 万平方米,共有住房 18760 套,主要分布在河东、河西两大职工住宅区。秦皇岛港单身职工主要居住在一公寓和二公寓,一公寓 410 间,为在册职工宿舍;二公寓 240 间,为劳务工宿舍。

2012 年,曹妃甸实业港务公司建有职工宿舍 4 座,建筑面积共计 2.62 万平方米,房间 742 间,床位 2284 个。

连接海水浴场的五星级海景假日酒店夜景

【酒店设施】

▲海景假日酒店 海景假日酒店坐落在东山浴场岸边,建筑面积 35000 平方米,拥有 275 间客房(其中 14 间豪华客房和 1 间总统套房)。酒店设有行政酒廊、秦皇苑、艺廊西餐厅、港湾吧、船长酒吧、美食屋

和会议宴会设施，还有专业秘书服务、上网服务及礼宾服务等多项服务。

▲港口宾馆 港口宾馆占地面积4546.34平方米，建筑面积11115.43平方米，分为A、B楼和小别墅各1座，共有标准客房131间（包括19个套间），大、中会议室4个；宾馆餐饮部设有200餐位大宴会厅1个、120餐位的多功能厅1个、雅间12个，可同时接待500人就餐，具有食、住、行多项服务功能。

【医疗设施】 港口医院毗邻海景假日酒店，占地30000多平方米，建筑面积40000多平方米，固定资产2.19亿元。医院有床位545张、飞利普磁共振、CT、岛津X光机等大中型现代化医疗设备150余台（件），设有临床和医技科室40余个，已发展成为设备先进、人才济济、实力雄厚的大型综合性医院。港口医院在河东、河西职工住宅区分别建有分院，开设简易门诊，兼有社区医院功能，方便职工、家属就近看病取药。

文体设施

【文化设施】 集团公司文化设施主要集中在秦皇岛港西港区，建有港口俱乐部、职工文化活动中心、港口文艺中心、图书馆等，还设有新闻中心电视台并具有河北省广电局有线广播电视台（站）一线许可证资质。2012年撤销了闲置多年的东港文化中心（含东港影院）建制，资产归属后勤分公司综合服务队管理。

▲港口俱乐部 坐落在海滨路东段，建筑面积4416平方米，可容纳1400余人。舞台设施功能齐全，能接待较大型文艺演出。俱乐部配有座式电影放映机2台，提包式电影放映机1台，以及灯光、音响等设备。一、二楼两侧各有面积200余平方米的展厅，供小型展览等活动使用。

▲职工文化活动中心 位于港口俱乐部西侧，建筑面积2700平方米，内设台球室、乒乓球室、棋牌室、小舞厅、图书馆和阅览室等场所。

港口医院

港口俱乐部

文艺中心(左)和文化活动中心(右)

▲港口文艺中心 坐落在职工文化活动中心南侧，建筑面积2800多平方米，设有舞厅、游艺厅、健身房、展览厅、贵宾厅等。

▲集团公司工会图书馆 设在职工文化活动中心，有社会科学、自然科学、科学技术、文学艺术等20余门类的图书、杂志35000余册。为方便职工借阅，一些基层工会还分别在本单位建立了图书室，丰富职工的文化生活。

【体育设施】 秦皇岛港建有综合体育场1个(含足球场)、篮排球场27个(含灯光球场1个)、羽毛球场2个、网球场2个、门球场4个、乒乓球室10个、棋牌室20个、台球室50个、健身房7个。

曹妃甸实业港务公司建有羽毛球场和健身房各1个，建筑面积分别为1444.5平方米、94平方米，2011年建成投入使用。

河东体育场

职工文化活动中心乒乓球室

教育设施

【秦皇岛水运卫生学校】 2012年9月24日，根据省国资委《关于做好秦皇岛水运卫校管理工作的通知》精神，调增国有资产权益，水运卫生学校由集团公司代管转为全面管理。学校对外仍以事业法人单位独立设置，保留办学资质，继续开展教育教学业务，对内按集团公司直属分公司模式管理。

水运卫生学校坐落在海景假日酒店对面，有教职员工34人，在校学生1100人。硬件设施有综合办公楼、多媒体教室等专业教学场所23个，总建筑面积2838平方米，另租用的教学场所使用面积2000平方米。学校配有投影仪、教学模拟等教学设备

秦皇岛水运卫生学校

100 多台（件），收藏图书、音像资料 43 种 30000 余册。水运卫生学校作为华北煤炭医学院、承德医学院成人高等教育函授站，常年开设高级护理、临床医学专业和业余本、专科班。

【职工学校和职业高中】 职工学校地处秦皇岛东山，毗连集团公司教育培训中心，常年举办港口各种技术业务课程，是集团公司教育培训基地；职业高中地处西港区东出口，也具有职工教育培训基地的功能。

2012年教育培训中心所属学校设施设备统计表

表21

单位名称	占地面积（平方米）	教　室（间）	建筑面积（平方米）	容纳学生（人）	教学设备	
					微机（台）	投影机（台）
职工学校	10000	21	5600	700	149	12
职业高中	18819	25	6600	760	167	8
合计	28819	46	12200	1460	316	20

【幼儿园】 2012 年，后勤分公司托幼管理科下设 3 个幼儿园（秦港第一、二、四幼儿园），其中省级示范园 1 个（秦港第二幼儿园）、市级和区级示范园各 1 个，月均入园幼儿人数约 600 名。

秦港第二幼儿园教学楼

港口机构

河北港口年鉴 2013

HEBEI GANGKOU NIANJIAN 2013

管理机构

【河北港口集团有限公司】 集团公司是省国资委下属的国有独资企业，由省国资委履行出资人职责，是集港口建设、开发、经营，国有资产管理、运营以及投融资功能于一身的综合性港口集团。其基本职能是：按照全省港口行业发展规划，作为港口投资和营运管理主体，不断提高管理水平，拓展港口的商贸、物流、金融、信息等功能，促进全省沿海港口功能和结构调整；充分发挥港口对区域经济的辐射、带动作用，促进全省港口与临港产业及物流产业的协调发展；充分发挥投融资平台作用，加快整合省内港口资源，积极运作省内港口资产上市，多渠道筹措港口建设资金，主导河北省沿海新增港口建设。

集团公司辖有"三港一地"（秦皇岛港、唐山曹妃甸港区、黄骅港综合港区和石家庄总部），集团公司在石家庄总部和秦皇岛港两地办公。

【河北港口集团有限公司董事会】 集团公司依法设立董事会，是集团公司最高经营决策机构，按照《河北港口集团有限公司董事会工作规则》履行《河北港口集团有限公司章程》赋予的权力义务，对省国资委负责。《河北港口集团有限公司章程》规定：集团公司董事会由 13 人组成，其中外部董事 3 人，职工董事 1 人。董事会设董事长 1 人，设副董事长 2 人，董事长为集团公司法定代表人。董事会成员除职工董事外由省国资委委派，职工董事由集团公司职工代表大会选举产生。董事长、副董事长由省国资委从董事会成员中指定。董事会下设办公室、战略发展委员会、提名委员会、薪酬与考核委员会、审计委员会、全面风险管理委员会等，负责日常工作。2012 年，集团公司董事会由董事长 1 人、副董事长 1 人、董事 4 人、职工董事 1 人、共 7 人组成。

【河北港口集团有限公司监事会】 集团公司依法设立监事会，是集团公司权力运行监督机构，按照《中华人民共和国公司法》《国有企业监事会暂行条例》等有关规定，履行对集团公司董事、高级管理人员执行公司职务行为的监督职责。《河北港口集团有限公司章程》规定，集团公司监事会由 9 人组成，其中职工代表 3 人。监事会成员除职工代表外由省国资委委派，监事会成员中的职工代表由集团公司职工代表大会选举产生。监事会主席由省国资委从监事会成员中指定。2012 年，监事会有职工监事 3 人。

【河北港口集团有限公司经理层】 集团公司设总经理、副总经理及其他高级管理人员组成行政领导班子，负责生产经营组织管理工作。总经理由董事会聘任或解聘，对董事会负责，执行董事会决议，履行《河北港口集团有限公司章程》规定的职责。副总经理及其他高级管理人员在总经理领导下，按照经营层职能和各自分工开展工作。

2012 年，集团公司经理层由总经理 1 人、副总经理 4 人、总会计师 1 人组成。

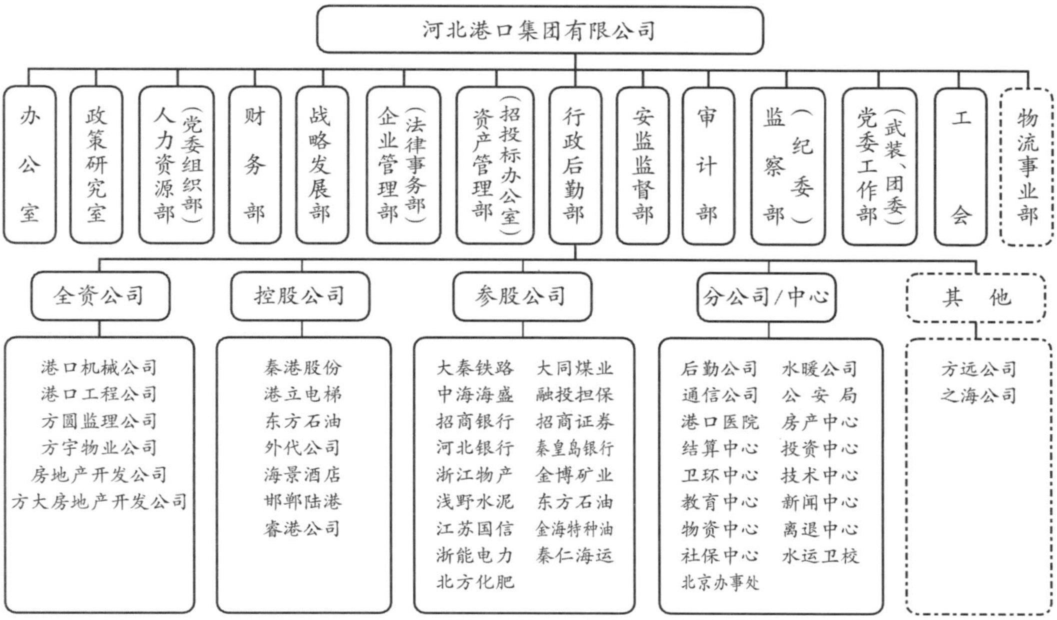

图 1　2012 年河北港口集团有限公司组织机构图示

2012 年河北港口集团有限公司领导成员名录

邢录珍	集团公司董事、董事长、党委书记
李　敏	集团公司董事、副董事长、总经理、党委副书记
周忠义	集团公司董事、党委副书记、纪委书记、工会主席（12 月调离）
宋敬中	集团公司董事、党委副书记、纪委书记、工会主席（12 月任职）
王振法	集团公司董事（3 月免职）
赵　克	集团公司董事、副总经理、党委常委
徐建文	集团公司副总经理、党委常委（12 月任职）
朱朝阳	集团公司董事、副总经理、党委常委
何善琦	集团公司董事
温建国	集团公司董事、总会计师、党委常委
张志军	集团公司副总经理（12 月任职）

组织机构

【职能部门】 2012 年，集团公司总部行政职能部门设 3 室 9 部，即集团公司办公室、董事会办公室、政策研究室、人力资源部、财务部、战略发展部、企业管理部（法律事务部）、资产管理部(招投标办公室)、安全监督部、审计部、行政后勤部(信访办公室)、监察部。

集团公司总部党群职能部门设1室2部2委1会，即党委办公室、党委组织部、党委工作部（宣传、武装）、纪委、团委、工会。

行政和党委办公室、人力资源部和党委组织部、监察部和纪委实行合署办公。

【部门职责】

2012年河北港口集团有限公司机关部室主要职责一览表

表22

序号	部门	主要职责
1	党委办公室 办公室 董事会办公室	集团公司及集团公司党委日常办公；文书、督查、外事、接待、保密、信访、档案；综合协调管理以及协助集团公司领导处理日常事务；与国资委监事会对接；集团机关后勤综合服务；北京办事处管理；集团公司信件收发
2	政策研究室	综合政策研究、信息收集上报；综合文字材料
3	党委组织部、 人力资源部	党的组织建设、党员队伍建设；领导班子建设和领导干部管理；集团公司人力资源规划；核心人才管理及培养、薪酬激励等人力资源体系的建设；人力资源开发、培育和优化配置工作；集团公司机关党建、劳资工作
4	财务部	集团公司会计、预算及资金管理；证券管理；产权管理；集团公司机关财务管理工作
5	战略发展部	集团公司战略规划；集团对外投资和重大项目前期管理（包括可行性研究、立项、报批、设计审查等）；固定资产投资计划管理；国际交流合作与资本洽谈；集团企业上市管理等
6	企业管理部 （法律事务部）	企业绩效考核管理；集团规章制度；企业改革、改制、重组管理；企业管理方法推广与管理制度创新；企业法律事务；集团公司商务管理；生产、经营关联交易协调管理；生产计划统计及综合计划统计；协会管理；物流业务宏观指导等
7	资产管理部 （招投标办公室）	集团公司土地、房屋、设施、设备等存量实物资产的清理、转让、变更、处置及使用情况等管理、监督；设备设施维大修计划管理；工程、技术、节能、计量、标准化管理；招投标管理
8	安全监督部	集团公司安全生产监督管理；职业健康监督和环境保护监督管理
9	审计部	集团公司财务审计、经营审计和基建审计工作；所属单位财务收支及经济业务活动的真实性、合法性、合规性的监督与评价工作
10	纪委、监察部	协助集团公司党委、行政开展党风建设、反腐倡廉、行政监察等工作
11	党委工作部（宣传部、武装部、团委、青工部）	集团公司宣传、武装、统战等工作；职工思想政治建设；企业文化建设；集团团组织建设和青工工作
12	工会	开展以职代会为基本形式的民主管理；企务公开管理；群众性生产活动管理；集团先进的评选表彰及宣传；职工文化活动；困难职工帮扶及职工休疗养管理；女工工作；集团公司职工群众工作和群众工作室建设；集团公司机关工会、计划生育工作

【隶属单位】 2012 年，集团公司辖有分公司、中心等单位 17 个：通信分公司、水暖分公司、后勤分公司、文体中心、港口医院、房产中心、新闻中心、教育中心、公安局、社保中心、离退中心、卫环中心、物资中心、结算中心、信息与技术中心、投资管理中心、水运卫生学校（直属分公司）；辖有全资子公司 6 个，控股公司 7 个，参股公司 20 个（见表 23）；还有关联投资公司 2 家，即秦皇岛之海船务代理有限公司、秦皇岛方远投资有限公司。

2012 年，集团公司撤消服务管理分公司，完成了机关部室及所属各单位组织机构设置和定岗定编工作。

2012年河北港口集团有限公司投资企业一览表

表23

序号	投资企业名称	股比%
1	河北港口集团港口机械有限公司	100
2	河北港口集团港口工程有限公司	100
3	河北港口集团房地产开发有限公司	100
4	秦皇岛方圆港湾工程监理有限公司	100
5	秦皇岛方宇物业服务有限公司	100
6	秦皇岛港方大房地产开发有限责任公司	100
7	秦皇岛海景酒店有限公司	99.88
8	秦皇岛港立电梯有限责任公司	90
9	秦皇岛港股份有限公司	73.38
10	邯郸国际陆港有限公司（建设期）	60
11	中国秦皇岛外轮代理有限公司	55
12	秦皇岛睿港煤炭物流有限公司	51
13	秦皇岛利港集装箱码头有限公司（清算期）	51
14	江苏国信秦港港务有限公司（建设期）	42
15	云南金博矿业开发有限公司（勘查期）	40
16	秦皇岛秦仁海运有限公司	38.59
17	秦皇岛东方石油有限公司	26
18	秦皇岛永晖石油有限公司	21.4
19	秦皇岛金海特种食用油工业有限公司	15
20	秦皇岛金海粮油工业有限公司	15
21	秦皇岛顶吉油脂有限公司（清算期）	15

续表23

序号	投资企业名称	股比%
22	秦皇岛北方化肥配送有限公司	10
23	河北银行股份有限公司	9.41
24	河北融投担保集团有限公司	8.21
25	秦皇岛市商业银行股份有限公司	7.95
26	浙江物产环保能源股份有限公司	5.77
27	招商证券股份有限公司	4.83
28	秦皇岛浅野水泥有限公司	4.002
29	浙江浙能电力股份有限公司	2.0282
30	大同煤业股份有限公司	1.59
31	中海(海南)海盛船务股份有限公司	1.34
32	招商银行股份有限公司	1.2
33	大秦铁路股份有限公司	1.07

港口物流

秦港股份运营

【概况】 秦皇岛港股份有限公司成立于2008年3月31日，是集团公司控股子公司，为全球最大的大宗干散货公众码头运营商，同时也是环渤海地区最重要的矿石码头运营商之一。秦港股份主要承担货物装卸、堆存、仓储、运输及物流等业务，经营货种包括煤炭、金属矿石、油品及液体化工、集装箱及其他杂货。秦港股份及联营公司运营的秦皇岛港、唐山曹妃甸港区码头以及黄骅港综合港区码头均位于环渤海地区，共运营62个泊位。具有百年经营历史的秦皇岛港是以能源运输为主的综合性口岸，全球最大的煤炭港；唐山曹妃甸港区及黄骅港综合港区是环渤海地区的新兴港口和对接京津产业转移的重要口岸，是秦港股份生产经营业务增长的主要动力。

秦皇岛港运输生产

秦港股份直辖第一、二、三、六、七、九分公司，杂货分公司，流动机械分公司，铁路运输分公司，船舶分公司，劳务分公司，物流分公司，电力分公司等单位。

4月24日，秦港股份召开2011年度股东大会

2012年，秦港股份领导层为董事长、党委书记邢录珍，总经理何善琦，工会主席、监事会主席葛瑛，党委副书记、纪委书记田云山，副总经理王录彪，副总经理何振亚，副总经理、董事会秘书马喜平，财务总监郭西锟。

【指标完成情况】 2012年，港口运输生产遇到空前的压力和挑战，多重不利因素叠加，持续时间长，影响程度深，经营难度前所未有。秦港股份深入贯彻落实科学发展观，积极应对严峻的宏观经济形势，在集团公司支持下主动作为，攻坚克难，狠抓生产运行，强化市场开拓，全面完成年初确定的各项任务和指标，保持了秦港股份良好的发展局面。吞吐量全面完成目标。秦港股份

2月3日，秦港股份召开2012年度安全生产工作会议

共计完成吞吐量 34946 万吨，其中秦皇岛港完成 26328 万吨,煤炭、石油、杂货分别完成 23655 万吨、969 万吨、1704 万吨（含集装箱 34.4 万标准箱）；曹妃甸实业公司完成 6622 万吨；沧州渤海港务公司完成 1996 万吨(含集装箱 10.2 万标准箱)。经济效益进一步提高。2012 年实现营业收入 62.97 亿元，利润总额 18.03 亿元，净利润 13.68 亿元，超额完成集团公司下达的年度吞吐量、利润总额、净资产收益率、万元增加值综合能耗、经济增加值和流动资产周转率六大考核指标。设备和节能减排指标完成较好，主要生产设备系统完好率稳定在 92% 以上，杜绝了重、特大机损事故。万元收入单耗 0.113 吨标准煤，同比下降 11.5%。大气环境指标持续向好，港区降尘下降 11.7%，总悬浮颗粒物（TSP）下降 8.7%，可吸入颗粒物(PM10)下降 1.5%。港区海域水质全部达到国家二类标准，港池岸边油指标达到一级标准。

单位运营

【秦港股份第一港务分公司】

2012 年，一分公司突出安全生产主题，以提高效益为核心，以加强管理和优化内部资源配置为抓手，加大港口基础设施建设，努力提升港口功能，呈现出良好的发展态势。2012 年完成吞吐量 911.3 万吨，提前 3 天完成年度生产任务；实现经营收入 1.48 亿元，成本支出 1.07 亿元，实现利润 3497 万元。

努力克服困难，抓好生产组织，整体经营保持平稳态势。2012 年与上年相比，货源明显不足，101#、102# 泊位的升级改造给生产带来极大困难，改造期间交通部水运司安监处又要求只用大船不用小船，给 103# 泊位带来极大的压力。公司科学组织安排，积极调配泊位，合理安排船舶进出港，积极协调交通运输部和炼油厂，使沥青厂原油恢复了用小船承运。公司一方面加

一分公司提前3天完成年度生产任务，图为石油化工码头生产情景

快107#泊位建设速度，保证生产任务顺利完成；另一方面积极与货主沟通协调，紧紧抓住中石油调整大庆油生产计划，增加秦皇岛罐存和下水量的市场契机，精细制定生产计划，保证船舶顺利走靠。2012年大庆油下水量超过生产计划100万吨，完成450万吨，创2000年以来的新高。2012年完成锦州9～3海洋油142.2万吨，旅大272海洋油121.5万吨。由于其自身原因，海洋油吞吐量同比略有减少。2012年完成中石油沥青厂的玛瑞油和波斯坎原油吞吐量86.5万吨。完成月东油10.6万吨，虽然吞吐量不大，但中转费用相对较高，为公司增加1000余万元收入。

作业中的输油臂

2012年，汽柴油货类受市场连续降价影响，柴油完成44.9吨，汽油完成32.4万吨。其他货类，航空煤油完成10.9万吨，磷酸完成4.2万吨，甲醇完成1.5万吨，航空煤油中转量同比增幅较大。

加强安全监管，强化责任落实，实现安全生产无事故。2012年，公司始终坚持“安全第一、预防为主、综合治理”的总体方针，严格落实企业安全生产主体责任和全体职工安全责任，继续推进“企业安全文化”建设和“安全标准化”建设，健全落实安全生产“三项制度”，认真开展安全生产检查及事故隐患排查整改，实现了年度安全生产奋斗目标。一是推进安全标准化，组织安全标准化培训交流活动，以申请安全标准化二级单位达标评审工作为契机，对照标准查找问题，尽快落实整改。二是组织职工重点学习新实施的法律法规及国内典型事故案例；对公司主要负责人、安全生产管理人员、特种作业人员进行资格培训，全部达到持证上岗要求；对其他从业人员进行安全生产知识技能的更新培训。三是认真开展隐患排查、整改工作，针对检查考核中发现的问题，逐项明确责任人，确定整改时限，认真进行整改。四是进一步细化各部

4月17日，一分公司输油队职工对105#泊位设备进行安全检查

门、各基层单位职责分工，认真审查相关方资质，严格落实安全防范措施，加强施工过程的安全监管，严格执行动火审批制度，确保动火安全；2012 年公司特级动火 12 次，一级动火 1998 次，三级动火 25 次，累计动火 2035 次，各类管线动火作业测爆 126 次，顺利完成各项施工改造任务。五是不断完善应急体系，提高整体应急处置能力，先后组织了危险货物溢油、火灾事故应急演练，完善应急设备、设施、物资的储备，有针对性地提高各种可能灾害情况下减损的能力。

推进基本建设，做好项目改造，为可持续发展奠定基础。2012 年 6 月，公司 107# 泊位顺利进入试运行阶段，为公司新增 70 万吨吞吐能力；沥青厂首站项目正在进行招标前的准备工作；顺利完成部分储罐的清罐和加温排管大修工作；101#、102# 泊位改造项目和 6 万立方米储罐建设前期项目也在稳步推进中。为满足生产需要，公司先后实施了专管专用改造、5 万立方米罐区脱水管线改造、陆域消防控制系统改造、航空煤油系统改造、月东原油储运系统改造等项目。随着这些重点项目施工、改造的完成，公司货运质量和装卸效率进一步提升，服务能力进一步增强。

强化设备管理，研究节能创新，为生产提供可靠保障。设备管理工作按照秦港股份设备管理工作会议总体部署和公司总体要求，认真履行管理职能，规范设备基础管理。强化现场管理监督检查。努力做到设备保养到位、修理及时、状态优良、完善重点设备和高负荷设备的监控手段。认真组织召开系统例会，及时总结、处理设备使用过程中发现的问题，保障了设备持续安全运行。

加强制度体系建设。随着货源不断开发、设备设施工艺同步改造，及时修订多项操作规程、工艺规程，并做好培训工作。公司先后修订完成《旅大原油储运工艺规程》《管线接放油技术规程》等 30 余项操作规程及规章制度。

继续深挖节能降耗潜力。召开节能降耗专题工作会议，研究部署年度节能降耗工作，在继续加强节电工作的同时，深入研究蒸汽、电伴热和氮气等重点耗能问题。开展电伴热节能统计系统升级等项目，水、电、燃等各项能耗指标均大幅下降。

【秦港股份第二港务分公司】 2012 年，二分公司以市场需求为导向，优化服务，精细组织生产，不断加强内部管理，各项经营指标同比均有较大幅度增长。完成吞吐量 3926 万吨，为年度任务的 103%，超计划进

二分公司超额3%完成年度生产任务，图为堆场、码头流水线装船作业情况

8月9日，二分公司水暖队供水除尘班对生产设备进行例行检查和保养，确保设备安全运行

度126万吨；实现营运收入8.32亿元，同比增加5687万元；实现利润3.34亿元；无重大安全质量事故。

加强市场开拓和内部组织，超额完成吞吐量任务。2012年，面对内贸煤炭市场持续不旺，居民用电和工业用电双双下降，进口煤炭大量涌入，周边港口通过能力大幅增长等困难，公司从加强市场开拓和内部生产组织入手，为超额完成生产任务创造了有力条件。

强化市场开拓意识，加强信息沟通，以装船促卸车，确保吞吐量稳定增长。在市场持续低迷的情况下，公司进一步加强市场开拓，多次组织公司较大客户召开疏港会，开展“一对一”服务，密切与客户的沟通协调，强化日菜单控制，及时催促用户中转下水，努力提高垛位周转率，确保完成吞吐量任务。多次赴路局、电厂用户走访，寻求货源和运力支持，增加有效资源调进。针对煤种杂、小煤种多、受市场波动影响大的实际情况，开通了准班轮和准班列运输。

加强专用设施、专用场地管理，促互惠双赢。公司定期召开协调会，分析研究专用场地运行中存在的问题，制定解决办法。加强协调沟通，始终保持对专用场地用户的支持力度，在货源确认、日菜单提报、客户引导等方面给予大力扶持。2012年，浙电、中石化均完成了计划进度，为公司生产提供有力保障。

科学规划场地、垛位，最大限度发挥堆存能力。随着神华、山煤专用设施投入运行，场地资源越来越紧张，公司合理布局垛位，科学摆布煤种，做到最大化利用场地资源。确保场存弹性，确保低时不影响装船、高时不制约卸车，在6月场存创下投产以来历史最高纪录的情况下，仍确保了铁路车辆及时接卸。

严密生产组织，强化调度指挥。公司开展车点统计、走靠船统计等多项装卸生产写实，通过分段统计、量化数据、比对分析，对制约效率的环节进行了改进和提高。

8月3日，二分公司组织职工冒雨清理暴雨造成的塌垛和作业时撒落的煤炭

2012年日均卸车1377车，C80日均卸车11.57列，同比持平，待卸车数同比减少31车；单船平均载重为21096吨，同比增加1415吨。

强化管理，提高维修质量和效率，确保设备可靠运行。面对设备功能不足、效率低的先天瓶颈，公司提出翻车机系统接卸C80改造的设想并获得批准立项。为确保质量和进度，公司成立了改造工程领导小组，举全公司之力，抓好二期1#翻车机、一期4#翻车机和4#取料机改造项目。通过精心筹备和科学组织，二期1#翻车机已于11月投入运行，为后续生产增强了后劲。认真实施设备系统完好率考核，制定《设备系统完好率考核细则》，各运行队日常检查保养质量有明显提高，计划性维修、平行维修理念得到了落实，突发故障抢修效率显著提升。进一步拓宽信息化技术在设备管理工作中的应用，在全公司范围内推广设备巡检系统并制定管理办法，进一步规范日常巡视检查，使设备运行始终处于受控状态。为确保自主维修工作顺利开展，公司制定《取消设备外委维修强化自主维修激励办法》，在分配上适当倾斜，激发维修人员积极性。认真落实较大维修项目的安全和技术措施，各级管理人员强化现场监管，各项维修工作有序开展。同时，公司还认真做好职工专业技能、岗位业务培训，以技术支撑自修工作。2012年，公司开展自主维修3115项，未因取消外委维修造成设备失养失修。

【秦港股份第三港务分公司】 2012年，三分公司完成吞吐量451万吨，较年度计划亏欠49万吨。总收入1.20亿元，为年度计划1.12亿元的107.46%，增收835万元；总支出1.94亿元，为年度考核指标的99.33%，节支329万元；利润-7866万元，按计划减亏603万元。2012年未发生安全质量事故。

加强组织，深挖潜力，尽力将亏欠吨数降到最低。2012年，公司生产形势严峻，设备老化、环保压力、西港搬迁等各种不利因素严重制约生产，大雾、台风等恶劣天气造成封航及特大暴风雨侵袭都给公司生产造成阻力，煤炭调进持续艰难，货源严重不足。公司为扭转不利局面，认真抓好协调转车、规范管理，全面扎实开展各项工作。

加强组织，想方设法促调进。一是加强与秦港股份业务部集疏港科联系，尽量争取秦东转车。认真做好“请车、批车”各项工作，提前做好卸车准备。二是走访内蒙古、山西等重点货源区域，了解、分析市场动态，积极争取货源调进。三是有效利用港口作业包干费的优惠政策，吸引新货主，成功

三分公司8#码头装船作业

调进海拉尔褐煤和蒙泰混，一定程度上弥补了货源缺口。

协调船舶，两手齐抓保疏港。一手抓场存煤下水，加强与场存煤炭货主沟通；一手抓船舶装运，以高效率和优质服务赢得船方认可。规范流程，多措并举提效率。一是加强精细管理，落实生产作业写实管理。二是积极应对多场强降雨对生产造成的影响，保证了生产各环节未出现问题。三是积极协调兄弟单位，保证了人力、机力及时到位。

精细管理，改革创新，经营管理水平稳步提升。三分公司以科学发展为思路，按照精细化管理要求，认真开展年度各项经营管理工作。财务管理工作坚持以加强预算管理和经济效益考核力度为重点，加大成本控制力度，对各项成本指标进行分解，承包到各科队，并组织进行生产过程中的效能监察，努力压缩各项支出，保证了经营成果的最大效益化。坚持安全管理长效机制建设，积极开展安全标准化二级企业创建，组织应急预案演练，努力做好设备、交通、消防、职业卫生等安全管理工作，规范相关方管理，创建了安全生产的良好局面。2012年，公司共排查整改各类隐患问题25项，落实整改资金81万元，各队排查整改各类隐患问题234项，有效控制了事故发生，获得“秦港股份安全生产先进单位”称号。全力推进人力资源管理，以“保生产、保发展、保稳定”为宗旨，有效整合了职工队伍，开展了编制定员核定和岗位说明书编写，采取“一岗多能、一人多岗”措施，保证了人力资源合理有效使用和生产任务顺利完成。克服设备严重老化且资金严重不足的难

三分公司坚持开展设备自修，图为机装二队抢修班维修皮带机底座、更换挡板

题，认真落实点检制度，强化设备日常动态管理，加强重点设备监控，合理安排设备维修保养，为装卸生产提供了可靠保障。扎实推进维修体制改革，发挥自有技术力量作用，整合维修资源，编制维修工艺标准和维修作业指导书26项、安全操作规程11项，初步建立设备自主维修体系，及时有效地解决了设备运行中出现的各种问题。2012年装卸机械完好率为99.9%，未发生影响作业的机损事故。完善物资管理体制，规范采购行为，合理压缩库存，发挥EAM管理优势，保证了生产需要。认真落实上级有关节能管理的各项要求，完善管理体系，明确管理职责，加大现场检查督导力度，严格考核奖惩，2012年完成综合单耗1.18吨标准煤/万吨，为年计划指标1.45吨标准煤/万吨的81.4%，较好地完成节能指标。高度重视环保除尘工作，认真落实管理制

度，严格控制作业落差，坚持水车跟踪作业，按照标准垛卸车，及时开展火煤灭救，确保不起尘、不起烟，实现环保除尘指标达标。严格除尘用水管理，充分收纳场地雨水和金海粮油弃水，节约中水使用。开展港区环境容貌综合治理活动，展示了公司良好的社会形象。

【秦港股份杂货分公司】 2012年，面对合并重组后内部管理模式融合的挑战，面对矿石、钢材等主要货源锐减造成生产举步维艰的困境，面对设备设施落后、技术状况差的现状，杂货分公司上下团结一致，以“保安全、保生产、保效益”为中心，开拓创新，拼搏进取，攻坚克难，扎扎实实做好各项工作，圆满完成年度生产任务。2012年完成吞吐量1225.83万吨，为年度生产任务的106.59%。实现收入3.12亿元，成本总额为6.06亿元，账面利润为-2.47亿元，较年度利润指标减亏896万元。

1月2日，香港籍“泰兴”号满载启航驶往印度，杂货分公司安全优质地完成大型风力发电机叶片的出口任务

科学组织，广揽货源，圆满完成年度生产任务。面对跌宕起伏、严峻紧迫的生产经营形势，公司在开拓市场、广揽货源上找出路，在内部挖潜、提高效率上下功夫，充分发挥杂货业务资源整合优势，提前19天完成了年度1150万吨的生产任务。

增强经营意识，努力开拓市场。2012年，作为公司生产支柱货类的矿石和钢材计划同比减少89.53万吨。为此，公司采取有力措施，加大揽货力度，积极弥补货源缺口。一是出台《货源承揽奖励实施细则》，详细规定各类人员揽货奖励的原则和标准，调动了广大职工参与揽货的积极性。同时，在公司范围内公开招聘了6名思想素质高、业务能力强的驻外业务员，派至迁安、承德、赤峰等驻外办事处，并组织参加张家口、承德港口推介会，拓宽了揽货渠道。二是主动出击，加大揽货力度。深入货源腹地和内陆地区走访考察，与客户建立了“互惠共赢”的长期合作关系，在保持主要货源供给稳定的基础上，不断丰富货源品种、改善货源结构，开发了锌锭、锌精矿等新货源，形成了对大宗货源的有益补充，促进了吞吐量稳步提高。三是优化服务，实现货源有效回流。大力宣传港口泊位多、靠泊快、货场大、效率高、服务好等优势，实行一对一承包服务，召开专题协调会，最大限度解决货主关心的问题，以优质高效的服务争取到矿渣、钢坯、线材等8类100多万吨货源的回流，较好地弥补了货源计划缺口。

围绕提效降本，创新生产组织。一是通过强化生产组织的计划性管理，坚持重载交接和工作效率写实，加强与货主、船方、铁路的沟通和信息交流，使车船顺畅衔接，减少了货物落地场存的数量，实现了提效降本。化肥作业效率创造了单班卸车125车，昼夜装船1.47万吨的历史纪录，2012年化肥吞吐量达到113.19万吨。二是创新散货集港方式。玉米、矿渣等散货集港作业由库场队承包，减少了劳务用工，提高了作业效率；为满足船舶大型化要求、吸引矿渣货主来港作业，针对集港货物运输方式的不同，采取车—船、汽—船相结合的作业方式，2012年共装运104.11万吨，较2011年增长4倍多，成为吞吐量新的增长点。

加强工艺研发，提高生产科技含量。一是实施化肥成组网络装卸工艺，全年化肥成组作业20.83万吨，不仅效率显著提高近30%，而且节省劳务费用、机械使用费共328.63万元。二是研发空气斜槽传输矿渣粉装船工艺，矿渣粉作业效率提高了50%，同时还满足环保要求。三是自主设计出口大型超长桥梁构件专用装船吊具，将影响扩大到了国外；在钢板作业中应用电磁吸盘，提高效率近40%，并显著提高了作业安全性。

12月13日，“银石”号货轮装载4.3万吨矿渣粉驶离21#泊位，这是杂货分公司组建以来靠泊作业吨位最大的矿渣粉货轮

因势利导，固本强基，扎实做好安全工作。矿石、粮食、化肥、钢材等是公司的主要货类，其装卸工序的复杂化和作业的密集化对安全管理工作提出更高要求。公司坚持“安全第一、预防为主、综合治理”的工作方针，始终把着眼点放在落实安全主体责任上，着力点投放在现场管理和基础工作上，不断提高安全管理水平。一是整章建制，推进“三项制度”建设。结合公司重组后新的变化和要求，认真做好安全生产“三项制度”实施细则的制订工作，先后制定下发《安全区域化管理办法》等规章制度16项，修订和新增了安全操作规程70余项、安全生产责任17项，满足了安全生产的基本要求。二是加大安全标准化宣教力度，推动安全基础工作建设。制定下发《安全文化建设实施方案》，创新宣教培训手段，增强了职工主动识险、避险的能力，使职工队伍整体安全素质明显提高。同时开展创建安全生产标准化二级企业工作，在安全生产自查、自评基础上，积极整改隐患问题并配合咨询机构开展复评。三是加强作业现场安全监管，狠抓隐患整改落实。从严肃查纠“三违”入手，对重点部位、重点作业区域实施高密度、高标准的安全监管。加强作业前对相关作业现场、设备设施、工属具等安全检查和隐患排查工作，落实“专人负责，限期完成，复查落实”的闭环管理模式。2012年投入整改资金6.92万元，排查治理安全隐患70余起，为安全生产提供了保障。

结合实际，规范管理，设备

4月，杂货分公司库场二队召开月安全生产例会

管理水平稳步提高，技术设备保障工作严谨到位。一是加强重点设备管理，实施了散粮筒仓系统清仓机更新、供电系统改造等项目。二是加强设备管理基础工作，建立新的设备设施管理体系，完成了 EAM 系统切换和统一运行模式。三是加强设备使用管理，通过对大型装卸设备实施动态监测，严格执行设备点检、润滑、保养等技术标准，积极推进设备自主维修，保证了设备的安全高效运转，设备完好率达到 99%以上。四是通过建立健全能源使用管理制度，加大节能考核奖惩力度，调动了各单位的节能积极性；通过科学安排装卸作业机械、减少设备空载待机时间等措施，最大限度地降低了生产能耗。

企业管理工作卓有成效。一是整章建制，构建精细化制度体系和综合管理考核体系，全年共颁布各项规章制度 100 项，形成了较为完善的制度体系，为公司开展精细化管理提供了可靠制度保障。二是确立了以“新公司、新形象、新希望、新作为”为核心的企业文化理念，通过思想融合、制度融合、行为融合、视觉形象融合和文化活动融合加快思想观念的转变。三是把践行公司理念作为贯穿全年工作的主线，牢固树立一盘棋思想，强化领导干部的执行力，增强职工群众的向心力，为公司各项工作任务顺利完成奠定了扎实的基础。四是坚持“量入为出”的原则，严格控制成本，开展“单吨效益”分析，保证收支进度始终在可控范围内运行。进一步加大应收账款的催缴力度，无任何呆账、死账产生。五是深化人力资源管理，优化人员配置，通过合理调配正式职工上岗，减少了劳务用工，2012 年清退劳务用工 140 多人，节省劳务费 240 多万元。

【秦港股份第六港务分公司】 2012 年，六分公司持续贯彻精细化管理理念，有效应对市场形势，深化设备自修改革，加大隐患排查治理，完善基础管理，依靠全体职工团结协作、共同努力，各项工作都取得了理想成绩。全年完成煤炭吞吐量 4929 万吨，实现收入 10.98 亿元，实现利润 7.1 亿元。货运收入、利润均创历史最好水平。实现“0011”安全生产目标，连续 17 年安全生产无重大事故，获评集团公司和秦港股份“2012 年度先进单位”和“安全管理标准化优秀单位”。

采取有力措施积极应对严峻形势，圆满完成年度生产任务。2012 年，公司生产压力重重。国民经济增速放缓，能源消耗增速下滑，煤炭市场持续疲软；进口煤炭大量涌入国内市场；大雾、风浪等恶劣天气造成封航达583小时，特别是8月初的暴雨灾害导致公司全线停产，生产进度最高亏欠达148.4万吨。面对诸多困难，全体职工齐心协力，攻坚克难，下半年奋力追赶生产进度，圆满完成2012年生产任务。

煤三期码头装船作业

多措并举，挖潜增效，装卸效率继续保持全港领先水平。高效率是公司的品牌和重要竞争能力。公司从生产组织、激励机制、综合考核等多个方面进一步精细化，研究新办法，制定新措施。坚持每天进行生产作业桌面推演，制定生产组织最优方案，努力压缩辅助作业时间，保证了生产连续性，实现单班、昼夜生产量最大化；制定月度取料司机状元奖励办法，引导、激励取料司机学、比、赶、超，取料司机操作水平明显提高；新增舱时量、单列卸车及在港时间、瞬时取料量三项考核指标，确保生产高效率、安全运行；落实集团公司“大干四个月，全力完成生产任务”指示精神，制定40多项细化、量化的具体保障措施，屡创单日装船、卸车最高纪录。2012年平均综合装船效率2665吨/时，平均舱时量3753吨/艘·时。

加强外部协调，密切客户关系，取得大力支持。通过与秦港股份业务部、铁路、海事、引航等部门加强协调沟通，及时获取信息，优化生产组织，提高生产效率。通过与中煤等重点客户单位建立定期互访机制，开展共建活动等方式，密切沟通与合作，共同应对煤炭市场疲弱形势。积极引进伊泰等优质资源，加大调进量，加快煤炭周转，在上半年煤炭滞销时期，起到了稳定公司生产的重要作用。下半年，在严峻的生产形势下，积极主动地寻求客户支持、配合，召开年度客户座谈会，征求客户意见建议，认真整改并逐一反馈，客户满意度较高。在公司冲刺年度任务关键时刻得到了各单位的鼎力支持，确保了公司年度生产任务的顺利完成。

12月3日早8时至次日早8时，六分公司昼夜吞吐量完成20.6万吨，刷新2008年以来单日生产最好成绩

设备保证能力提升，自主维修成效明显。公司设备已连

入冬前，六分公司卸车队提前着手，完成设备维修和更换冬季型润滑油等工作，使设备运转更加顺畅

续运转24年，老化严重，欠账较多。通过全面摸底排查，充分掌握设备隐患和问题，制定设备管理思路和长远规划，并按照轻重缓急逐步实施维修改造。先后完成1#、2#、3#取料机回转轴承更换；新增取料机一台，实现两条取料线“一线双机”；结合5#取料机掉道暴露出的轨道严重锈蚀问题，完成取料2线轨道更换。开展堆场取直延长等项目的前期论证，通过积极争取，获秦港股份批复并实施前期工可研。3月，自修工作全面开展以来，公司制定《装卸设备维修奖励办法》，同时采取24小时值班、实行“领导包队负责制”、集中管理维修用车等措施，参与自修人员、维修项目、内容和范围不断扩大。2012年独立完成皮带、电机、耦合器更换等较大项目70余项，设备自修助推了装卸生产高效顺畅。

安全基础更加牢固，安全形势保持稳定。安全工作坚持“安全第一，预防为主，综合治理”的总体方针，完善基础管理，加强事故预控，彻底排查治理隐患，实现了“0011”年度安全工作目标。以创建安全生产标准化企业为契机，完善安全生产三项制度，加大隐患整改资金投入，2012年设备安全整改资金投入1822.9万元，安全基础得到进一步巩固。大力开展安全知识、特殊技能教育培训，举办各类安全培训13期，培训2700人次，60余人参加秦港股份安全培训，各级管理人员安全意识进一步提高。变安全抽查为“地毯式”安全联查，排查出各类事故隐患780项，下达《责令整改指令书》7份。对联查中暴露出的各类人身、设备隐患，彻底加以整改，重大隐患及时上报秦港股份。

完善体系运行，加强队伍建设，基础管理水平进一步提高。充分发挥自我改善机制，质量管理体系有效运行。2012年开展收入核算、库场数据管理、政工管理体系3次专项内审和一次集中内审，顺利通过船级社质量体系监督审核；对公司体系文件进行全面评审和修订，各类文件更改共计170件，确保文件规定与工作实际紧密结合，真正成为管理依据；结合物资统管和设备自修，调整机构职能，进一步理顺关系，促使管理工作更加有效、有序；用制度促进工作落实，结合生产和自修形势，制定《装卸设备维修奖励办法》《吞吐量激励与约束办法》等考核办法，真正起到了推动作用。在“问计于职工”合理化建议征集活动中，广大职工踊跃参与，为公司发展献计献策，共收集到职工建议815份。

【秦港股份第七港务分公司】 2012年，七分公司完成吞吐量7029万吨，吞吐量连续

2012年，七分公司加大考核奖惩力度，使卸车空载率低于2%，装船空载率低于15%。图为4月12日10时装船线皮带机负载情况

两年突破7000万吨；实现主营业务收入15.97亿元，实现经营利润10.49亿元，收入和利润同比基本持平。

生产组织和服务水平得到考验。公司上下积极采取有效措施，深入挖潜提效，提升服务质量，在非常困难的情况下保持生产进度的稳定。通过走访重点用户、召开货主用户座谈会，积极沟通情况、研究对策，争取用户的最大支持。加强与5家专用场地用户的沟通，随时掌握生产动态信息，发挥专用场地在“稳定量”上的作用。组织开展生产写实，完成了船舶离靠港等写实，有效促进了生产效率提高。努力提升计量服务水平，实施轨道衡专业化管理，制定《水尺交接制度》，出台《煤炭卸车计量质量管理实施细则》，计量精度和服务水平有了提高。加快场地周转，经受住高场存的考验。自燃煤情况好于往年。

设备保障能力得到加强。一是推进重点项目建设。成立翻车机改造小组，翻车机改造项目前期工作全部完成，各项工作按照计划的节点工期开展；成立取料机安装工作小组，公司积极为安装单位提供配合和便利，确保安装顺利进行；中控上位机升级、卸车线皮带机PLC控制系统升级等项目完成招标和合同签订工作，进入实施阶段；堆场环保设备改造项目配合主管部门完成设计和技术规格书的编制工作，进入招标程序。二是强化基础管理。坚持深化故障分析制度，继续贯彻“以养控修”理念，强化设备动态检查和日常维护保养，重视设备运行数据的采集和统计分析工作。2012年，设备系统运行平均完好率95.63%，系统利用率64.26%，系统故障率3.21%，其中扩容设备系统完好率达到98.48%，明显好于老的系统设备。三是推动设备自修工作。2012年，秦港股份维修体制改革进入攻坚阶段，公司积极组织和参与自主维修模式建立和调整，定期召开自修调度工作专题会，随时协调解决自修工作中遇到的

12月10日，七分公司卸车部争分夺秒抢修破损皮带

问题，自修工作平稳推进、有序开展。四是注重节能工作。严格执行各项节能措施，万元收入单耗同比下降8%。

安全生产形势保持稳定。抓制度建设，层层签订《安全生产目标责任书》，实现了安全生产0011目标。重新制定和完善《安全操作规程》《相关方安全管理实施细则》等25项制度。投入大量精力开展了“创建国家安全标准化二级企业”工作，通过梳理检查和整改，安全标准化体系初步形成。突出抓好培训工作，及时组织学习港内安全事故教训，增强职工安全意识，加强相关方安全培训，检查相关方企业安全资质，保证了相关方企业在港人员安全。抓预案演练，开展防风、防汛、消防等应急预案演练，提升了突发事件的应急能力。重点抓好现场安全管理，广泛开展安全生产月、安全生产大检查以及安全大检查复查等活动，发现问题立即整改，及时消除各类安全隐患。特别注重自修过程中的安全管理，充分发挥三班安全员和基层安全员的作用，确保自修过程安全无事故。

7月10日，暴雨使煤四期19个煤炭垛位塌垛，掩埋了堆、取料机轨道，现场值班人员冒雨清理

各项改革任务实现突破。一是认真推进维修体制改革。2012年，日常设备维修由正式职工担任，实现90%以上设备自修，达到了预期目标。二是劳务用工改革。清退31名带缆工，雇用的45名后勤劳务工全部由正式职工兼岗，降低劳务成本18.3%。三是进行人力资源优化配置，将13名40岁以下护厂员充实到取料机司机、内外线电工等岗位，生产一线力量得到加强；取消货运交接员岗位，人员配置更加合理。

基础管理水平得到全面提升。一是高度重视环保工作，推行“环保与安全、生产并重”的工作理念，落实环保“三同时”制度，增强了环保与生产的契合度，环保工作始终处于秦港股份前列。在基层单位推广卫生责任明示制度，开展环境容貌专项整治月活动，环境质量保持了较高水平。二是深入推进班组建设，编写印发集团公司内部第一本《班组管理手册》，进行年度优秀班组长评选，组织优秀班组长到港口上下游企业学习交流，促进班组管理水平不断提高。三是细化工作日志制度。强调“差别化工作描述”“每日一记”，在秦港股份首次提出“周计划、日记录、月考评、年总结”的特色工作日志模式。四是加强人力资源管理。以提高自修能力为重点，强化技术工种培训。2012年举办培训班53期，培训3955人次；完成定岗定编和岗位说明书的编制，为实施薪酬制度改革奠定了基础。

【秦港股份第九港务分公司】 2012年，九分公司完成吞吐量7285万吨，超年度计划

85 万吨，占秦皇岛港煤炭吞吐量的 30.7%，位居秦港股份第一；完成卸车量 7220 万吨；实现总收入 16.87 亿元，同比增长 13.52%；经营利润 10.77 亿元，同比增长 19%，与年度考核指标相比多完成利润 0.49 亿元，创历史最好水平；职工人均年收入实现稳步增长，人均劳动生产率、人均利润继续保持行业领先水平。

10月10日，九分公司抢装“国电8”轮作业时情景

克服诸多不利因素影响，公司生产总体保持平稳。秦港股份 2012 年下达的生产任务为 7200 万吨。面对严峻的生产任务和复杂的市场形势，公司一是坚持以船订货、点好菜单，优化场地和货源结构，为装船提供保障；二是积极与货主、用户联系，沟通船舶信息，争取较大船型来港，年平均船型达到 3.74 万吨级；三是对场地进行规划整理，固定垛位，循环清场；四是下发《2012 年装卸效率考核方案》，将关键性生产指标进行量化，最大限度地调动生产人员积极性；五是继续运用精细化管理手段完善生产各个环节，细化船舶在港写实、推行双机取料作业、加强流动机械使用管理，最大限度压缩辅助作业时间；六是深化优质服务理念，走访山西、内蒙古、华东、华南等地区大客户，巩固和深化合作基础。以上措施的有效落实拉动了吞吐量增长。一季度吞吐量连续 3 个月创历史同期新高，二季度舱时量连续 3 个月创历史新高，上半年提前 9 天实现任务过半，吞吐量创同期历史纪录。7 月、8 月连续的强降雨导致堆场大面积塌垛，生产陷入困境。“8·13”事故的发生，导致外协维修队伍更换，人员技术不熟练，维修质量差、效率低，设备故障率明显升高。905#、906# 泊位自 9 月初开始持续疏浚，泊位资源减少导致生产能力下降，影响吞吐量累计超过 400 万吨。面对诸多不利形势，全体职工团结一心，积极应对，各级人员各司其职，坚守岗位，协调配合，措施到位，第一时间清理了被埋坝基及设备，抢通堆场通道，恢复了生产。公司加大外

九分公司推行维修安全检查验证制度，图为现场安全检查验证

协队伍监管力度，努力提高维修效率。强化生产组织协调，保证船舶、泊位、设备顺畅高效衔接，最大限度减少因泊位疏浚给生产造成的影响，为公司完成年度生产任务提供了有力保障。

以规章制度建设为主线，落实各级管理责任，各项工作全面推进。2012年，公司把加强规章制度建设和加大责任追究作为推进精细化管理重要手段，以ISO 9000为标准，优化管理工作流程，促进各项工作全面提升。一是大力推进企业劳务用工改革。根据上级劳务承包管理要求和公司劳务需求现状，制定劳务用工原则及过渡期方案，缩减外聘劳务工数量。将舱口指挥、带缆以项目承包的形式整体承包给劳务分公司；港口机械公司利阜维修队伍实现平稳过渡。在控制劳务工数量的同时，注重加强劳务承包管理，劳务用工改革取得初步成效。二是安全管理常抓不懈。建立健全安全生产规章制度，严格落实安全生产承诺制度，强化安全生产主体责任。结合秦港股份安全标准化二级企业创建活动，编制完成《四大单机培训教材》，启用新版《安全操作规程》，规范各大单机、转接塔及采样塔的《运行日志》以及各级安全基础台账、记录和档案，规范了各级安全检查。严把相关方安全生产资质准入关，完成16家外委维修相关方的安全资质审查。2012年8月13日，作业现场发生一起外协单位（蓝通公司）职工在维修中因严重违章操作造成的死亡事故，这说明安全工作还存在漏洞，需要进一步完善。三是货运质量和服务质量同步提高。出台《煤炭质量管理实施细则》，质量管理得到进一步规范。严格履行《服务质量十项承诺》，努力为客户创造增值服务。通过努力，实现质量无投诉、客户满意率98%以上的目标。四是设备管理重点突出。出台《设备标准化管理办法》等6项规章制度，制定《托辊质量控制》等20余项标准规范。完成点检系统软、硬件安装，实现设备检查全覆盖。严格落实计划维修，完成阻燃缓冲托辊集中更换等30余项重点维修项目。保证突发故障处理及时性，坚持“翻堆线故障一小时处理，取装线故障二小时处理”的快速响应机制，最大限度降低设备故障对生产的影响。开展设备频发故障治理、设备火灾治理、设备防碰撞等专项工作。2012年，设备平均完好率95.39%，比年度目标提高了0.39个百分点，设备平均利用率60.25%，翻堆、取装系统运行完好率高于95%的年度指标。“运煤敞车反位智能识别系统”和“基于虚拟专用网络的PLC远程诊断技术”两个科技项目荣获秦

九分公司全面推行《煤尘污染防治实施细则》，有效控制作业面起尘现象，现场环境容貌得到显著改善

港股份科技进步二等奖。五是节能环保工作扎实推进。2012年,公司制定《环境保护综合治理实施方案》,封堵了码头沿线排水孔,在保证环保质量不降低的前提下,采用人工清扫模式,减少海域污染。坚持科学洒水,定期对洒水和煤尘防治情况进行检查,发现问题及时进行整改。综合单耗1.6912吨标准煤/万吨,完成了年度指标。六是基础管理水平稳步提高。认真落实秦港股份关于"加强建章立制促进提高精细化管理水平"的要求,大力开展规章制度建设专项工作,下发《规章制度文件格式管理规定》,重新修订或新建各系统规章制度71项,理顺规章制度200余项,解决了规章制度不全、缺项等问题,做到与秦港股份制度上下对应,内容符合公司实际,有效提高了各个层面的执行力。不断完善经济责任制考核评价体系,2012年,公司开展大型综合性联查4次,各系统分类检查60余次,迎接上级各类检查30余次,下发考核通报12期,最大限度发挥了检查考核的约束和激励作用。加强信息工作管理,2012年报送信息近400条,采纳179条,公司信息工作迈入先进行列。加强计划统计、经济合同、财务预算、后勤保障工作管理,各项工作更加规范。

【秦港股份铁路运输分公司】

2012年,铁运分公司突出秦东一体化工作思路,进一步明确港口铁路发展定位,实现"两个服务"的延伸,为提升港铁综合功能发挥了重要作用,获评集团公司"先进单位"。2012年,完成机车拖运量6100万吨,超计划500万吨,提前29天完成年度计划;完成货运收入1.52亿元,实现年度目标,各项成本支出得到有效控制;实现"0021"安全工作奋斗目标,获评秦港股份"安全生产先进单位"。

突出秦东一体化工作思路,实现"两个服务"延伸。2012年,公司针对生产形势的不断变化,创新组织生产,践行公司提出的"两个确保"承诺,在抗击台风"达维"过程中,柳南方向接车困难,大秦线运行一度受阻,各站段通力配合,及时启动《关于东港煤炭列车存车,保接车作业的应急预案》,下发调度令,打破常规,将柳南车流转向秦东,东港存车达26列,突破东港存车记录,保证了秦东方向生产一刻没中断,大秦线铁路没有一辆车滞留沿线,西港区手摇道岔接车作业,得到铁路方面的充分肯定。

创新生产系统管理,开展大走访活动。加强与上游的横向联系,走访大秦线后营站,与铁路东站开展共建;在下游与二分公司等单位面对面交流,征求意见和建议,从

铁运分公司科学调度机车、车辆,提前29天完成2012年度生产计划

铁运分公司提前3天安全优质高效地完成六分公司2#取料机沿线轨道梁大修任务，于11月23日顺利通过六公司验收

每个环节入手，对运输生产工艺和作业流程重新进行梳理和补充，制定整改措施12项，满足了二、三分公司卸车和装船需要。向内部管理挖潜，落实效率最大化要求，对现有车点统计分析，查找存在问题，通过TMINS系统，掌握车流情况，开展作业写实，提前通知到达顺序，调整机力人力配置，采取提前对车，提前掰管，翻后空车及时下轴，减少铁路车辆待卸时间，尽最大努力压缩车点。2012年完成“东转开”煤炭运输370.29万吨，占三分公司吞吐总量的82%；完成块煤集装箱运输5357标准箱，杂货运输拖运量640.32万吨，油品运输拖运量33.05万吨。

创新思路、狠抓落实，实现安全生产持续稳定。面对2012年出现的新情况新变化，公司将管理的核心和重点放在现场安全管理上，不断创新丰富安全管理思路。一是树立事故可防可控管理理念，探索实践适合自己的管理道路。开展对标管理，加强四级安全管理网络建设和三班运行安全管理，强化一级对一级负责，落实安全生产主体责任，层层签订安全生产承诺书。二是着力抓好“三项制度”建设，重新梳理工作流程和作业流程，制定下发《东港区突发事件应急处置方案》，成功举办东港区突发事件应急演练，加强现场衔接部位、安全边缘管理，签订安全管理协议19份，为安全生产管理提供了机制保障。三是着力抓好设备安全管理，完善重点设备监控机制，实施机车电子添乘，改变机务轮乘制为包乘制，落实安全标准化二级企业标准，更换各类安全警示标识70余块，投入整改资金120余万元，完善了恶劣天气设备安全保障应急方案。四是着力抓好现场安全管理及安全文化建设，加强安全检查和隐患排查整改。2012年检查整治“三违”行为、设备设施和作业环境等各类隐患106项，开展重大危

铁运分公司以对标管理促进安全生产，全年实现“0021”安全生产奋斗目标

险源评估，嘉奖在安全生产过程中避免事故的职工，保证了安全生产的顺利进行。

创新管理，节能降耗，实现经营管理取得新突破。创新管理理念，严格控制成本支出，向管理要效益。根据港口整体规划，积极向秦港股份提出与二分公司发展建设相配套的改造建议，进行机车更新和铁道线路、信号等改造，解决制约秦东发展的瓶颈问题。扩大自主维修范围，承揽了六分公司5# 取料机轨道大修改造任务，为港口节约了维修资金。拓展经营发展空间，到曹妃甸、沧州、邯郸陆港调研，寻求港口铁路建管一体化的发展途径；积极谋划龙港铁路，最终实现北京铁路局、沈阳铁路局、太原铁路局三局拉通，减轻对大秦线的依赖程度，提升综合竞争力。在经营管理方面，一是按照秦港股份下达的经营业绩考核指标进行逐项分解，落实到各责任单位。二是坚持财务预算管理，严格执行费收制度，杜绝了少收漏收，确保收入及时到账。三是坚持精细化管理，开展对标管理和班组基础管理的考核，加大班组长培训力度。四是健全完善规章制度，2012 年修改制定各项规章制度65 项，废止 18 项。五是加强人力资源管理，重新核定了定岗定编指数，公开招聘了 4 名管理岗人员；加强劳动薪酬管理和绩效考核，职工工资收入实现合理增长。六是加强了劳动纪律和考勤管理。七是设备设施管理上做好机车、线路、信号等重点设备的点检和定检定修，落实设备主管工程师负责制，加强现场检查和隐患排查整改，用有限的维修资金确保了设备的正常运行。八是加强计算机信息管理，做好软硬件维护和各系统开发。九是加强能源管理考核，确保节能减排指标完成。十是开展物资管理效能监察，降低了消耗。十一是加强劳务用工管理，实现自主维修。十二是加大资金投入力度，改善职工生产生活环境，完成开站、东站职工食堂、浴池的硬件改造，满足职工生产生活需要。2012 年，公司妥善解决涉及职工利益的问题，保持了团结稳定的政治局面及和谐发展氛围。

【秦港股份流动机械分公司】 2012 年，流机分公司紧紧围绕“创新管理理念、推行精细管理、增强竞争实力、提高经济效益”的工作思路，勤奋工作，努力拼搏，完成机械费收入7515 万元，利润 -1.13 亿元，与秦港股份考核指标相比，利润增长1027 万元，实现利润增长率 8.35%。公司获评秦皇岛市“2012 年度交通安全管理先进单位”、集团公司和秦港股份“创先争优先进基层党组织”、秦港股份“信息工作先进单位”。

流机分公司加强现场管理见成效，机械二队在6月1日装卷板入舱过程中无磕碰、轴向定位码放间距不超过10厘米

公司按照"保障生产、追求满意、精细调度、优质高效"的原则，确立了以保证东港煤炭生产和设备自修作业为重点，兼顾化肥、钢材等重点杂货货类作业的经营策略。通过调整生产组织形式和人员、机力配置，完善"虚拟值班"制度，强化现场交接班管理，努力压缩非生产作业时间，提高单机作业效率等有效措施，对生产组织流程做出重要改进。出台《长期承包企业管理办法实施细则》，规范相关方企业的派车审批程序，明确相关方企业签票制度，加强发包业务管理，有效控制机械费外流；实施作业票统计稽核系统升级改造，公司统计稽核工作时效性、准确性有了大幅提高。2012 年，公司创下矿石清舱单船单班 9 台装载机同时下舱，清舱 27000 吨；化肥卸车单班抢卸 105 节；东港区煤炭塌垛抢险救灾单班调度流动机械 90 台等多项斐然成绩，得到秦港股份及各用车单位的认可。通过建立、修订《机械保障度考核管理办法（试行）》《"质量承诺"实施细则》等规章制度，狠抓机械保障、到位时间、有效作业时间。发放《致煤炭货主的公开信》和《致进港起运作业司机的公开信》，重申公司服务理念和服务标准。加强现场检查力度和走访频率，规范质量管理相关记录。

安全管理上，一方面积极开展安全标准化创建、"打非治违"和整治"三超、三违"专项行动，通过现场检查发现问题 413 项，下发《事故隐患整改指令书》56 份；通过严格执行领导带班制度、调整交接班环节安全监管方式和内容，加强现场巡查频次，促使安全基础管理和现场管理能力进一步提升。另一方面，通过组织开展全员安全培训、安全生产月、特种作业复审、交通安全专项治理知识竞赛、应急演练等特色安全教育活动，全员安全意识得到增强，安全生产形势保持基本稳定，实现了"0112"安全承诺目标。

流机分公司强化服务观念，为东港煤炭生产和自修提供机力保障。图为4月16日高架皮带机抢修现场

设备管理方面，通过建立保养润滑预报机制，加强人员组织、保养内容和标准落实，提升了保养润滑的科学性；通过强化日常管理、降低故障率、严控配件物资审批、深入开展技术培训和技术攻关等有效措施，实现成本有效控制；通过加强设备运行、检查、保养、维修的全过程信息跟踪，认真落实设备三级点检制度，加强定置管理和机容机貌工作，强化现场检查和考核，控制和避免设备超负荷、超性能使用等措施，实现设备运行动态管理；通过抓好设备的安全运行，排查和整改设备安全装置和防火隐患，实现设备安全管理。2012 年，燃油

流机分公司党员职工在“大干四季度、迎接十八大、全面创佳绩”主题实践活动中开展流动机械设备自修技术交流活动

单耗为0.556吨标准煤/万元,较秦港股份下达的指标0.56吨标准煤/万元下降0.71%。公司通过完善物资管理制度,加强物资采购的全过程管理,规范操作程序,实现与市场无缝衔接,维护了公司利益。通过物资管控改革,实施公司统管队级库,有效保证了物资收、支、存的统计准确性,实现库存结构优化,库存占用资金逐步降低。

综合管理方面,公司制定《2012年方针目标展开图》,实现全年工作的目标管理。出台《2012年班组建设实施方案》,组织开展班组长素质能力评估和培训,提高了班组长综合素质和班组管理水平。通过精细化管理季度检查、方针目标诊断等措施,综合管理成效显著提升。开设《每日工作动态》信息平台,2012年发送信息195期,秦港股份录用信息149篇。公司人力资源部门合理运用薪酬激励机制,开展计件、计时工资奖金单价调整,调整后的计时人员平均工时使用率达到72.13%,计件人员平均工时使用率达到56.08%,较2011年平均工时使用率分别增长了19.56%和19.47%,激励作用十分显著。通过落实《环境保护和环境容貌奖励办法》,健全环境治理责任制,加大环境容貌综合治理整治力度,促进了环境容貌整体水平的提高;通过加强对危险废弃物(废油、废电瓶)管理,提升了环保工作水平。

2012年,围绕公司生产经营和改革中心工作,积极开展“双比”工程特色党建活动,完成攻关项目24项,创造直接效益74.48万元。开展了单项对标竞赛,选树了35名标杆,与秦港股份命名的“1030”标杆一起作为公司党员和职工学习的楷模。开展“技术赶超年”和“学赶先进比贡献,凝聚力量促发展”主题实践活动及青年创新创效竞赛活动,进一步加强职工技术理论培训,努力提高职工的业务技能。

【秦港股份劳务分公司】 2012年,劳务分公司完成煤炭和杂货装卸操作量6202.5万吨,安全生产连续4年实现“0000”奋斗目标,质量事故和用户投诉为零。

强化效益,控制成本,超额完成年度利润指标。劳务分公司以效益为中心,落实责任,严格考核,将秦港股份下达的收入指标分解到各科队,将收入指标和成本指标与各单位经营业绩、工作执行能力挂钩,与管理人员工作绩效和收入挂钩,充分调动各级人员的生产积极性。2012年,秦港股份核定公司收入指标为1387万元,实际完成1253万元。成本指标为8617万元,实际支出8440万元,节约成本177万元。利润指

12月19日始，劳务分公司和杂货分公司密切合作，用8个班次，完成“桐海”号轮2.24万吨的装船任务。图为场地装车供船作业

标为 –7230 万元，实际完成 –7187 万元，减亏 43 万元。收入减少的主要原因是三分公司生产任务量减少，比计划少收入 130 余万元。另外，杂货队部分职工调整到九分公司从事舱口指挥和带缆作业后，费率由按吨计算改为计时，对收入也产生一定影响。

科学调整，优化组织，打造优质高效服务品牌。2012 年，劳务分公司以秦港股份用工制度改革为契机，抢抓机遇，承揽了九分公司装船指挥和带缆业务，选派 48 名职工替代劳务工。从杂货工种转行煤炭作业的杂货队职工主动迎接新挑战，经过转岗培训和实习操作，在较短时间内进入角色，有效满足了九分公司生产高位运行的需要。业务拓展给公司带来机会的同时也带来了挑战，面对职工年龄老化、身体素质下降，一线作业人员逐渐减少，安全生产压力不断增大等困难，公司对全部作业项目进行研讨，千方百计挖掘现有人员潜力，通过调整作业班组和人员设置，确保作业人员使用效率最大化。西港煤炭方面，多抓作业机会，特别是在异常艰苦的“着火煤作业”和“冻煤作业”中，煤炭队老职工顾全大局，在保证人身安全的前提下，确保煤炭作业平稳有序进行。杂货方面，杂货队职工苦干巧干，在 304# 矿石泊位卸船、装车平车以及西港部分杂货作业中，多次刷新生产记录，配合杂货分公司提前 19 天完成年度生产任务。东港煤炭方面，完成九分公司的装船、解系缆承包任务，协助九分公司超额完成年度生产任务。质量管理方面，经常性地走访用工单位征求意见，提升公司质量工作水平，实现了“0000”的质量管理奋斗目标。制定《劳务服务管理办法》，规范人力保障服务，提升了公司服务品牌。

落实责任，夯实基础，安全生产形势持续稳定。2012 年，劳务分公司以贯彻国务院《关于进一步加强企业安全生产工作的通知》为主线，认真落实安全生产主体责任和安全生产“双管”原则，深化承诺制度，健全、完善安全生产“三项制度”，严格推行安全管理标准化建设，深入开展“打非治违”专项行动，认真组织开展安全检查及隐患排查整改，巩固安全工作取得的成绩，保持了安全生产形势持续稳定。一是健全完善安全管理制度体系。针对新增作业项目，从分析作业流程入手，创造性地编写了《系、解缆和舱口指挥作业安全守则》，实现公司作业项目安全守则全覆盖。二是大力开展教育培训，不断提升职工安全能力。三是深化安全文化建设，开办两期特色安全管理知识培训班。四是强化现场管理，继续落实

“公司月检查、作业队旬检查、班组周检查、职工岗位安全检查”四级安全检查制度，加强三班巡回检查力度；2012 年开展安全检查及专项检查 24 次，发现问题 11 项，全部整改完毕；制定《关于对排除隐患有效防止安全事故发生的奖励规定》，充分调动职工参与的积极性，使岗位安全检查、隐患排查实现常态化。五是落实制度，积极推进职业健康、交通、消防、应急等安全管理工作健康发展，连续 4 年获得秦港股份“安全管理标准化优秀单位”。

3月16日，劳务分公司带缆工在902#泊位齐心协力，带缆系桩

精细管理，开拓创新，经营管理水平不断提升。一是围绕公司 2012 年方针目标细化分解，编制了 154 项内容的《两级重点工作责任分解实施表》，理清管理脉络；开展管理创新，在每月综合考评基层队的基础上，推行双向考核机制，基层队按照 6 大类 18 项内容对机关科室进行季度匿名测评，使公司考核制度更趋完善；狠抓效能建设，推行管理人员填写工作日志制度，实现各项工作日清结、日提高。二是严格执行《工资总额调控办法》，加强对工资总额发放、定额完成情况统计分析，先后制定和调整多项装卸定额，发挥薪酬分配激励作用，充分调动职工工作积极性。三是针对公司转岗职工逐年增加，现有岗位不能满足职工安置问题，主动与上级部门联系沟通，争取安置政策，抓住港口用工制度改革机遇，承接物资中心和引航站门卫业务，拓展转岗职工安置渠道，缓解了部分岗位冗员状况。四是结合工作实际，重点强化各基层队自主培训，使培训更加贴近生产实际需要。五是加强预算管理，将指标层层分解落实，逐月进行分析比对，为全面完成各项经营业绩指标奠定基础；合理制定成本控制目标，强化成本动态监控和月度考核，明确各单位责任范围，成本管理水平进一步提高；合理调整控制现金流量，提高资金使用效率，优化资金管理。

【秦港股份船舶分公司】 2012 年，船舶分公司充分发挥自身优势，沉着应对不断变化的市场形势，在保证港口生产用船前提下，积极调整对外经营策略，实现跨地域经营，各项工作都取得了较好的成绩。全年完成拖带作业 38021 艘次，收入 1.80 亿元，成本完成 1.60 亿元，实现利润 1405 万元，外部创收 4000 余万元。2012 年，安全生产达标，服务满意率达到 100%。

科学组织生产，合理配置资源，保证港口生产用船。公司充分发挥自身优势，强化调度，统一指挥，坚持生产用船优先原则，根据各分公司生产作业计划和吞吐量比重

12月26日，船舶分公司出动两艘拖轮协助“振奋7”号轮靠泊704#泊位

科学合理调配船舶，全力保证生产用船。同时，根据不同天气，适时调整各港区拖轮配置，利用GPS、AIS系统加强对拖轮作业过程的监控，克服大马力拖轮少、老旧设备故障频繁以及恶劣海况天气等实际困难，努力缩短辅助作业时间，提高在港拖轮利用效率和航道使用率，保证船舶及时走靠和进出港安全。

强化安全和设备管理，推广安全节能操作法。安全管理方面，认真贯彻落实两级安全生产工作会议精神和《领导带班制度实施细则》《生产安全事故报告和调查处理办法实施细则》《相关方安全管理办法实施细则》等规章制度，坚持以安全生产保质量，以安全生产促效益和“以人为本、精细管理、兑现承诺、杜绝事故”的安全生产方针，层层签订安全承诺书，以落实“七防一避免”为重点，强化安全教育培训，先后开展安全资格证书换证、驾驶员班前会安全记录、事故案例分析等专题培训，进一步提高船员处理紧急情况和自我保护能力。狠抓现场安全管理，做好隐患排查整改工作，以典型事故案例为鉴，吸取教训，提高安全自控意识和能力，杜绝各类事故发生。在设备管理中，坚持对船舶设备精细化管理，加大联查力度，做到日常养护维修到位，突发故障抢修及时，合理安排船舶停航检修，提高设备完好率。2012年进厂修理船舶12艘，完成秦港7号消防机、消防炮等消防设备的更新。同时，两条新造船舶安全回港，顺利投产。在节能减排方面，公司根据年度节能降耗指标制定详细的年度工作计划，将能耗指标层层分解到各科室、船，做到“工作有目标，考核有依据”，同时，公司机务科认真学习青岛港“学良节油”操作法的经验，结合实际，总结出一套适用于船舶的安全节能操作法，在各生产作业船舶之间推广。

精细管理，落实责任，提高综合管理水平。坚持以精细化管理为目标，按照ISO 9001质量管理体系标准的要求，坚持

2012年，船舶分公司完成拖带作业3.8万艘次

做好体系运行的内审工作，不断完善实施绩效评价机制建设。公司重新制定和完善《黄骅人员补贴管理办法》和《导师带徒管理办法》等相关管理制度，增加外派人员的补贴以及导师带徒的奖励津贴。同时，继续开展班组建设活动，使精细化管理和体系运行更加符合公司的组织结构和管理实际，保证公司政令畅通。通过健全制度、强化执行、严格考核、奖惩挂钩，把精细化管理工作深入到基层科室班组，使之成为职工的自觉行动。坚持以生产经营为中心，以财务管理为重点，根据秦港股份下达的承包指标，及时进行分解，加强财务全面预控，实行财务预算管理，优先安排生产性支出，压缩低值易耗品、办公和会议费用，严格控制成本支出。通过生产经营活动分析和财务收支动态分析，及时发现经营管理过程中存在的问题，堵塞管理漏洞，做到收入及时到账，杜绝少收漏收。加强职工教育培训，提高职工的综合素质。2012 年办理外部培训 18 项；特殊培训 6 项；内部培训 5 项。此外，办理职务晋升、考试报名、评估报名、适任证书到期换证、高速船特培证到期换证等相关海事资格性证书业务 293 人次。充分发挥自身优势，开拓外部市场，提高经济效益。在保证港内用船的基础上，公司努力经营沧州、绥中、黄骅、曹妃甸等港外市场，进一步增加经济效益和职工的收入。特别是公司技协取消后，经秦港股份领导同意，积极开展申请乙类船员服务机构资质各项材料准备工作，已完成申请文书的前期资料搜集准备工作，并上报海事局。

【秦港股份物流分公司】 2012 年，物流分公司深入贯彻"内抓管理，外抓市场"的工作思路，强化生产经营、安全质量、设备物资等各项管理工作，安全生产形势稳定，年度考核成绩名列前茅，实现"01"目标并获评秦港股份"安全管理标准化优秀单位"和秦皇岛市"2012 年度交通运输安全管理先进单位"。全年营业收入 1866.56 万元，成本费用支出 4149.51 万元，营业税金及附加 15.06 万元，公司经营利润实际完成 -2298 万元，完成年度利润指标。

克难攻坚，齐心协力，全面完成公司物流运输任务。2012 年完成港内倒运 391 艘次，完成矿石、煤炭倒运量 268.2 万吨，同比下降 33.6%。钢材倒运量 44.1 万吨，同比下降 20.6%，化肥、粮食等货种倒运量 91 万吨，同比增长 72.2%，水渣倒运量 20.8 万吨，同比增长 587.4%，各港务分公司计时作业合计 20792 台时，同比增长 65.7%。港

物流分公司全年完成倒运量268万吨，图为公司汽车倒运杂货码头矿石

外货主直接委托的水平运输业务作业量为4.88万吨，经营收入9万元。港内外经营收入1418.2万元，港内外各货类水平运输总量为429.1万吨。集装箱原煤完成45列共计35.9万吨，装箱10814标准箱，收入439.3万元。

克服困难，拓宽业务市场，广揽货源。2012年，公司千方百计克服车辆老化严重、驾驶员不足的困难，全力调配现有生产资源和社会机力配合完成作业任务，满足客户的需求。受国家调控政策的影响，矿石进口量锐减，即使到港的矿石船也以印尼矿石为主，公司针对货物粘车的特性，制定应对措施，保证到港船舶的需求。6—11月份化肥集中到港，杂货分公司为降低成本，采用车船直取新工艺，北京路局多次要求每昼夜卸车不能少于170车，并派出驻港工作组。对此，公司多次组织召开专题会议，通过加强沟通交流，充分发掘外协队伍的运输潜力。同时与兄弟单位密切配合，及时掌握生产信息、科学组织、周密安排，保证化肥卸车、货物供船等作业车辆的需求。

物流分公司加强生产管理，5月中旬实现单班煤炭倒运6780吨的历史最好成绩

8月热带风暴造成港区堆场大量塌垛、混垛，压占大机轨道和机行通道，清煤归垛成为当务之急，公司主动走访所有煤炭分公司，了解情况，保证机力供给，8月、9月计时作业量同比增长70%以上。

以优质服务为先导，做强筛分块煤装箱业务，用产品质量赢得神华货主的信赖。面对着港内倒运货源极度萎缩、外部块煤装箱业务市场激烈竞争的内外部环境，公司坚持“在竞争中求发展，优质服务吸引货主”的方针，强化装箱作业现场管理，为货主提供优质装箱块煤产品，实现了单班原煤倒运6780吨、铁路装箱72箱的历史最好成绩。为了广揽货源，公司领导带队走访调研上下游客户，积极联系中煤、伊泰、大同煤等货源，并对“继续开展长途配送业务”进行调研。同时积极探讨开拓张家口—秦皇岛集装箱班列等业务。

强化基础管理，完善制度建设。公司制定下发《物流公司统计稽核管理办法》《物流公司生产组织管理办法》《物流公司水平运输生产组织流程》《物流公司质量管理办法》等管理文件，为公司的生产经营提供了制度保障。在日常管理中注重生产统计分析工作，明确自有车辆单车过衡计重结算方法，使公司利益最大化。

落实责任，加强培训，营造稳定的安全生产局面。2012年，公司安全生产工作始终坚持“安全第一、预防为主、综合治理”的方针，认真落实安全生产主体责任和安全生产“双管”原则，进一步完善安全管理长效机制，强化重大危险源管理、危险货物作业管理、作业场所职业危险因素防治及相关方的统一协调管理，坚持安全检查、隐患排查整改，加大对责任事故的问责力度，巩固安全工作成果，保持安全生产形势持续稳定。以安全生产年活动为契机，以安全隐患排查整改为重点，紧紧抓住道路交通安全这一环节，查找和排除事故隐患，并制定具体安全防范措施。对自卸车安全装置进行专项检查整改。利用班前会、安全例会、安全月活动等载体持续强化对职工的安全教育和培训。每月定期召开外包单位主要负责人和安全员参加的安全例会，现场负责人参加班前会，及时通报港口生产情况，对发现的问题限期整改。针对卸三场地照明度不够的问题提出了专项隐患整改措施，完成整改20多项。

重点抓好货运质量。通过矿石倒运包船作业和煤炭汽运整体承包等方式改善和提高服务质量，提高市场竞争力。通过内部挖潜、大力压缩非生产作业时间，保证车辆的到位时间和有效作业时间。通过车容车貌的专项治理和港区道路运输撒漏专项效能监察，确保作业场地和道路运输不发生二次扬尘，杜绝运输过程中的货物撒漏对港区环境造成的污染和危害。通过经常主动走访用户、货主及合作单位征求意见和建议，不断提高工作质量。按照“质量月”走访货主征集的意见，在煤炭装车现场增加了车辆身份识别和双方共同监督的环节。

加强设备物资管理，降低生产成本支出。2012年，公司对《物流分公司外委维修暂行规定》《物流分公司外委维修作业单》等规章制度进行修改和完善，补充细化了燃油统计、分析，维修费统计分析等管理方法。

【秦皇岛港新港湾集装箱码头有限公司】

2012年，新港湾公司完成集装箱吞吐量33万标准箱，同比减少23.25%。其中，完成外贸箱量12万标准箱，同比减少12.31%；完成内贸箱量21万标准箱，同比减少28.36%。完成主营业务收入7561万元，营业成本8421万元，营业税金及附加260万元，管理费用1014万元，财务费用-146万元，资产减值损失14万元，投资收入1万元，营业利润-2001万元，营业外收入13万元，亏损1988万元。

秦皇岛港新港湾集装箱码头鸟瞰

市场开发。继续加大对本地货源的挖潜，走访了红酒、饲料、花生米等重点货类企业，及时掌握客户动态，努力扩大货源。继续将内蒙古西部地区作为市场开发重点。保证了乌海至秦皇岛港装载 PVC 货物的铁路车皮顺畅运行；市场开发人员与码头作业人员紧密沟通，按客户要求及时改进作业流程，提高了装卸及服务质量；定期走访、交流，深入现场解决客户运输过程中存在的各种问题，提高了客户满意率。密切关注东北地区玉米及饲料市场动态，及时与船公司沟通市场信息，制定相应运价，最大程度争取货源。对西北地区兰州、西宁、乌鲁木齐等地进行市场调研，寻找新的货源增量。配合秦港股份在承德、张家口地区召开业务推介会，建立办事处，并积极推进当地内陆场站建设。此外，公司积极推进烧碱接卸资质的申请工作，努力增加新货类；落实集装箱车辆省内高速优惠通行政策，办理高速 IC 通行卡并开始使用；针对河北省出台的集装箱财政补贴政策，制定相应的发展计划及应对措施，并根据政策要求提交申报材料。

新港湾公司集装箱堆场

码头管理。通过调整堆场计划，分时段安排场桥作业，减少了场桥的空耗待机时间；通过规范劳务人员行为，加强监督检查，对作业不规范现象及时进行整改，对不能达到质量标准的进行处罚，提高了作业质量；通过优化场站零工的使用方式，减少零工使用人数，降低了劳务费用；以值班长、值班主任考核为重点，加强班组长的管理能力和责任心教育，从而加强了对基层员工的管理。

安全管理。公司对 2012 年安全生产工作进行部署和动员，提出年度安全生产奋斗目标并进行分解，层层签订安全生产责任书。积极开展“打非治违”工作，重点抓安全生产规章制度落实、生产作业现场监督检查、事故隐患排查整改和员工安全教育培训。强化外协单位安全生产工作的统一协调管理，与 34 家相关单位签订安全生产管理协议，同时加强日常安全检查，协调解决生产中存在的安全隐患。落实各项安检制度，强化安全监督检查，狠抓事故隐患排查并督促整改，2012 年组织月度安全联查 12 次，节前安全专项检查、消防专项检查、防台防汛专项检查及相关单位作业集卡专项检查等 18 次。

设备管理。一是公司修订设备联查、轮胎更换等制度，进一步完善各项设备管理制度；二是根据年初计划，完成司机、维修工操作维修技能及安全操作规程、安全防护措施等方面的培训工作；三是强化设备安全管理，加强设备、设施安全检查力度，认真落实事故隐患整改，重点对消防封堵、电气线路及路面存在的事故隐患进行整改。认真落实各项设施、设备安全管理制度。定期对设备安全限位、安全附件及关键部件进行检查、检验和维修保养。

财务管理。一是应秦港股份 IPO 的要求，配合会计师事务所完成企业内控现场评估工作；二是根据集团公司的要求，配合进行亏损企业专项审计；三是按照集团公司、秦港股份统一财务软件的要求，推进使用浪潮财务软件工作，并配合应用秦港股份财务系统软件，完成网络、软硬件环境的改造；四是推进全面预算管理，同时完善固定资产管理规定和维修配件的审批、购置、出入库流程。

【秦皇岛中理外轮理货有限责任公司】

2012 年，中理公司完成经营收入 3765 万元，为公司年度收入预算 3850 万元的 98%，实现利润总额 345 万元，净利润 282 万元，超额完成董事会确定的 210 万元年度经营目标。

优质服务能力进一步增强。公司牢牢把握行业公正性、服务性特点，把为委托方提供优质服务作为首要工作，通过开展“行风建设推进年”活动带动了服务水平全面提升。一是抢效率。针对船舶集中到港、多个泊位同时完船和阶段性压衡等实际问题，细化流程设计，完善生产应急预案，为港口生产提供了有力保证。二是抓协作。通过走访各煤炭分公司和业务关联单位、召开行风监督员座谈会，积极沟通情况，互通信息，密切了关系。三是强管理。把服务意识、服务能力的提升融入生产组织的全过程。理货部建立完善精细化管理保障措施，重点在现场作业交接、岗位动态管理等方面抓好落实；衡重计量部加强衡器设备管理，完善衡器日常检查保养措施，严格落实衡器周期检定，定期进行清衡维护，确保了设备运行稳定。水尺计量部认真查找影响数字公正准确的主要矛盾，从思想教育入手，完善内部管控，加大现场监察力度，创新技术手段，有力扭转了被动局面。四是树形象。通过加强与业务关联方的沟通互动、开展面向委托方的业务培训、加大媒体宣传力度，树立了公司良好的对外形象，水尺计量工作得到了集团公司领导和主管部门的肯定。

超额完成年度经营指标。2012 年，中理公司通过强化管理、扩大收入、控制成本，确保了年度经营利润指标超额完成。一是努力增加委托业务。国投曹妃甸水尺计量收入 258 万元；港外和争取货主委托业

2012年，中理公司开展“行风建设推进年”活动

2012年，曹妃甸水尺计量业务收入258万元。图为公司计量员爬绳梯下船舷，查验水尺

务收入 106 万元；船舶常数测定业务坚持“谁委托谁付费原则”，通过采取措施实现收入 515 万元。二是投资沧州中理公司收益 104 万元，占公司净利润的 37%。三是加强资金管理，及时清理逾期应收账款，严格落实预收款制度，确保了收入应收尽收，防范了收益风险。四是促进降本增效。严格执行预算指标，加强成本分析和预控，节约劳务用工成本支出 30 万余元；在保证生产的前提下，节约办公费、修理费、水电费等项支出 15 万余元。

基础管理水平得到全面提升。公司以内部管理为抓手，带动各项工作规范有序运行。制定出台《董事会工作规则》《总经理工作细则》，促进公司治理结构进一步规范；建立健全会议决策和议事制度，推进科学民主决策；加强各部门工作的计划和考核，形成专项工作有计划、有总结、有督办的良好运转模式；在机关岗位和基层部管理人员中推行工作日志制度，提高各岗位工作执行力；加强信息收集和对外宣传工作，编发《中理工作简报》，发挥舆论导向作用。开展权力运行监控机制建设和效能监察、“三重一大”事项专项监督等工作，结合惩防制度体系建设，建立健全相关规章制度 12 项，完善了公司内控机制。安全生产管理方面，认真落实安全生产主体责任，强化安全基础管理，严格作业现场检查和事故隐患排查整改，突出抓好外协劳务安全管理，连续 26 年实现安全生产无事故。人力资源管理方面，针对公司人员数量、素质和结构的实际，积极开展立项调研，优化岗位配置，超前储备人才，保证了人力资源管理与公司发展相适应。加强绩效管理，发挥绩效考核激励作用。职工教育培训与提升素质小讲堂有机结合，组织开展管理知识和全员岗位技能培训 46 期，提升了职工队伍整体素质。鼓励职工参加

8月26日，中理公司理货员在杂货码头清点待装船特型设备部件

资格认证考试、在职学历教育，加强专业技术职务聘任管理，优化了职工专业、学历和职称结构。

充分发挥信息化建设在管理创新方面的作用，完成短信平台系统建设，开展衡重系统升级的前期测试，正式运行海关舱单理货数据传输系统。资产管理上创新使用了条码信息扫描技术，开展水尺计量业务管理系统的开发与利用，实现了重船计量、船舶常数、监察复核等数据信息的实时共享。

【秦皇岛海运煤炭交易市场有限公司】

2012 年，海运煤炭交易市场营业收入 1494.75 万元，为 2012 年度计划总收入 1500 万元的 99.65%，同比增加 22.19%。营业成本支出 1160.76 万元，较年度计划 1207.76 万元减少 47 万元，同比增加 186.53 万元。公司实现税后利润 187.11 万元。

2012 年是海运煤炭交易市场快速发展的一年，各个业务板块快速发展，初步形成集煤炭现货交易服务、信息服务、物流服务及金融服务于一体的市场体系，发布了影响煤炭行业的煤炭价格指数，受到各级政府的高度重视，并在业内建立了良好的企业信誉和客户基础，业务规模不断扩大，企业竞争能力不断增强，取得良好的经济效益和社会效益，成为国内最具有影响力的煤炭交易市场。一是海运煤炭现货交易系统与产运需衔接平台上线。2012 年 7 月，煤炭现货电子交易平台与海运煤炭产运需衔接平台正式投入使用，实现传统煤炭交易与物流衔接方式与现货电子商务模式相结合的运营方式。交易平台已在国内煤炭交易行业形成较大的知名度和影响力。目前已有大量交易商入市交易，因此无论是客户规模还是客户质量，在国内众多煤炭市场中均位居前列。煤炭市场业务方面，积极开发重点客户参与挂牌交易。同时上线的煤炭产运需平台实现了现货与中远期理念及模式的创新，将煤炭交易与运输相结合，是发展煤炭产运需衔接综合物流服务的探索与创新。平台结合环渤海地区煤炭运输主要依靠港口和铁路的运力衔接完成，以港口、铁路煤炭运力衔接为核心，实现运输计划的远程申报与在线审核功能，配套多种统计功能，全面展现环渤海地区主要港口的煤炭运力配置与运输动态。国家发改委制定的全国煤炭交易市场体系建设方案提出要建立日常交易与产运需衔接为主要内容的交易模式。海运煤炭交易市场推出的产运需衔接平台是建立以路港衔接为主要功能的重点合同交易模式。根据年度订货会取消后的年度合同汇总会的

7月9日，第二届秦皇岛煤炭交易商洽谈会在秦皇岛召开

特点，积极争取政府、行业主管、铁路和港口的支持，推出以路港衔接为主要功能的重点合同的交易模式，将我国煤炭长期协议的交易模式纳入到市场内进行。二是秦皇岛煤炭网继续保持全国领先水平。秦皇岛煤炭网在原有业务的基础上，不断创新业务模式，推出新的盈利板块。反映蒙西地区的煤炭以及物流的价格情况的内蒙古价格体系，成为网站收入的增长点；通过与无锡华中航运公司合作，形成的海转江航运价格将煤炭物流链价格体系进一步向下游延伸；新开发的煤炭手机报业务第一时间为用户提供较高含量的信息，煤炭社区的建立不断扩大公司客户及潜在客户范围；煤炭财经频道及港口会员全新改版，大大方便了用户；通过在北京建立数据中心，实现了秦皇岛港到北京数据中心的数据实时传输，为提高客户访问网站速度提供必要条件。三是煤炭商品融资业务成为新的亮点，为公司创收做出不菲贡献，2012 年完成银行授信 15 亿元，资金周转 30.1 亿元，煤炭周转 496.4 万吨，服务费收入 200 万元。不断创新思路，打破僵势，通过拓展煤炭交割地建设、创新融资模式、成立工银商友俱乐部等方法为用户和企业提供更优质的平台，解决了港口周转与质押周期的冲突，开创全国港口煤炭融资质押之先河。目前自主创新的煤炭金融服务已位于全国前列，行业榜首。煤炭融资质押业务在国内煤炭融资质押领域一枝独秀，引起国内煤炭、金融行业的广泛关注，纷纷前来寻求合作。四是会展业务形成行业品牌。2012 年，煤炭市场会展业务步入快速成长的轨道，会展项目在国内煤炭行业产生较大的影响，成功举办了两个大型商务会议：2012 年春季动力煤市场研讨会、第二届秦皇岛煤炭交易商洽谈会，扩大了煤炭交易市场在业内的影响力，也增强了集团公司的影响力。另外，煤炭市场在国内煤炭行业率先开展煤炭交易业务培训，9 月启动了海运煤炭交易业务培训工作。培训面向煤炭发运企业、煤炭需求企业及煤炭经营企业的业务人员，重点

秦皇岛海运煤炭交易市场业务厅

煤炭现货交易系统与产运需衔接平台于7月9日上线运营

讲授煤炭发运、港口煤炭中转、煤炭交易业务等方面的实用知识。培训工作启动后，受到了众多企业的欢迎，已成功举办3期培训班，使得培训成为继会议后又一收入增长点。五是指数研发不断取得新进展。煤炭市场作为环渤海动力煤价格指数的运行、维护单位，深度监测指数运转情况、指数基础数据动向，确保指数运行平稳，定期向国家主管部门提供运行数据。

2012年7月上线的海运煤炭运价指数逐步被行业接受，像煤炭价格指数一样，也正在成为反映沿海地区煤炭货类的海运费水平与变动趋势的价格指数，随着价格指数体系逐步完善，市场的价格发现功能越来越强。已开始价格指数商业应用的研究，使价格指数在取得巨大社会效益的基础上，能够在经济效益方面取得突破。

环渤海动力煤价格指数提升了市场的影响力。由国家发改委授权，秦皇岛海运煤炭交易市场于2010年10月13日正式对外发布了环渤海动力煤价格指数(BSPI)，这也是国家发改委组织实施的第一个价格指数。2012年已成为神华、中煤、同煤、山煤等大型煤炭企业，华能、国电、浙电等大型电力企业市场煤重要的结算依据，同时正在成为国际煤炭贸易的参考价格。海运煤炭运价指数已经开始上线运行，该指数能够及时准确地反映各航线主力船型的平均运价水平。

煤炭市场的发展得到了省政府的认可。2012年10月15日，在河北省人民政府召开的监管企业物流发展和大宗商品交易平台建设省长办公会上，确定由三大平台调整为两大平台，钢铁交易平台由河北钢铁集团主导开发，煤炭交易平台由河北港口集团在现有发展基础上提升，并逐步开展中远期交易平台建设。会议确定两大平台作为省级管理的平台。副省长杨崇勇出席了会议并做了重要指示：平台建设要站在发展全省经济的高度来认识，相关部门要在工商注册、相关政策、发展资金等方面给予大力支持。会议决定分别给予两大平台1000万的发展资金支持。省商务厅确定海运煤炭市场成为省电子商务协会常务副会长单位。

【沧州渤海港务有限公司】 2012年，沧州渤海公司锐意进取、奋力拼搏，一丝不苟搞建设，不遗余力保安全，扎实推进各项重点工作，成效显著，较好地完成了各项工作任务。2012年完成货物吞吐量1996万吨，同比增加77%。其中散杂货吞吐量完成1880万吨，为年计划的149%；集装箱完成10.2万标准箱，为年计划的204%，散杂货和集

10月25日，沧州渤海公司在冀南中心城市、新兴工业基地——邢台召开港口推介会

装箱吞吐量双双创下投产以来历史新高。

多措并举，港口建设实现新突破。2012年，起步工程的建设重点是通用散杂货码头及多用途码头堆场道路、轨道梁工程建设。为了克服夏季强降雨、台风给工程施工带来的困难，公司多措并举，尽最大努力抢工期，各项工程建设取得良好进展。起步工程所有前期手续均已跑办完成，前8个泊位于2012年8月23日通过了省海事局通航安全核查验收。面积约130万平方米的多用途码头及通用散杂货码头吹填区地基处理工程于5月竣工，10月25日经省水运工程质量安全监督局验收合格。通用散杂货码头堆场道路工程面积约54.22万平方米（含给排水、通讯），施工图已通过沧州市港航局组织的专家评审组评审。该工程于2012年5月15日开工，铺设改良土、石灰稳定土、水泥稳定碎石和联锁块面层的施工进度基本符合计划要求。其中北侧堆场20万平米已经交付使用，给水、排水、电力、通信等管线整体工程基本竣工。配套房建工程处于施工图设计阶段，计划2013年开工。多用途码头堆场道路及轨道梁基础工程于2012年5月15日开工。堆场道路施工进度符合计划进度要求；轨道梁基础工程基本具备设备安装条件。港池泊位清淤任务已于6月底完成。配套设施工程备案手续办理齐备，经省港航管理局批复，工程于2012年11月进场施工，年底基本完成桩基础施工。

10万吨级航道工程通过环保验收。委托相关单位编制完成10万吨级航道（含5万吨级航道）工程环保各项支持性报告并上报，得到正式受理。10月30日，省环保厅对该项目进行环保检查验收，获得通过。

工程项目招标与结算审查。2012年，公司组织了黄骅港综合港区通用散杂货码头工程和多用途码头工程堆场道路、轨道梁造价咨询比选、施工和监理招标工作，招标金额约5.1亿元；配合集团公司招标办公室进行黄骅港综合港区配套设施工程综合调度业务楼及配套设施工程招标，于2012年10月17日开标。组织完成黄骅港综合港区通用散杂货码头工程和通用散货码头起步工程堆场道路及给排水工程、综合港区10万吨航道维护性疏浚工程等项目的结算审查工作；完成多用途码头工程海域论证、10万吨级航道（含5万吨级航道）工程环境监理、运营期海洋环境监测、竣工环境保护验收调查等二类费用结算审查工作，在严把造价关的同时，保证各项验收、审查工作的顺利进行。

2012年，沧州渤海公司集装箱吞吐量突破10万标准箱，图为7月18日作业中的集装箱码头

落实责任，严格监管，保证安全质量管

理可控。公司始终坚持“安全第一、预防为主、综合治理”的方针，有效防范和坚决遏制重特大事故，实现了安全生产零事故。完善体系，落实安全生产责任制。公司健全了安全组织机构，完善了安全生产委员会、应急救援委员会，制定整套建设期安全管理三项制度，与施工单位签订安全协议，制定并落实各项安全措施。实行安全生产例会制度，并建立了24小时值班制度，确保信息通畅；加强对施工作业现场、重点区域、危险系数高的作业程序的安全检查，及时纠正“三违”现象；积极开展“平安工地建设”，并将创建活动的有关文件、方案等资料印发到每个施工班组，做到全员共建，起到良好效果。制定下发突发安全事件总体应急预案，并先后进行消防、防风、救生等大规模综合演练，提高了应对突发事件能力。加强对施工现场安全防护的管理，并制定相应的安全施工技术措施和应急预案。

2012年，沧州渤海公司矿石生产屡创新高，图为7月18日矿石接卸现场

实行全员、全面、全方位的质量管理。公司进一步完善以合同管理为纽带、检查整改为重点、奖优罚劣为手段的质量管理运行机制，充分发挥监理和质量监督部门的职能作用，强化质量否决效力，增强工程质量监督整体效果。

做好设备物资采购，加强固定资产管理。2012年，公司共进行多用途码头和散杂货码头设备7个项目的采购工作。其中，计算机系统、牵引车和半挂车、门机已投入使用，剩余项目正在推进中。公司编制了散杂货及多用途码头工程供电系统后续工程施工进度计划表，并完成多用途码头剩余高压电缆的敷设工作。为使产权明确，提高资产使用效率，提高投入产出效率，公司对固定资产进行核查，并建立资产台账，进一步加强了固定资产管理工作。

夯实基础，明确重点，各项管理工作全面提高。为规范公司运行，逐步建立健全了各项规章制度及内控制度，做到有章可循，公司的治理结构得到进一步完善，各项工作更加规范、有序开展。加强后勤管理，确保职工在黄骅安心工作。一是加强车辆管理。制定了车辆管理规定，为往返秦皇岛、黄骅两地员工班车配备专职司机，做到车辆有序调配、及时维护，保证了公司车辆安全行驶。二是食堂管理得到改善。为保证职工用餐，公司加大用餐卫生安全检查力度，狠抓饭菜质量，有计划地制定每周菜谱，保证饭菜营养充足。三是办公、住宿条件得到进一步改善，确保员工在健康、卫生、和谐的环境下工作。财务管理。2012年6月20日，公共基础设施移交价款已全部收回。移交价款全部收回后，立即转入了对移交资产贷款后续利息的催收工作。公司积极配合集团公司，多次与各级财政部门就公共基础设施移交营业税金及附加和相关印花税2.92亿元返还事宜进行沟通协商，沧州市政府已经同意对这部分税金、沧州市财政留成的返还。另外，省审计厅于日前正式下发《河北省审计厅对黄骅港综合港区公共基础设施资产移交期间利息进行审计的通知》，这标志着综合港区公共基础设施资产移交期间产生的利息审计工作取得关键进展。合同管理。2012年，公司共签订合同32份，未发生任何合同纠纷，为公司的合法权益及工程顺利实施提供了保障。投资管理。2012年，公司以通信表决的方式分别召开了2012年第一至四次临时股东会及第二届董事会一次至五次董事会会议，按照决策程序完成决议的签署手续，并进行公司2012年度股东会和董事会相关议案材料的准备工作。

【唐山曹妃甸实业港务有限公司】

2012年，唐山曹妃甸港区开发建设取得长足发展，实业公司超额完成年度各项任务指标，保持了良好的发展势头。公司累计接卸各类船舶598艘次，完成货物吞吐量6623万吨，超额完成年度6400万吨的奋斗目标，实现利润5.14亿元，比预算增加1.35亿元。

狠抓货源组织，拓展保税业务。实业公司在稳固以大型钢铁企业、大型贸易商为主的传统客户基础上，主动出击，开拓新客户，争取中小贸易商。同时，仔细分析市场，深入了解客户需求，针对不同客户、不同市场形势提供差异化服务，使客户满意度不断提升。此外，公司与中钢国际贸易公司合作筹建唐山曹妃甸中钢实业保税有限公司，建设保税堆场，开展港口保税业务，进一步拓展港口功能，延伸物流链，为港口企业与商贸企业的合作共赢奠定基础。

强化生产运行管理，优化各项流程。在生产作业的安排上，科学调度，统筹组织，压缩辅助作业时间，缩短船舶在港时间，并根据船舶计划制定更为灵活的作业和维修计划；在设备管理上，严格落实点检制度，

2012年，唐山曹妃甸实业港务公司累计接卸各类船舶598艘次，完成货物吞吐量6623万吨

2012年底，唐山曹妃甸矿石码头超长程的皮带运输机进入运行调试阶段

合理安排维修保养计划，提高设备完好率；在信息系统的升级改造上，完善了采购系统，提升系统的稳定性、可靠性，以保证物资从采购到领用的全过程可查可控，为生产的持续顺畅运行提供了保障。同时，公司充分发挥技术优势，充分调动管理、技术人员积极性，大力推进合理化建议、技术改造和技术创新工作，不断提升公司生产、管理水平。

加大力度，保障安全生产。紧密围绕“重基层，抓源头管理；强监管，抓过程控制；落实责任，抓完善机制”的工作思路，加大监管、投入力度，确保安全生产顺利进行。着力强化安全生产主体责任，不断完善安全管理体系，保证了安全生产工作平稳有序进行。同时，投入资金135万元，用于添置员工劳保防护用品。公司全年无一般及以上安全生产事故发生，实现年度安全工作控制目标。

优化机构设置和薪酬制度。公司在生产运营实践过程中不断摸索、总结经验，依照“精干高效、权责对等”的原则，对公司的机构设置和人员配置进行了适当调整。在不扩大编制的前提下充分整合现有人力资源，进一步满足公司发展现状的需求，使公司机构设置和层级管理进一步清晰。不断优化薪酬分配制度，对工资分配方式进行相应的调整，增加了基础工资和岗位工资所占比重，合理确定了不同岗位、级别员工间的收入差距，使员工整体收入均得到不同程度的提高，极大地调动了员工积极性。

【秦皇岛瑞港技术进出口有限公司】 瑞港公司主营业务是通过进口贸易，为港口生产设备良好运行提供优质设备和备件服务。经营服务范畴是以秦皇岛港所需进口设备和维修用配件为主，以周边港口市场的设备进口业务为拓展区域。公司在稳定秦皇岛本港业务的同时，加大开拓外部市场业务力度，重点是秦港股份投资周边港口的项目。2012年，公司经营配件业务销售平均收入约为总额的8%，设备代理收入约为2%，比同行业代理取费水平相对较低。2012年共签订合同279笔，其中配件合同275笔，设备合同4笔，合同总值约6190万元人民币。2012年受曹妃甸拖轮公司委托采购拖船设备项目，签订设备采购合同4笔，计2508万元；在公司已经结算的主营收入中，项目设备业务收入约占总收入的55%，配件业务收入约占总收入的45%。2012年实现经营净利润40万元。

瑞港公司总承包、为曹妃甸拖轮公司订制的“曹港2号”拖轮2012年交付使用

2012年，作为公司的传统经营项目，

配件业务所占比重下降。2012年共签订配件合同275笔。其中集团公司内部业务242笔,金额约1767万元,比2011年微有增长。其余为外围市场业务。在内部配件业务中,物资中心、船舶分公司和流机分公司的配件占主要份额。外围配件市场业务中,以曹妃甸国投和神骅港的配件业务为主。2012年,市场代理产品项目的推广工作成效不佳,公司因经营条件和代理授权限制无法取得集团公司投资项目的参与权,黄骅港主要设备的配套单项没有取得订单。代理产品仅争得大连华锐为秦港股份六分公司项目改造的配套电机等业务。争取到曹妃甸拖船公司拖船建造项目的4个委托进口单项合同,代理收入50万元。

【秦皇岛华正煤炭检验行】 2012年,华正煤检行全力做好市场营销工作,在市场形势极其恶劣、煤检市场业务量大幅下滑的情况下,最大限度保留了当前业务量。2012年实现收入2747万元,经营净利润104万元(不含投资收益),完成计划指标的52.32%,同比降低59.27%。

受国家经济增速减缓,电厂、冶金、建材、化工等几大主要用煤产业行情尚未出现明显好转的影响,国内煤炭需求乏力,加之大量进口煤炭涌入,南方水电充足等因素,导致港口煤炭场存超出警戒线,煤炭市场已形成供大于求的态势,煤炭检验业务量出现一定程度的下滑。针对市场变化,煤检行及时对主要供、需客户以及各煤检单位的委托检验量进行了广泛调研,除国电检验量与上年基本持平外,同煤集团、伊泰集团、浙电等大客户的煤炭检验量降幅均在15%以上。受山煤集团2011年下半年业务量转移影响,公司的山煤业务量降幅90%以上。为此,煤检行多次召开市场专题分析会,在确保现有检验量的前提下,积极开拓市场,五寨国新、山西焦煤、神华、华电煤业、浙江煤炭、新月华等单位的检验量同比均有不同程度的上涨。2012年完成检验量9991万吨,同比减少约10%。

列采船采方面情况。2012年,列采累计检验量约4693万吨,同比减少约20%;船采累计检验量4507万吨,同比减少25%,下降主要原因是秦皇岛港列采船采累计检验量同比大幅减少。2012年异地检验量791万吨,同比增加88%。

煤检业务开展情况。华正煤检行对开

华正煤检行

煤炭检验制样室

煤检人员现场人工采样

展曹妃甸异地煤检工作进行了长期全面细致的调研，仅国家电网一家一年就有 900 多万吨的业务量，加上市场其他经营客户，曹妃甸一年就有 1000 万吨的业务量，华正煤检行积极努力争取这部分检验量，以增加企业经济效益。

华正煤检行根据二分公司检验业务量的变化，增派了驻班人员，并实行 4 班制，加强了与现场调度人员的工作衔接，避免了临时顶班人员因不熟悉现场情况而造成工作失误。技术部细化现场安全生产管理制度，奖罚分明，规范了现场采样人员工作流程，为安全生产提供了保障。做好煤检行行政后勤保障工作，抓好车辆、设备、仪器的日常保养维修，做好燃油采购、午餐供应等方面工作，保证了检验工作的正常开展。

【秦皇岛睿港煤炭物流有限公司】 秦皇岛睿港煤炭物流有限公司是集团公司控股子公司，2012 年 1 月 2 日正式成立，注册资金 2 亿元。公司经营煤炭贸易、货运代理、仓储、配送、流通加工、煤炭产品定制、标准煤产品，提供港口物流服务等全过程的煤炭供应链上的增值服务。

公司紧紧依托集团公司旗下的秦皇岛港、唐山曹妃甸港区、沧州黄骅港综合港区，发挥股东单位的各种资源优势，搭建起覆盖整个煤炭物流供应链各节点的公司运行模式，为客户提供安全、诚信、优质的物流服务平台，将公司打造为最具竞争力的煤炭物流运营管理商和服务提供商。

经营指标完成情况。2012 年是公司成立起步的第一年，公司依托环渤海港口岸线资源，凭借丰富的港口物流服务经验，依靠专业港口物流服务团队，克服煤炭市场需求不旺、煤炭价格剧烈变化等不利因素，累计完成煤炭贸易量 640 万吨，港口物流服务量 221 万吨，实现营业收入 30.55 亿元，利润 629 万元。

积极拓展货源，开发下游市场，创立煤炭贸易新模式。2012 年，公司先后与易通电力、黄骅亨达、河北国控、福建兴业等煤炭贸易企业签订场地交货协议。同时与山煤、同煤、中煤、神华、国电等大型煤企、电企分阶段、分批次展开合作，向其申购有市场竞争力的货源，对接下游市场，满足客户个性化需求。2012 年，公司累计引进华优、新开优、大友 6、神混等数十个煤种近 200 万吨，初步实现多煤种、多品质、多港口货源结构布局。

公司充分利用海运煤炭市场、集团公司客户座谈会等平台进行推广宣传，通过走访、考察，与江苏、山东、浙江、广东、福建等下游客户进行零距离接触，使其对公司有更深层次的了解。尝试建立四方合作协议的新模式。公司与淮南矿业、国电海运、广州神优、宁波龙盛、宁波盛泰、宁波新旭等上下游煤炭企业、航运公司签订战略合作协议，在市场开发、资金使用、资源共享等领域展开合作。先后在广州，宁波北仑、镇海，江苏泰州、扬子江等地建立煤炭销售基地，针对客户的差异化需求，有效地将煤炭物流链延伸至下游港口，实现了煤炭定期、定量、定航线送货到港的全新贸易模式。

7月初，睿港物流公司在秦皇岛海运煤炭交易市场进行宣传推介，扩大公司知名度

公司在广州、宁波、泰州、靖江等地建立办事处，为客户提供优质便捷服务，真诚、热情、高品质的服务赢得客户认可，提高了客户的回头率。一年以来，公司由十几个合作伙伴发展到100多家合作客户，形成了优质服务客户—客户规模扩大—企业业务提升的良性循环。

发挥自身优势，提供优质物流服务。公司充分发挥港口平台优势，利用港口的连接纽带功能，开展港口物流服务业务。2012年3月，公司率先与山煤秦皇岛分公司签订港口物流服务协议及准班轮代理协议，开启了港口物流服务模式。为其提供包括港口点车、场地管理、监装监卸、准班轮代理在内的一系列物流服务，提高煤炭周转效率，使其降低了成本。已完成山煤专场煤炭中转量221万吨，实现利润221万元。

公司以港口为载体，为有货源、有资金的上游煤炭企业搭建场地交货平台，使其专心做好自身优势领域。为下游客户提供货源信息，航运、港口信息服务，实现上游、港口、下游三级联动，有效地承担起煤炭供应链管理服务商角色。

完善管理制度，加强队伍建设。公司自成立以来制订40多项规章制度并在实践中不断修改完善。以精细化为管理理念，健全与之配套的资金运作、合同管理、业务流程、绩效考核等管理流程，制定岗位职责和工作标准。在此基础上，进一步抓好各项规章制度落实，强化责任考核，保证了公司有序经营和资金安全。

在队伍建设方面，为使员工尽快适应煤炭贸易工作，在工作实践中注重传、帮、带，公司还制定系统的培训方案，不定期地组织员工进行业务学习，组织员工分期分批参加海运煤炭市场港口煤炭课程培训，促使每一位员工成为煤炭购销行业的专业人才。

开展银企合作，创新业务模式。一是设

立可控监管账户,保证交易资金安全。与中国银行秦皇岛分行建立正式合作关系,为两家下游客户开立了监管账户，在保证资金安全的前提下扩大了销售渠道。二是灵活运用结算方式,实现长期稳定合作。为扩大业务规模,公司先后与深圳发展银行、广发银行等多家金融机构磋商合作方式,通过灵活多样的结算方式拓宽经营渠道,与上下游客户实现资源互补。三是密切银企合作关系,创立贸易融资物流链。为满足客户在融通资金方面的个性化需求，睿港公司与宁波新旭公司、光大银行签订了三方协议办理“商赢通”业务,与新旭公司的业务以承兑汇票结算。后续又与商业银行达成框架协议，凡需商行提供融资的客户必须与睿港公司建立贸易关系，创立了贸易融资物流链。通过银企联合不断拓宽经营渠道，为睿港公司后续的经营发展开辟了新途径。

企业管理

河北港口年鉴 2013

HEBEI GANGKOU NIANJIAN 2013

管理制度

【职工代表大会制度】 河北港口集团有限公司(以下简称集团公司)职工代表大会每年召开一次。2012年1月17日,集团公司第一届三次职工代表大会在港口俱乐部召开。会议以举手表决的方式,通过了集团公司《认清形势,坚定信心,真抓实干,谋求发展,努力开创集团公司科学发展新局面》工作报告决议,以及集团公司《集体合同》和《职工工资集体合同》决议。

集团公司首席代表邢录珍和职工首席代表周忠义在一届三次职代会上签订2012年《集体合同》和《职工工资集体合同》

政务管理

【办公室工作】 会议管理,重要事项督查督办。2012年,集团公司办公室本着精简会议、提高工作效率的原则,提出了将职代会和年度工作会合并召开的建议,收到较好的效果。按照集团公司主要领导意见,将每周一碰头会更改为周工作调度例会,采取视频形式召开,让集团公司、秦港股份机关部室以及异地港区主要生产和建设单位都参加进来,强化了集团公司日常工作的统筹协调。认真组织月度工作会、党政联席会、董事会、党委会、总经理办公会等一系列会议,年内累计召开党政联席会16次、董事会17次,党委会17次,总经理办公会2次。会前加强与相关部室的沟通,妥善做好会议议程安排;会中注重会议的衔接和协调,组织秘书人员做好会议记录;会后及时整理下发会议纪要、决议,督查、督办会议议定事项,确保集团公司各项重大决策得到落实。

提高公文传阅、运转时效。严格执行《公文处理规定》和《办公自动化系统管理规定》,较好地完成集团公司文件的日常收发、分检、登记、传阅和催办工作,做到了文件传阅及时、准确、无误。2012年处理各类公文3800余件,其中包括各类领导批示100余

12月20日,"河北省现代港口煤炭物流工程技术研究中心技术委员会2012年度工作会议"在秦皇岛港召开

8月27日，国务院纪委主办、省国资委承办、集团公司协办的“全国地方国资委纪委书记研讨会”在秦皇岛召开

计与分析，根据工作实际情况，提出集团公司年度招待费申请建议及集团公司部室、基层单位年度招待费分配额度，较好控制了招待费支出。

切实抓好外事工作。严格按照省外办、省国资委的要求，实行出国计划性管理，严把审批关。对待每个出国团组，始终坚持严格遵照相关政策法规，按照既定的审批程序，严格执行任务审批。根据外事审批权限的变化，积极调整工作思路及工作方法，及时与上级主管部门进行沟通，确保各项出访任务的顺利实施。2012 年，集团公司共审批出国（境）团组 31 批 123 人次，主要涉及业务洽谈、考察检验、友好交流、出席会议等内容，取得良好成效。此外，完成了南荷兰省代表团、全球物流学会考察团、花旗银行团队、哥伦比亚 CMC 煤炭有限公司、韩国兴亚海运公司等 5 批次国外团体来访接待工作。通过这些对外交往增进了世界对集团公司的了解，展现了集团公司良好风貌。

妥善处理信访稳定工作。2012 年，从全国“两会”到暑期维稳，再到中共十八大召开，集团公司信访维稳工作重要内容贯穿各项工作始终，办公室积极做好解释疏导工作，确保了重要敏感时期未发生越级上访事件。切实增强信访调处功能，大力化解矛盾纠纷，真正做到了职工上访单位上心，大事小事都有回音。不仅探访实地了解情况、工作做到职工家中，还加强政策宣讲指导，帮助职工解疑释惑，为集团公司创造了和谐稳定的内部环境。2012 年接待来信

件。对一般文件定期督办，重要文件实时监控，使上级工作部署、下级请示事项及时得到落实。及时应对办文流程的调整和变化，加强领导批示的传达和留存工作，将领导在文件材料上的批示意见第一时间传达给承办部门和单位，确保政令畅通，推动了集团公司各项工作的顺利开展。另外，针对两地办公和内部机构多次调整的实际，及时调整 OA 系统，完善公文流转程序。

通过优质接待服务，展示良好形象。2012 年累计接待重要来宾 52 批 567 人次。参与策划、具体组织实施或协助完成全国国资委纪委工作座谈会、交通运输部部长杨传堂到港口现场办公会，完成了省委书记张庆黎、省长张庆伟和赵勇、宋恩华等省领导到集团公司视察、现场办公等系列接待工作以及省纪委、省委组织部、省国资委到秦皇岛港考察等活动。协助海运煤炭交易市场成功举办 2012 年夏季秦皇岛煤炭交易商洽谈会。认真做好招待费管理工作。严格执行集团公司有关招待费管理规定，专人负责，专人管理，严格执行各类台账登记制度。定期开展集团公司招待费统

5月28日，秦港21号泊位迎来了载有159名各国游客的巴哈马籍邮轮“汉萨蒂克”号

9月25日，韩国兴亚海运株式会社社长李润载一行访问秦皇岛港，与秦港股份总经理何善琦就如何推进秦仁航线发展交换意见

来电来访425人次，其中，个人访314人次，集体访7批111人次。信访总量同比减少63%。其中，集体访批次减少79%，集体访总量减少86%；个人访总量减少12%。2012年集团公司新增信访事项24项（不含一般性的政策咨询和解答），办结23项，剩余一项由于信访人反映诉求无依据且要求过高，正在做教育疏导工作。化解信访积案4件，其中包括分别有10年、5年之久的先盛里、福寿里居民要求办理房屋产权证两个信访积案；栾福权因铅中毒要求巨额赔偿的信访积案，11月栾福权同开拓公司达成协议，同意息诉罢访。

加强档案规范化管理。严格遵守档案管理有关规定，确保归档的档案质量符合要求，达到齐全、完整、准确，实现了各类档案集中统一管理和及时整理。2012年接收科技、文书、会计、荣誉等归档文件材料2100多卷(件)；接收、录入机读目录1900条。提供利用档案320人次、1121卷(件)，为集团公司生产建设、企业管理、编史修志、信访接待等工作提供了依据和参考。加快档案信息化建设，参与完成集团公司档案管理系统项目资产验收，档案管理系统正式运行。

【政策研究】 集团公司政策研究室是新成立的部室，按照集团公司成立政策研究室的初衷和要求，明晰职责，发挥优势，在信息反馈、调查研究等方面扎实工作，较好地完成了各项任务。

加强业务，深入了解情况，尽快适应新的任务和要求。为了尽快适应新的任务和要求，政策研究室一方面加强对港口知识的学习，了解港口的宏观形势、国家政策，以及国内外港口运营模式、发展趋向，对港口经营管理有了比较系统的认识。另一方面，深入相关企业广泛了解情况，与秦港股份及有关部室一道走访重点单位，听取情况介绍，对港口经营管理有了直观的印象。第三，积极参加集团公司的各种工作会议，参与集团公司战略研究、工程项目谋划、重大事项讨论等，对集团公司工作有了比较深入的了解，为迅速进入角色，提供了思想和政策理论基础。

围绕重点工作，深入调查研究，积极提出解决问题的对策和建议。一是按照省国资委的部署，围绕“形成布局合理、功能完善、幅射力强的现代化综合性港口群”这一主题，起草“完善港口功能，优化港口结构，加快推进省港口战略布局调整”的调查报告，认真总结集团公司经验，对存在问题做出分析，提出意见和建议。此报告作为省政协委员建议，提交省政协第十届二十一次常委会议。二是按照省八次党代会确立的“举全省之力打造曹妃甸和渤海新区两大增长极”的战略要求，围绕集团公司如何更好发挥作用，起草《在打造两大增长极中勇担重任》的文章，分析集团公司面临的形势、机遇和优势，提出今后的目标和措施，得到集团公司领导的重视，并先后在《河北日报》《河北港航》等报刊刊载。三是按照省委书记张庆黎 2012 年在秦皇岛港视察时提出的“要把环保作为生命线”的要求，认真总结秦皇岛港经验，起草《绿色，让碧海蓝天靓丽永驻——河北港口集团秦皇岛港改善环境加快发展的双赢探索》的调研报告。四是按照集团公司董事长关于“加强对上级政策研究”的批示要求，在认真学习一年来中央和省委、省政府重要会议精神的基础上，对与集团公司发展有关的政策进行研究和梳理，起草《抓住战略机遇，实现跨越发展——一年来中央和省重大决策对集团发展影响分析》的报告，就集团公司重点工作和热点问题提出有针对性的意见和建议。

第二届秦皇岛煤炭交易商洽谈会期间，秦港股份召开重点客户座谈会

拓宽信息渠道，强化信息工作提升。信息工作时效性强、工作量大，政研室积极克服人员不足、信息渠道窄等困难，在实现从办公室顺利交接的基础上，着重从三个方面进行了加强。一是抓好内部动态信息。坚持信息日报制度，每天 9 点半前准时将信息整理上传到办公系统，确保集团公司领导及时了解集团公司各部室、各单位的工作和运行情况。二是重点加强对省国资委简报的情况反馈。一方面利用各种渠道，掌握大量信息资源，加大编写力度，每天至少上报 1 篇；另一方面加强与省国资委相关处室的联系沟通，争取做到每期有信息，重点不遗漏。三是开通省委、省政府信息中心直报渠道。通过积极协调，主动报送，港口信息得到省委、省政府办公厅的重视，被列为直报单位，纳入重点考核范围。

2012 年，编发集团公司《每日动态》234 期，省国资委简报采用率达到 90%以上，尤其是三季度以来，基本做到了期期有。省委信息中心(《河北快报》)和省政府信息中心(《政务信息》)采用集团公司的信息量位居省内前列，在省委考核的企事业单位中，由2011年的第19位前移至第4位。

规划管理

【战略制定】 制定完成集团公司发展战略，为可持续发展提供保障。企业的可持续发展需要一套科学、清晰并立足长远的战略规划作为指引，为此，集团公司组织专门力量开展企业发展战略的研究及编制工作。经过前期内外调研、深入研讨、反复论证，历时近两年，数易其稿，集团公司发展战略于2012年3月编制完成。发展战略阐明了集团公司战略定位、发展目标，论述了集团公司新的业务板块划分和管控模式等，提出了为实现目标所需采取的措施。这是集团公司组建后第一部，也是集团公司有史以来最为全面、系统的一部战略文本，将作为纲领性文件指导未来10年集团公司的发展。

【做强主业】 转变港口经营理念，做强做大港口主业。2012年，受国际国内经济下行压力加大、进口煤炭量继续攀升等因素影响，国内煤炭市场持续疲软，加之周边港口竞争态势日趋激烈，集团公司的港口主业遇到很大考验。面对这种严峻形势，集团公司高度重视，采取各种措施积极应对，通过转变港口经营理念，着重做强做大港口主业，克服各种困难，2012年共完成吞吐量3.49亿吨，圆满完成生产任务。

推进港口经营模式转变。探索以发展现代物流的理念经营传统港口，把港口传统的生产业务作为功能节点纳入现代港口物流产业体系，一方面通过港口功能的拓展升级，延伸港口增值服务，为集团公司提供新的利润增长点；另一方面通过对港口物流链条的优化，港口运作效率得到提高，从而吸引更多客户到秦皇岛港开展业务，为港口生产提供资源保障，助力港口主业的可持续发展。

7月26日，集团公司召开2012年上半年经济活动分析会

推进港口标准化建设。集团公司在干散货港口运输方面具有突出优势，其中设备运行维护等技术和煤炭运输等领域还处于国内领先水平。为扩大这种优势效应，提升集团公司软实力，集团公司抓住全国港口标准委员会成立的机遇，以标准化为指导，探索开展港口相关业务领域的标准化研究工作。标准化建设有助于加快集团公司优势业务实现管理和技术输出，提升集团公司品牌价值和行业影响力。

推进省内港口资源整合。在前期调研基础上，深入调研和学习港口资源整合的成功经验，结合省委、省政府有关会议指示精神，不断调整省内港口资源整合方案，并多次向省主要领导进行专题汇报，引起省领导高度重视。5月4日，省长办公会明确提出要按照“整体研究、个性实施、有所突破、联合发展”的原则，明确整合方向。按照会议精神，集团公司进一步优化整合方案，形成《关于报送整合全省港口资源初步建议的报告》，经省国资委主要领导审定后，报送省发改委。

【转型升级】 转变企业发展方式，实现物流产业优化升级。推动转型发展是一个企业保持可持续发展能力的关键，集团公司在现有业务的基础上，围绕港口主业不断拓展其他领域，逐步突破“一煤独大、一业为主”的发展瓶颈，以提高港口主业以外其他板块对集团公司效益的贡献。港口作为现代物流链的重要环节，发展物流具有先天优势，这已经成为国内港口企业转型发展的重要方向。

7月9日，秦皇岛海运煤炭交易市场服务平台正式启动

按照集团公司发展战略的要求，港口物流已成为集团公司三大主业之一，是未来集团公司转型发展的重点。为抓住发展契机，有效拓展港口物流功能，按照集团公司总体部署，以优化物流链条、协同港口与物流发展为原则，创新商业模式，集团公司主动开展物流发展战略研究及编制工作。研究过程中，通过内部调研，对集团公司现有物流资源进行梳理，剖析了物流业务发展中亟需解决的问题，并通过外部调研，借鉴物流公司的成功经验和商业模式，提出集团公司物流产业发展思路，已形成研究初稿。

同时，为强化对现有物流企业的培育与统筹管理，借鉴其他大型港口企业发展经验，集团公司谋划成立了物流事业部。这为更好地贯彻落实集团公司战略决策，充分发挥集团公司对物流业务板块单位的业务指导、业务管理、业务协调和业务执行作用，实现集团公司效益最大化创造了条件。

【跨域发展】 集团公司战略规划坚持以科学发展观为统领，按照“调结构、转方式、促升级、增效益”的总体部署，坚持“以港为基、跨区经营、开放多元、转型升级”的发展主线，积极实施“走出去”和“引进来”相结合的开放战略，重点推进港口、临港及陆港物流园区、腹地集疏运通道及其货运站场等项目的布局建设。

建设中的曹妃甸煤码头二期工程

加快重点项目建设，增强集团公司发展后劲。加快黄骅港综合港区20万吨级矿石泊位建设,争取2013年底具备生产条件。完成黄骅港综合港区煤炭码头和油品化工码头前期工作,力争年内正式开工。抓紧曹妃甸煤二期供电、辅建区配套建设，加大配套铁路建设协调力度,确保按期投入试运行。秦皇岛港西港搬迁改造是关乎集团公司长远发展稳定的大事，要按照河北省安排部署,早作准备,深入研究,积极稳妥地向前推进。抓紧推进秦皇岛港20万吨级航道建设,积极争取交通运输部航道建设资金。集中精力抓好江苏省煤炭物流靖江基地项目一期收尾，确保6月份以前全面完成工程建设,并积极开展项目二期报批工作。积极推进水曹铁路项目，配合首钢开展项目前期工作,争取尽早取得立项核准。稳步推进云南普洱矿产资源勘探，掌握资源分布情况。积极推进省内港口资源整合,通过资本运作的方式，整合省属企业持有的港口股权,争取统筹省内岸线开发主导权。

要牢固树立机遇意识，机遇是不可多得的战略资源。一是要抓住河北实施沿海战略发展规划的有利时机，做大做强港口主业。举全集团公司之力打造黄骅综合大港，力争在几年内使黄骅港吞吐量达到2亿吨;积极参与曹妃甸港口建设,提高市场占有率,服务建设经济强省、和谐河北的发展大局。二是抓住秦皇岛港西港搬迁改造的机遇,快速推进现代服务业的发展,在做大做强港口装卸主业的基础上，着力探索和发展港口服务、贸易金融、地产旅游等新兴产业。三是要抓住调结构转方式的大形势,大力发展港口物流和多元产业经营,整合全省港口资源,向“四商合一”的现代企业集团冲刺。

做大做强海运煤炭交易市场。海运煤炭交易市场是提高集团公司市场影响力的重要平台,在当前基础上,重点围绕提高经济效益和发展期货交易做文章。一是增资扩股后要尽快跑办第三方支付平台；二是煤炭手机网增加广告业务,增加收益;三是发挥港口在确定煤炭运输计划中的重要作用,积极开展中远期期货交易;四是2012年上半年组建环渤海煤炭交易中心，整合各方优势资源,把交易中心规模做大、效益做优、功能做强,成为集团公司新的经济增长点。

生产业务管理

【概况】 2012年，集团公司完成吞吐量3.49亿吨，同比下降1186万吨，降幅3.3%，按照集团公司年度吞吐量任务3.3亿吨，超进度1946万吨，完成计划的105.9%。其中,煤炭完成2.37亿吨,同比减

12月13日，秦港股份召开2013年度煤炭生产研讨会

少1612万吨，降幅6.4%；杂货完成1.03亿吨，同比增加431万吨，增幅4.4%；油品完成969万吨，同比减少5万吨，降幅0.5%；集装箱完成44.6万标准箱，同比增加1.6万标准箱，增幅3.7%。各港区完成情况：秦皇岛港完成2.63亿吨，同比减少1676万吨，降幅6.0%；曹妃甸港区完成6623万吨，同比减少386万吨，降幅5.5%；黄骅港综合港区完成1996万吨，同比增长877万吨，增幅78.4%。

2012年，港口生产面临较大困难。由于受国家经济结构转型和节能减排政策及欧债危机等影响，市场煤炭需求不旺，市场煤交易很少，特别是入夏以来，南方雨量充沛，水力发电增加，加之进口煤价格较低，因而大幅增量，对国内煤炭市场冲击很大。南方各电厂场存居高不下，日耗低，很多机组停机检修，派船没有积极性。秦港各煤炭分公司均出现空泊现象，受此影响，港存煤炭量增长较快。很多船处于没有流向的闲置状态。锚地船舶少，泊位空档时间多。散杂货和集装箱受整体经济疲软影响，货源不足，难以实现较大增长。

面对生产中的种种不利因素，全体职工牢固树立为客户做好服务的思想，提高服务质量，保证内部生产效率，采取一切有效手段，加大市场协调力度，争取下游客户增加运量。同时，积极与相关口岸、铁路、货主等部门协调。2012年基本实现年初制订的任务目标。

【组织措施】 一是通过各种信息渠道，密切关注市场变化，加强信息收集，及时掌握矿、路、港、航、电的运营状况，预判供需格局变化对港口煤炭运输生产的影响，为集团公司采取针对性措施提供正确导向。二是从月计划、日菜单方面加大重点发货人和有矿户的资源调进，清退散杂货源，优化货源结构。做好港内垛位规划和使用。顺应铁路运力需要，千方百计卸好车，提高有效货源的港存占有量。以装船为导向安排车

2012年，集团公司生产保持高位运行，完成吞吐量3.49亿吨

流，提高场地周转率，促进车船货的有效衔接。三是充分利用与大的煤电企业的战略合作关系，重点发挥专用设施、准班轮运输的约束力，促进车船货紧密对接，协调客户增加港口下水量。四是促成专用设施高位运行。定期与长租方沟通解决运行中出现的问题，发挥专用设施协议的约束力，敦促长租方兑现合同约定的中转量。利用大型煤企、电企间长协交易的稳定性，保证场地交货大煤种的兑现率，保持煤炭运输稳定。五是充分发挥秦港股份调度指挥中心作用，严格执行与铁路、海事、引航等单位的合署办公制度，通过一体化办公和相关业务的零距离对接，加强船舶走靠和铁路到车的计划性，最大限度压缩辅助生产作业时间，提高协同作业效率。六是加强同海事、引航等单位沟通协作，根据生产实际情况，细化船舶走靠顺序，制定船舶走靠重点计划，提高走靠船效率。七是逐步完善客户档案管理系统和客户档案管理规程，及时发现和解决秦港股份客户关系管理工作中存在的问题，为客户提供安全、优质、高效以及个性化的服务。八是建立滞港煤种预警机制。九是加强港口信息化建设，将海运煤炭交易市场"海运煤炭路港衔接系统"全面升级为"海运煤炭产运需衔接平台"。平台投入使用后，年度运力对接、月度货源计划、日菜单、场地交货等港口业务全部通过网上受理和操作。十是依据秦港股份印发的煤炭质量管理规定及若干办法，各分公司制订实施细则，进一步规范菜单提报、配煤、过衡、盘点升溢、水尺计重、采制样和除杂业务管理等涉及客户切身利益的关键业务环节，以优质服务吸引客户在港口进行煤炭中转。十一是加强内部生产组织，严格执行重载交接班制度。各分公司充分发挥自有技术力量，提高设备自修能力，确保计划维修、抢修质量和效率，为高效生产提供可靠的设备保障。十二是继续加大杂货和油品揽货力度，同时重点抓好装卸效率的提高。十三是利用取料机、装船机设备维修时期，同步安排港池、航道的挖泥清淤工作。

【对标管理】 2012 年，集团公司在对标管理方面主要采取自身内部对标即通过与自身上年度各项数据指标的对比，找出差距和不足。

指标选取方面，首先以省国资委考核的六项指标为切入点，在此基础上重点选取与生产经营密切相关的运营效率指标进行对标，对标值为 2011 年度各指标的实际完成值。

省国资委考核的六个指标方面，2012

2012年，秦港股份全面推行对标管理，做到卸车、装船有序衔接

年的快报数据显示，利润总额、净资产收益率和流动资产周转率均高于2011年同期水平，利润同比提高12%，万元增加值综合能耗（负向指标）同比下降11%，经济增加值与上年度持平。但吞吐量同比下降3%，主要是因为煤炭吞吐量较2011年减少1612万吨，降幅达6.4%。运营效率指标方面，2012年度上半年《全国主要港口企业主要经济指标统计表》显示，集团公司营业收入排名第7，同比提升3位；主营业务收入排名第6，同比提升1位；劳动生产率排名第22，同比后退3位；每货物吞吐吨创造直接价值排名第23，同比提升7位；每货物吞吐吨创造综合价值排名第26，同比提升3位。

通过内部对标，发现吞吐量和劳动生产率完成值较2011年度同期下降，经济增加值同比持平，其余指标完成值同比均大幅提升。吞吐量的降低主要是受GDP增速放缓、经济下行压力增大的影响，尤其秦皇岛港是煤炭运输的主枢纽港，煤炭货类占港口吞吐量的90%以上，与国民经济运行状况高度相关。劳动生产率通过营业收入与在册职工人数的比值反映，集团公司在营业收入提高的情况下，劳动生产率反而排名后退。经过分析、比较，造成该指标值偏低的主要原因是集团公司人员负担过重。此外，进入10月份以来，按照集团公司党委关于“大干四季度、迎接十八大、全面创佳绩”的总体部署，各基层单位把“保增长、保效益”放在突出位置，抓好车船货有序衔接，努力提高装卸生产效率，其中有30个集体创生产纪录53项。

在内部对标的基础上，集团公司积极谋划对标管理推进实施方案。根据集团公司所处行业和发展战略，选取同行业先进企业进行对标，争取把对标工作与企业日常生产经营有机结合起来。通过深入调研，将尽快建立覆盖生产经营、安全技术、节能减排等方面的指标数据库，构建指标先进、数据翔实，操作性强的指标体系，逐步形成对标常态工作机制，并适时将对标工作纳入集团公司对下属分、子公司的考核，以实现对标管理的引导、纠偏和挖潜功能。

安全质量管理

【概况】 2012年安全生产工作坚持“安全第一、预防为主、综合治理”的方针，全面落实集团公司安全生产工作会议精神，认真落实安全生产主体责任，完善安全生产长效机制，强化安全管理基础建设、安全生产检查和事故隐患排查整改，积极推进安全生产标准化建设，开展职工安全教育培训，加大对承包企业安全生产工作的统一协调管理，集团公司安全生产形势持续稳定。

1月16日，杂货分公司组织安全生产联合检查

【责任承诺】 为全面落实安全生产主体责任，集团公司于2月3日召开“2012年安全生产工作会议”，对年度安全生产工作和安全生产承诺工作进行部署，将“0511”年度安全生产奋斗目标(即：生产安全事故死亡人数，直接经济损失300万元及以上的机损、火灾、交通事故为零；重伤不超过5人次；轻伤负伤率不超过1‰；轻微机损、火灾、交通事故起数不超过1‰）进行分解，作为安全生产承诺书重要内容。会上，集团公司各基层单位主要负责人代表宣读并向集团公司董事长递交安全生产承诺书，同时启动新一轮安全生产承诺书的签订工作。各基层单位认真贯彻落实安全生产工作会议精神，及时召开本单位安全生产工作会议，依据部署，结合自身特点，对年度安全工作做出安排，通过各级安全生产工作会议，将安全工作布置下去，并层层签订了安全生产承诺书，通过承诺的兑现确保安全主体责任落实。

【检查整改】 坚持一手抓安全检查，一手抓事故隐患整改，在做好“集团公司季、分公司月、作业队旬、班组日”四级安全检查的基础上，有针对性地开展节前安全生产、设备自主维修作业安全等专项检查，认真落实安全生产紧急会议精神，对各基层单位、全资及绝对控股子公司安全生产工作进行一次专项检查。对检查、排查出的事故隐患，各责任单位能够及时整改，做到整改措施、责任、资金、时限和预案“五到位”，确保了安全生产。

深入贯彻国务院、省政府集中开展安全生产领域“打非治违”专项行动电视电话会议精神和省政府主管部门的工作要求，在集团公司范围内集中开展打击非法违法生产经营建设、治理纠正违规违章行为专项行动，各基层单位全面开展自查自纠工作，及时纠正非法违规行为。

【教育培训】 认真落实集团公司年度安全教育培训计划，对新招入职工全部进行了三级安全教育培训，并经考试、考核合格后上岗作业；以“班组安全日”活动为主要形式，开展以安全生产法律、法规、安全生产“三项制度”、安全生产技术、事故案例及安全生产基本知识为主要内容的日常再教育培训，提高职工安全生产素质；依据政府和行业主管部门要求，组织各分公司主要负责人、分管生产和技术负责人、安全管理人员参加安全资格证书、安全合格证书取证、复审培训，组织安全管理人员和队级管理人员专项培训，组织特种设备操作人员、特种作业人员参加安全资格证书培训，确保100%持证上岗。

9月28日，一分公司进行油码头消防安全演练

根据《河北省港口条例》，集团公司从事翻车机、堆料机、取料机、装船机等大型机械的操作人员以及筒仓等作业的人员，须取得《港口特种作业人员培训合格证》。在省港航管理局支持下，成立《港口特种作业人员安全教育培训教材》编审组，组织安全管理人员和专业技术人员编写《港口特种作业人员安全教育培训教材》，填补了港口无统一教材的空白。

依据省政府主管部门要求，集团公司在6月开展以“科学发展、安全发展”为主题的“安全生产月”活动，各基层单位紧紧围绕“安全生产月”活动主题，认真组织开展生产安全事故警示教育、安全文化建设、应急救援演练等活动，效果显著。

【精细管理】 实施精细化管理，完善安全生产“三项制度”。依据国家有关安全生产法律、法规的变化和政府主管部门新的工作要求，集团公司制定下发《领导班子成员轮流现场带班管理办法》《安全生产目标管理办法》《安全生产规章制度管理办法》《识别、获取、评审、更新安全生产法律、法规、标准及规范性文件管理办法》，修订《危险货物作业管理办法》《劳动防护用品管理办法》《生产安全事故报告和调查处理办法》《相关方安全管理办法》《危险源监控管理办法》。集团公司做好制度完善的同时，各基层单位也根据要求制定相应的本单位实施细则，确保了制度的实效性、连续性、对应性；制度建立后，关键在落实，在不断补充、完善安全生产“三项制度”的基础上，加大对各项制度执行情况的监督、指导、检查和考核力度，确保各项制度落实到位。组织专业人员完成2012版《安全操作规程》编修工作。

【安全生产标准化】 按照省安全生产监督管理局工作要求和集团公司年度安全工作部署，积极推进安全生产标准化建设工作，成立以集团公司主要领导为组长、有关职能部门参加的安全标准化考评领导小组和基础管理组、热工燃爆组、机械设备组、电气设备组、作业环境与职业健康组5个专业自评小组，制定《创建安全生产标准化二级企业实施方案》。在咨询机构专家指导下，各工作组按照企业安全标准化基本规范评分细则、检查表，对各基层单位进行摸底自查，对自查中发现的事故隐患及问题，依照咨询机构的整改建议，制定下发整改计划方案，认真落实整改。8月，通过了河北省二级安全生产标准化企业审核验收。

【职业健康管理】 认真落实国家新修订的

11月14日，集团公司组织接触职业危害的职工进行职业健康检查

《中华人民共和国职业病防治法》和国家安监总局下发的《工作场所职业卫生监督管理规定》《职业病危害项目申报办法》，下发《2012年度职业健康管理重点工作安排》，并认真组织落实；根据政府主管部门关于职业卫生监督职能的变化，集团公司及时对职业卫生监督职能进行调整，安全监督部按要求完成了与卫生环保中心有关职业卫生监督工作的交接，全面承担集团公司职业卫生监督工作；针对集团公司劳务用工制度和维修制度改革状况，及时下发《关于加强接触职业危害人员变更申报的通知》，组织进行职业危害变更申报；加强作业现场各项职业危害警示标志、标识的配置，对损坏的及时进行修复；按照政府要求，委托具有国家级资质的评价机构进行职业卫生现状评价；组织接触职业危害的职工进行职业健康检查。

严格落实《危险货物作业管理办法》，按要求办理港口危险货物作业认可证年审，严格按照港口危险货物作业认可证批准范围组织生产作业，认真履行危险货物作业申报审批手续，严格落实安全措施，对作业现场实施封闭式管理。作业人员做到持证上岗，保证了危险货物作业安全。

【协调管理】 组织召开长期项目承包企业安全生产联席会议，通报集团公司、秦港股份安全工作安排，并对各承包企业的安全管理工作提出指导建议；加大相关人员安全管理力度，下发《关于加强借调人员、外单位代培训人员、来集团公司新闻采访、参观人员安全管理的通知》，并提出具体要求；针对相关方企业在港内作业过程中发生的生产安全事故，及时组织召开强化相关方企业安全管理工作会议，对安全生产资质审核把关、加强对相关方企业的统一协调管理以及强制性管理措施进行进一步明确，对各项措施的落实情况进行了检查；根据集团公司相关制度，完成安全生产资质年度审核，完成安全生产管理协议、安全生产互保协议的签订工作。

9月28日，秦港公安局消防支队与船舶分公司等单位联合进行扑救火灾演练

【综合工作】 做好设备、交通、消防、应急等安全管理工作。认真落实设备点检制度，加强设备的检查、维修和保养，重视特种设备、大型设备钢结构和安全防护装置的检查、维护和保养，发现问题，及时整改；加强对出租设备设施安全管理，对设备设施出租情况进行调查统计；在做好设备运行安全监管的同时，重点抓好设备维修、抢修作业中安全防范措施的落实，进一步强化维修质量，确保了维修安全；相关单位还加强大型设备的防风装置的检查、维护和保养，开展大型装卸机械防风预案的演练，确保

1月，秦港公安局进行消防安全专项检查

设备安全。

认真落实道路交通安全法律、法规，加强驾驶员安全行车教育，强化出车前后“三检查”的落实，做好车辆保养，严禁病车上路；下发《关于加强和规范铁路道口安全管理的通知》和《关于加强港内机动车、流动机械车辆安全管理的通知》，开展专项检查和抽查，规范港内铁路道口安全管理和在港作业的机动车、流动机械安全管理；组织职工参加秦港公安局“冬季道路交通安全竞赛”活动，提高职工道路交通安全意识。

开展经常性消防安全巡视检查，重点对易燃易爆危险场所、大型机械设备电气设施、生产作业现场施工动火、设备维修过程及维修结束后的现场和消防设施设备、消防器材进行检查，落实消防系统、电气设备的消防安全检测、检验，及时消除不安全因素；严格作业现场的动火审批制度，针对生产现场维修项目动火作业上存在的问题，下发《关于进一步加强动火作业安全监管的通知》，对动火作业进一步规范；针对秦港公安消防部门及集团公司组织的各类安全检查中发现的部分单位电力缆线穿墙（金属隔板）孔洞防火封堵、建筑设施防火喷涂存在脱落、失效现象，及时开展专项检查，对发现的问题认真进行整改。

认真落实“加强应急管理，强化无背景演练，提高应急能力”的指示精神，下发《关于做好2012年应急演练工作的通知》，对应急演练进行部署。在主汛期之前，下发《关于做好2012年夏季防台、防汛及安全生产工作的通知》，对主汛期防台、防汛及安全生产工作进行了安排。针对汛期强降水多发，防汛抗洪形势严峻的形势，及时下发《关于做好防汛抗洪工作的紧急通知》。开展形式多样的应急演练活动，全面提高职工应对突发生产安全事故、突发性气象灾害的处置能力，确保集团公司应急救援工作高效有序进行，最大限度地减轻事故（灾害）造成的损失。

资产管理

【制度建设】 为加强集团公司层面的宏观管控，根据港口实际情况，经过充分征求意见，资产管理部制定下发《河北港口集团有限公司节能管理办法（试行）》。根据《河北省国资委监管企业负责人职务消费管理暂行办法》，制定下发《河北港口集团有限公司企业负责人公务用车管理暂行办法》。针对集团公司新的管理模式改革反复征求意见，经多次修改，制定下发《河北港口集团有限公司固定资产管理办法（试行）》。

【固定资产管理】 为强化资产管理，掌握

西港拖轮工作船码头

集团公司资产底数及技术状况，资产管理部对集团公司各分公司固定资产进行现场逐一盘点，共盘点了11家单位、8407项（港口服务管理分公司管理的资产2972项除外）。通过现场盘点，了解分公司资产概况、管理状况、存在的问题。大部分单位固定资产管理较好，固定资产账、物相符，资产台账管理到基层部门，实物管理健全，资产管理员及基层部门对资产熟悉、盘点顺畅；个别单位实物管理存在薄弱环节，账与物核对辨识困难，实物账与财务账不完全一致，由于机构人员变动，集团公司机关、服务管理分公司机关办公设备盘点困难；所有权证管理有待进一步完善，特别是房屋所有权证尚需进一步办理，完善登记、造册工作。

【资产技术状态管理】 2008年以来，秦皇岛港区使用的5条航道未进行过扫测和清淤工作，为掌握航道水深数据，确保船舶航行安全，资产管理部委托港口工程公司对东航道、煤三期航道、西航道、主航道及10万吨级航道进行全覆盖扫测，针对发现问题，根据《河北省港口条例》和《港口建设费征收使用管理办法》向市港航局提出"关于河北港口集团秦皇岛港区航道扫测及清淤的请示"报告。

2012年初，在充分调研的基础上，本着轻重缓急、确保生产安全运行的原则，平衡了集团公司2012年度固定资产投资机电设备建议计划和2012年度修理费建议计划。为保证固定资产投资计划项目的顺利实施，对资产管理部主管的计划项目下发2012年固定资产投资计划执行要求。

通过科学管理和合理使用，集团公司的资产技术状况一直保持良好状态，主要生产设备的完好率达到98.5%。翻、堆、取、装等装卸设备系统运行完好率保持在93%以上。

【能源管理】 按照省政府"双三十"节能减排目标考核的要求，"十二五"期间集团公司万元收入单耗2015年要达到0.131吨标准煤/万元（电力折标系数1.229），5年万元收入单耗累计下降3%。2012年万元收入单耗指标为0.1337吨标准煤，市节能办下达年度用水量指标为617.19万吨。2012年，集团公司万元增加值综合能耗为0.124吨标准煤，低于省"双三十"节能考核指标值（0.1337吨标准煤/万元）；秦皇岛港实际用水量低于年度计划用水量指标。

按照《河北港口集团有限公司节能管理办法（试行）》的要求，制定2012年度集团公司节能、计量、标准化工作计划，并下达各单位，实行严格落实与考核。结合集团公司的实际，依据集团公司“十二五”规划，制定《河北港口集团有限公司“十二五”节能规划》。

按照工业和信息化部公告（即高耗能落后机电设备及产品淘汰目录和产业结构调整目录）和省、市发改委，节能监测中心的要求，认真进行筛查，共查出1958件落后机电产品，对淘汰产品提出具体要求：一是对于已列入淘汰的设备（产品），在今后的设计中不能再选用，可参考产业结构调整指导目录（2011年本）选用节能型产品。二是各有关单位要严格按照集团公司节能管理办法的要求执行，对新建、改建、扩建项目，要在项目前期做好有关“节能篇（章）的审查工作，并在实施中把好关。三是各单位在设备采购中不允许采购此类产品。四是对于在用的设备到淘汰期时立即淘汰。五是对于闲置的设备做报废处理。六是此类设备不允许销售和转让。各单位在了解本单位机电设备基本状况的同时掌握国家鼓励发展的节能新技术、新工艺、新产品、新设备，以满足“双三十”节能考核要求。

集团公司强化资产技术状态管理，2012年设备完好率处于历史同期较好水平

严格控制装卸生产单耗。为保证考核工作顺利进行，集团公司继续对秦港股份采取双重指标考核，即考核吞吐量单耗又考核万元收入单耗，根据2012年度秦皇岛港的吞吐量计划26300万吨，比2011年实际完成下降5.9%，比2011年吞吐量计划增加2.3%等实际情况，要求秦港股份吞吐量计划单耗同比下降0.4%，并严格考核。

进一步加强能耗统计分析工作，发现问题及时解决。对于秦港股份吞吐量单耗和服务管理分公司辅助生产能耗量有所上升的情况，资产管理部与各分、子公司进行多次沟通和交流，并进行了现场检查，发现问题及时解决。要求各单位高度重视，认真查找原因，积极采取各种应对措施，加大对节能工作的宣传力度，提高全体职工

5月，九分公司装船部技术人员对电器进行节能技术改造

的节能意识和开展节能工作的积极性。加强日常检查和考核，加强能源统计分析工作，合理组织生产，不断提高装卸效率，切实狠抓管理，确保完成年度“双三十”节能考核目标。

进一步加强标准化管理，及时制定集团公司单位代码表，并制定标准化管理办法、计量管理办法和计量器具管理办法。

【综合管理】 根据省国资委治理工程建设领域突出问题工作领导小组要求，转发《关于转发省工程治理领导小组办公室〈关于对工程建设中挂靠借用资质投标违规出借资质问题专项治理工作方案〉的通知》，集团公司相关单位进行了自查并制定预防应对措施；对省国资委在《关于对河北港口集团有限公司2011年度监督检查整改意见的通知》中提出的“秦皇岛港设备使用和运行效率已处于较高水平，部分公司设备和工艺落后”的问题进行落实；根据市政府办公厅要求，对西港搬迁占地范围内涉及集团公司的房屋坐落、房屋性质、房屋建筑面积、住宅户数等情况进行摸底统计，并将结果上报；根据集团公司发行中期票据尽职调查要求，对集团公司拥有及运营的各类固定资产（码头、泊位、航道、装卸和物流设备、仓储、航线设施等）的技术指标和特点进行了整理上报；2012年8月，集团公司遭受历史上罕见的暴雨自然灾害，给港口生产造成较大影响和损失，资产管理部及时对资产损失情况和恢复重建所需资金进行汇总整理及上报；配合相关部室做好引航改制工作，对涉及的资产划转进行清点及确认。

人力资源管理

【机构和人员配置】 2012年，集团公司人力资源部完成所属各单位组织机构设置、定岗定编工作。根据集团公司薪酬改革工作安排，拟定并经会议通过了《集团公司组织机构设置、定编定员方案》，以此为基础，指导各单位严格按照审核确定的科级岗位、管理岗位等控制职数，认真做好本单位详细定员方案编制和上报备案工作。对改革中组织机构设置、定编定员工作可能涉及到的社会稳定环节、因素以及潜在的风险进行了风险评估。指导集团公司50家单位共编写岗位说明书3629份（其中管理类2032份、专业技术类325份、生产操作类1272份），在对各单位上报岗位名称进行整理、归类和规范的基础上，按照体现通用性、代表性和不重复选择的原则，拟定“集团公司基层岗位名称规范表”。集团公司新的组织机构设置、定编定员工作需

5月3日，集团公司召开2011年度综合考评述职测评大会

要做大量艰苦细致的工作，这项工作扎实有效开展，为薪酬分配改革顺利推进奠定了坚实的基础。

完成集团公司机关部室机构调整及人员配置工作。根据集团公司运行及经营管理需要，本着职能清晰、机构精干、提高效率的原则，明确集团公司机关各部室职权界面，确定了编制定员。认真落实“强化机关人员素质，通过人员一专多能、科室合并等有效措施，进一步提高工作效率和工作质量”的要求，组织各部室完成了科级及一般管理岗位人员选聘工作。对未聘用人员，从确保改革过程中员工队伍稳定出发，积极研究并提出分流安置方案，协调相关部室对未聘用人员进行了妥善安置。同时，下发《关于加强集团公司机关人员管理工作的通知》，对加强机关人员劳动管理、严格机关选人进人条件和控制抽借人员等工作做出规定、提出要求。通过各项工作，确保了集团公司机关部室机构调整、人员配置工作顺利完成和机关机构、人员的精干高效。

开展集团公司人力资源补充及劳动力管理工作。充分考虑集团公司跨地域发展对人才的需求，针对港口生产、建设所需重点专业，组织参加了校园招聘，会同秦港股份进行社会公开招聘，共招聘大学毕业生近200人。初步完成集团公司2013年毕业生招聘计划及招聘方案的制订工作。在制订计划中，要求各单位切实站在集团公司生产经营和改革发展的战略高度，根据本单位生产、经营和管理工作的实际以及近期和长远发展规划，科学、合理制定大学生需求计划，做到专业对口、层次合理、比例适当。根据集团公司有关会议精神，严格要求各单位进一步减少劳务工使用、清退外委维修队伍，认真做好劳务用工压缩工作。工作中加强跟踪管理，确保工作任务落实。

【人才队伍建设】 完善人才工作体制机制，成立集团公司人才工作领导小组、工人考评工作领导小组及各专业考评委员会，调整职称改革领导小组、教育委员会、博士后工作管理委员会及其办公室，进一步明确各组成单位的职责分工，理顺工作流程，形成完备的人才选拔、评价、培养工作组织领导机构。修订教育培训管理办法，扎实开展职称评聘、技能鉴定和教育培训等工作，使各类人才队伍业务素质进一步提高，为集团公司改革发展提供强有力的人才保障。

扎实开展专业技术技能人才管理。组织完成中华技能大奖和国家级技能大师工作室申报工作，秦港股份杂货分公司张海

10月24日，集团公司召开入职大学生岗位成才报告会

波被批准建立国家级技能大师工作室,得到政府资助10万元。组织开展2012年度职称申报,受理审核申报材料157份,坚持逐份审查、逐个辅导的审核方式,提高了申报材料质量,向省职改办推荐的申报材料全部通过资格审查。职业技能鉴定所通过了“双评”验收,获得4A级评价。组织年度职业技能鉴定工作,1734人报名,为集团公司成立以来报考人数最多的一年,其中1722人参加职业资格培训,1537人经考试取得结业证书。

结合发展实际做好教育培训工作,修订了教育培训管理办法。根据集团公司发展战略要求和培训工作实际,加强专兼职教师队伍建设,积极选派教师外出学习并参加企业培训师资格考试,不断提高业务水平;加大培训课程体系开发力度,完善科队长培训课程包,开发了机关管理人员培训课程包。按照物流年活动方案,组织举办香港物流培训班,受到参训学员好评;根据取消外委维修工作的要求,组织举办机修工实操强化培训班;大学生入职培训班加强了商业人格类课程,帮助学员尽快实现职业化。

【薪酬制度改革】 薪酬改革小组对薪酬管理相关制度进行多次讨论、修改,在征求机关各部室及各基层单位意见建议的基础上,经过反复修订,基本形成《集团员工薪酬管理办法》(讨论稿)、《员工职位体系管理办法》(讨论稿)。对新办法中涉及到的数据进行详细测算、分析,对薪酬改革中分配制度改革可能涉及的社会稳定环节、因素以及潜在的风险进行了风险评估,确保薪酬结构在工资总额允许额度内分配更加合理,提高薪酬的激励作用。做好工资总额调控工作。依照省国资委关于企业工资总额调控管理的相关要求,结合集团公司具体情况,完成2011年工资总额清算、2012年工效挂钩方案的上报工作。通过对港口企业相关数据的分析,按照省人力资源和社会保障厅的要求,代省人社厅提出2012年河北省港口行业工资指导线,得到省人社厅确认并下发全省参照执行。依据集团公司生产经营情况,提出集团公司2013年工资总额增长目标。

投资管理

【股权管理】 集团公司2012年拥有直接投资企业33家,其中,全资子公司6家,控股子公司7家,参股公司20家,经营范围涵盖港口服务、工程建设、地产、粮油加工、能源化工、金融和酒店等多个领域。

集团公司直接对外投资累计近80亿元,账面投资收益累计约47亿元。集团公司投资上市公司5家,投资累计13.56亿

1月,秦港股份投资的唐山曹妃甸港区通用码头作业情况

7月19日，沧州渤海公司订购的最后一批4台门机到港

元，投资收益累计 14.83 亿元，投资回收率 109.34%。

议案审核规范细致，重大事项严格把关。投资企业股东会、董事会所议事项大多涉及企业战略规划、经营方针、投融资计划、大额资金使用、重要人事任免等有关出资人权益的重大事项，投资管理中心严格按照集团公司《股权投资管理办法》等有关规章制度，协同集团公司有关部室对议案进行联审，征求委派人员意见，与投资企业充分沟通，完善议案内容，成熟后履行集团公司决策程序，形成集团公司意见，再由委派人员带到投资企业会议上去，保证了集团公司对投资企业重大事项的管控和参与决策。

2012 年，投资管理中心审核了数百项投资企业股东会、董事会议案，重点事项有：向融投担保公司、江苏国信秦港港务公司、方圆监理公司、港口工程公司和港立电梯公司增资，与之海公司续签合资协议，江苏国信秦港港务公司投资方案调整及申请专项授信，东方石油公司延长经营期限，河北大厦股权划转，招商银行配股延期，履行深圳长亮科技公司国有股转持义务，邯郸陆港公司支付进地补偿款，黄骅矿石公司开展工程建设及设备委托制造，秦港股份以土地使用权作价向兴奥秦港公司增资，曹妃甸实业公司对外赞助等。

积极稳妥推进股权投资、股权变动事项。主导推进现有投资企业增资扩股，集团公司共计增资 1.98 亿元。

根据省国资委通知，集团公司将出资 4 亿元形成的北京河北大厦有限公司国有股权划转给省国控。同时，投资中心与省国控积极接洽有关股权置换工作，就签署转让秦港股份意向书取得一致意见。

上述事项操作过程中，投资管理中心事前对股权投资及转让的必要性、可行性进行充分研究论证，广泛征求意见，规范履行集团公司决策程序，密切与省国资委主管部门请示沟通，保证项目审批备案工作顺利进行。

【投资企业管理】 为进一步了解集团公司投资企业经营管理情况，促进投资企业规范运作，提升管理水平，拓展发展空间，实现与集团公司的协同发展，投资管理中心从 2012 年 9 月开始，对投资企业进行走访调研。结合调研情况，形成了比较系统全面的投资企业调研报告。报告主要梳理了投资企业经营概况，分析了部分投资企业亏损原因并提出扭亏措施，查找了管理中存在的问题，就投资企业管控模式、投资管理制度建设和委派人员管理等方面提出建设

1月4日，驻黄骅港综合港区人员深入生产现场，登上集装箱岸桥了解设备情况

收集、审查投资企业章程，对有悖新公司法和企业现实情况的条款敦促加以修订，以章程修订为切入点，促进投资企业管理规范化。

【资本运营】 围绕创收重点，加强金融证券版块研究。集团公司参股的5家上市公司及银行等金融类企业是历年分红的大户，2012年共向集团公司分红2.59亿元，占集团公司所获分红总额的45%(其中秦港股份分红占比51%)。投资管理中心围绕此类高增长、高收益项目重点开展了研究。

性意见。

加强管理，重视发挥委派人员作用。与集团公司人力资源部共同组织召开2011年度集团公司委派投资企业高管人员述职大会，旨在提升委派高管履职意识，保证集团公司决策在投资企业得到有效贯彻落实，确保投资企业持续健康发展，为集团公司创造更大的效益。针对部分投资企业委派人员因退休或职务变动无法正常履职的现象，提出调整建议。在委派人员选任方面，根据投资企业章程及拟任职务，提出职数及任职资格建议，促进选任委派人员更好地发挥作用。根据集团公司关于参股投资企业委派高管薪酬统收统付有关要求，与人力资源部配合，完善《服务协议》，对参股企业委派高管薪酬统收统付办法做出详细约定，积极推进协议签署。

关注经营动态，促进规范运行。与投资企业密切联系，注重日常经营信息收集，掌握企业经营动态，发现异常波动及时向企业了解情况。

加强上市公司研究。密切关注集团公司持股的5家上市公司经营情况，对集团公司持股上市公司进行动态化管理，主动联系，及时反馈，按照财务报告期及时发布动态信息，定期编制研究报告。开展“两个证券”的投资研究。针对招商证券成立30亿元股权投资基金事项，结合股权投资基金行业情况，对项目收益水平和投资风险进行了深入分析研究；针对财达证券增资10亿元事项，在深入研究财达证券基本面的基础上，对投资的必要性、可行性进行分析，提出参股方案。

开展河北银行股权收购研究。针对河北钢铁集团计划出售所持的河北银行6000万股以及部分股东拟通过中介机构出售所持河北银行约1亿股的消息，对收购河北银行股权进行深入分析研究，提出初步意见。

寻求战略机遇，推进项目上市。按照集

团公司安排，积极与浙能集团接洽，争取到以战略投资者中股比最大一方参股浙能电力，集团公司出资6.5亿元，占比2.02%。该项投资已取得省国资委同意，集团公司签署了《股份认购协议》及《补充协议》。本次投资有望在其上市后获得较大增值收益。全力推进秦港股份上市工作；全力配合浙江物产燃料公司股份制改造及上市工作。

财务管理

【基础管理】 建立健全制度体系，进一步夯实会计基础管理。2012年，集团公司进一步强化会计基础管理，制定下发《河北港口集团有限公司会计核算办法》，在集团公司范围内统一执行《企业会计准则》，统一会计政策和核算规范，为会计信息规范化奠定了坚实基础。制定《成本费用控制管理办法》《资金管理办法》，将集团公司财务管理纳入制度化、系统化管理轨道。集团公司认真组织开展会计基础工作检查，自查与抽查相结合，重点检查财务制度落实情况，并结合年度会计决算审计和税务审计中发现的问题，重点对发票的合规性、会计核算的规范性进行检查，督促各单位夯实核算基础，提高会计信息质量。

【项目实施】 强化信息平台建设，稳步推进财务管理水平升级。为解决各分、子公司数据分散、业务处理不统一等财务管理问题，集团公司财务信息管理系统项目自2012年2月正式启动，成立项目实施小组，本着“整体规划，分步实施”的原则，稳步推进项目实施工作。设计集团公司与秦港股份相对独立的财务核算架构，构建了一套账多个会计实体的标准化集中核算模式。通过统一业务处理规范，使各单位财务信息更加规范、可比，便于汇总、分析和监督，为集团公司财务管理和领导决策提供有力支持。

【预算控制】 深化预算考核控制，圆满完成考核指标。集团公司认真组织年度会计决算工作，就经营业绩与省国资委密切沟通，圆满完成2011年度及第二任期企业负责人经营业绩考核清算工作，集团公司2011年度考核结果首次被评为A级。紧密围绕省国资委下达的2012年度考核指标，强化预算执行情况的分析和控制，分解下达2012年集团公司所属分、子公司经营业绩考核指标。2012年度内部指标体系设定以省国资委下达的6项考核指标为基本指标，在满足省国资委考核要求的基础上，侧重于集团公司内部子公司盈利能力状况和资产质量状况考核，根据各子公司经营特点新增加5项修正指标，包括总资产报酬率、成本费用利润率、总资产周转率、应收账款周转率、存货周转率。这是根据考核工作经验对考核工作加以改进的新做法，即对需要不断加强盈利能力的子公司增加盈利能力考核修正指标，对需要改善资产状况的子公司增加资产质量状况考核修正指标，加强集团公司管理力度。

【融资拓展】 “转方式、调结构、促升级、增效益”总体部署实施以来，集团公司融资工作面临严峻挑战，2012年度资金需求突破历史高点。面对新形势，集团公司转变融资模式，开拓融资新渠道。一是在融资方式上，启动发行20亿元中期票据，尝试信托贷款、委托债权融资等新的融资方式。一方面有效拓展融资空间，突破了集团公司原有银行授信的局限；另一方面提高资金使用的灵活性，规避了短期银行借款的规模和监管限制。二是努力构建集团公司内部融资平台，积极申请筹建财务公司。经集团公司董事会审议通过，并报省国资委批准，正式启动了财务公司筹建工作。

【产权监督】 强化产权监督，确保国有资产保值增值。一是根据国家颁布的新产权登记管理办法，认真收集、整理基础数据，进行产权登记管理系统试运行。作为省国资委选取的3家试点企业之一，按照省国资委的统一安排，组织集团公司2012年度产权登记工作，进一步提高产权登记规范化水平，为摸清家底、确保国有资产保值增值创造了有利条件。二是认真组织、审核国有产权转让相关审计、评估工作，切实维护集团公司利益。通过转让珠海秦发港务有限公司股份，集团公司获得投资收益300万元。在秦皇岛外代公司股权转让、黄骅外代公司股权转让中严格把关，有效防止国有资产流失。三是财务部门会同有关部门与保险公司协商调整职工家庭财产保险条款，加大对职工家庭财产保险力度，切实保障职工利益。

资金管理

【经济身份认证】 根据《中国人民银行关于开展机构信用代码推广应用工作的通知》，完成集团公司和秦港股份71个在结算中心开户单位的“机构信用证代码证”申报和发放工作。为集团公司在社会信用体系中建立“经济身份证”，有利于集团公司与金融机构的交流合作，提高结算业务效率。

【运营服务】 坚持客户至上理念，不断完善结算中心综合业务大厅的服务手段和措施，满足客户提出的查询在途资金信息的需求。结算中心安全、文明、快捷的服务效果，赢得众多客户的赞誉。2012年，结算中心业务大厅完成港口费收结算40余亿元，实现文明服务无投诉、安全结算无差错的目标。

2012年，结算中心完善服务措施，满足到港客户资金需求，赢得赞誉

2012年，结算中心细化资金流通过程时点，向资金运营过程要效益，完成净收入1100万元，实现利润495万元，超额12.50%完成年度利润考核指标。

审计管理

【概况】 审计部按照2012年度工作计划，紧紧围绕集团公司的重点、热点、难点问题开展审计工作，认真履行审计监督职责，改进审计方法，突出审计重点，在做好年度报表审计、经济责任审计等常规审计项目的同时，大幅提高工程决算审计的数量和力度，开展了秦港股份业务费收系统专项审计。以高度负责的态度配合省审计厅对集团公司董事长任中经济责任审计，完成沧州渤海港务公司公共基础设施移交期间形成利息专项审计等工作任务。充分发挥集团公司经济运行“免疫系统”功能，为维护集团公司财经纪律、保障经济稳步发展、促进廉政建设发挥了积极作用。集团公司、秦港股份的内审工作得到省国资委和市审计局的充分肯定，集团公司被评为“河北省国资委监管企业经济责任审计先进单位”，秦港股份被评为“秦皇岛市内审先进单位”。

【综合审计】 审计项目结构更加优化，审计质量保持较高水平。审计部紧密结合集团公司多元化发展战略，重点定位企业经营风险的预防和控制，着重关注企业经营中存在的风险以及采取的控制措施，从审计专业角度分析判断，结合实际情况提出合理的审计意见和建议，为企业健康、持续发展奠定良好基础。在审计项目质量管理中，坚持组长、部长复核制，保证审计结果的客观公正，使审计工作取得较好成效，发挥应有的经济监督和改善管理的作用。

【经济责任审计】 认真负责，配合省审计厅做好经济责任审计工作。根据省委安排，省审计厅派出20多人的审计组对集团公司董事长开展任中经济责任审计工作，现场审计工作历时50天，后续工作仍在继续。这次任中经济责任审计是省审计厅在省国资委监管企业中的首次创新举措，同时应对规模如此大、时间如此长的经济责任审计，集团公司尚属首次。集团公司高度重视，要求各部门全力配合审计厅的审计工作。作为对口部门和总联络人，审计部全程陪同、积极配合省厅审计组开展工作，以对集团公司和公司领导高度负责的态度认真做好协调、信息传递和服务工作。

审计过程中，审计部充分发挥内审人员对企业业务熟悉的特点，帮助省审计组尽快了解企业情况，为审计工作提供所需资料并及时反馈相关信息，以严谨、稳妥的工作作风向省审计组和集团公司各单位做好相关问题的沟通和解释工作，多次解决了双方因信息不对称或对政策理解不同而产生的误会与分歧，确保审计工作顺利进行。

【上市相关工作】 根据秦港股份上市工作需要并结合证监会新的要求，审计部开展了秦港股份内部控制健全性及有效性的审计和评价工作，向秦港股份董事会提交2011年12月31日和2012年6月30日公司内控自我评价报告。通过梳理、总结近几年的内控工作，提出相关部室需完善的制度16项，促进秦港股份内部控制管理机制进一步完善。

在委托省审计厅对沧州渤海港务公司公共基础设施移交期间形成利息的专项审

计工作中，审计部积极配合集团公司与省审计厅接洽协调，克服各种困难，使审计工作顺利进行，预期审计节点能够满足秦港股份上市路演的时间要求，为秦港股份上市解决了一项关键问题。

【专项审计调查】 审计部在以往年度审计项目中发现，秦港股份下属的煤炭公司业务系统与财务系统存在数据不一致的情况，于2011年上半年向秦港股份提出了报告并建议开展对账工作。省审计厅在本次经济责任审计过程中也发现了该问题并提出了质疑。煤炭装卸业务是集团公司的主营业务及主要收入来源，资金流量巨大，业务费收是极其关键的控制点，若发生问题则会导致外部审计检查披露并处理、港口信誉受损以及滋生舞弊行为等严重问题。审计部已派出审计组开展专项审计调查，尽快向集团公司提交审计报告。

【项目审计】 2012年，审计部根据秦港股份年度投资和修理计划，制定并发布《股份公司2012年度建设项目审计计划》，选定了7项固定资产投资和5项固定资产修理项目开展审计。对审计查出的工程套项不准确、工程量计算偏差等问题，提出处理意见和建议，规范了基本建设项目管理，提高了资金的使用效果。

进一步强化全过程审计管理，开展黄骅工程项目审计的前期准备工作。对新开工的流机分公司暖气外网改造工程和九分公司堆取料机轨道大修工程从立项、招标阶段开始审计，把事后审计逐步向事前、事中、事后全过程审计转化，更有利于减少损失、浪费，做到及时堵塞漏洞，降低风险，提高审计质量和效益，充分发挥审计监督的预警作用。

【制度和队伍建设】 审计部对2012年以前颁布和修订的规章制度进行认真梳理与规划，与先进单位的制度建设进行对标，确定现阶段需要修订的制度9项。在审计程序控制方面，重点对审计流程进行梳理，突出审计流程规范化，通过制定明确规范的审计通知书、送达回证、审计方案、审计公告、员工评议表、审计记录、审计底稿、廉洁从业反馈卡等多项标准文书，使内部审计行为更加规范。另外，为便于秦港股份及时了解、掌握各单位接受外部(审计)检查情况，积极配合外部机构开展工作，督导整改工作及时到位，建立了各单位接受外部审计(检查)通报机制。

队伍建设方面，审计部近两年退休或调出员工4人，人员极度短缺。为保证审计工作顺利开展，审计部本着德才兼备和精简配置的原则，2012年从基层单位调入3名员工充实审计团队。部室现有8名审计人员，平均年龄不到37岁，其中高级专业职称5人，硕士2人，其余为本科学历，专业涉及审计、会计、工程、金融等方面，多人持有注册会计师、造价咨询师等证书，实现了队伍年轻化和专业化，为审计工作适应集团公司多元化发展提供保障。

工程管理

【工程技术管理】 港口机械公司(10月更名，前称“工程技术公司”)2012年完成营业收入2.11亿元，为年度计划的105.6%，

5月22日，港口机械公司煤一期取料机大修现场

港口机械公司托辊生产车间

利润实现扭亏为盈，实现“0011”安全生产目标。

以科技进步为支撑推进企业发展战略。为实现企业健康快速发展，港口机械公司多方走访与学习，借鉴青岛港机厂、天津港机厂等同类企业的成长经验，完善公司发展战略，明确发展方向，多措并举，取得良好效果。一是加强技术研发与设计，提高公司核心竞争力。2012年港口机械公司持续加强与华电、大重和振华等大型企业合作，引进技术，学习消化。同时，为提高自主设计能力，经公司研究，成立研发中心，并成功完成二分公司1#翻车机改造的设计任务。托辊生产车间不断改进工艺，经过反复试验，将托辊径跳从0.7毫米控制到0.5毫米以内，有效提高了托辊质量。公司技改项目《滚筒筒皮焊接新工艺》《天河PCCAD和Lisp结合批量处理图纸》《曹煤二期“V”型回程托辊中支架压力成型胎具》《型材排料工艺改造》获集团公司小革小改成果4等奖，7项技改成果上报集团公司。二是合理引进人才，增强公司技术力量。随着公司的发展以及自然减员，技术人员和操作人员的匮乏已成为港口机械公司快速发展的瓶颈。2012年，公司引进2名硕士研究生和4名本科毕业生，充实到一线技术及管理岗位；通过多方协调，并经过严格的招聘程序，引进19名具备丰富实践经验的技术操作人员，为公司发展提供人才保障。三是积极参与并组织岗位技术练兵，提高职工技术水平。2012年，在繁忙的生产形势下，公司多次组织车、钳、铆、焊等各类型技术比赛，累计参赛人数57人。在集团公司组织的钳工技术比赛中，港口机械公司参赛的3名选手包揽总分前三名。由公司职工李春起带队，苗金国等人代表秦皇岛市参加了第四届全国职工职业技能大赛河北省选拔赛，荣获团体第六名。有3名职工参加省电焊工技术比赛，取得较好成绩。四是推进公司发展战略，打破公司发展壁垒。场地狭小、厂房功能设施不完善，已经成为制约公司进一步发展的瓶颈。2012 年,公司向集团公司上报《选址可行性报告及 2012 年项目前期工作》,得到集团公司大力支持,并获批 80 万启动资金。抓住西港搬迁有利时机,公司领导多方走访,充分调研,与港口设计院、技术中心多次研究论证,并在集团战略发展部指导下,拟定“制造基地迁址”方案,并上报集团公司。

完善基础管理,促管理水平提升。一是根据公司实际和发展需要,组织各职能部门对内部规章制度进行修订和完善。同时,结合集团公司新的管理要求及公司实际,修订《招投标管理办法》《机电设备保养维修管理办法》《安全生产责任制度》等管理制度 7 项,对办公管理、设备管理、物资管理等重点部位、重点环节提出详细的要求,规范公司经营管理行为。二是完善安全生产责任制,深刻汲取 8·13 事故教训,围绕“安全责任,重在落实”这个主题,加强领导,查找事故隐患,落实责任,从上到下层层签订“安全责任承诺书”,逐级分解、落实公司安全生产目标。三是结合公司生产情况,治理作业环境,整改安全隐患,加强安全培训,组织完成公司领导、基层部室和专兼职安全员、特殊工种人员及特种设备焊接作业人员培训和取证工作。四是围绕年度经营目标,定期组织开展经济活动分析,监控各项指标进度,严格控制非生产性支出。按照上级核定的节能减排指标,加强日常检查和节能宣传,制定下发公司节能减排管理办法,把节能指标分解到基层,主管部门每月进行综合考核,及时兑现奖罚,合理利用能源,降低能源消耗。五是拓宽经营范围,完成起重机械安装、维修资质评审及取证工作,扩大起重机安装资质范围,使公司可承接技术参数不限的起重机安装维修项目。完成托辊产品ISO 9000 质量体系换证审核工作。

做好设备维修,做强运行服务。公司坚持以保障港口生产为己任,2012 年完成现场维修、抢修任务 900 余项,特别是在二分公司 2# 取料机配重三脚架修复、六分公司 1# 取料机回转轴承及斗轮减速箱更换、七分公司 4# 取料机斗轮现场组装与更换、杂货分公司 511 门机大拉杆更换等急、难、险的维修项目中,广大职工克服恶劣天气的影响,昼夜奋战,优质高效地完成任务。

港口机械公司煤五期设备运行保障部抢修设备故障

在设备运行服务市场竞争日趋激烈的形势下,公司积极采取措施,加强对曹妃甸、黄骅设备服务分公司和煤五保障部的管理,通过不断完善自身建设,促进整体工作水平提高。同时,根据装卸生产与设备运行状况,统筹安排人力资源,妥善处理设备维修、保养与装卸生产高位运行的矛盾，不断提高服务质量和效率，稳定了设备运行维护市场。在2012年国际煤炭价格走低、国内市场不景气的大环境下，公司通过良好的设备服务，提高设备工作效率，有效地保障了各服务港口的吞吐量再创新高，彰显了公司设备运行服务实力。

3月，港口机械公司承揽的曹妃甸煤二期工程皮带线设备制造项目进入倒排工期阶段

在巩固现有项目的同时，积极开拓设备运行维护市场，努力承揽设备运行维护项目。加强与神华黄骅港联系沟通，争取黄骅港煤三期设备运行维护项目；精心组织，制定方案和措施，参与曹妃甸国投煤一期扩容工程的设备运行服务项目投标；主动与靖江国信秦港港务公司沟通，制定方案，明确人员，为该项目设备安装调试和后期的设备运行维护投标做好了准备；关注曹妃甸煤二期设备运行服务市场，密切沟通，提前介入，积极承揽设备服务项目。

努力开拓港机市场，做大港口设备制造。公司积极承揽港口设备制造项目，合理组织施工，曹妃甸煤二期皮带机制造全部完成，靖江皮带机已经发运，沧州渤海港务公司场桥制造完成，煤二期1#翻车机改造和杂货分公司门机制造项目基本完成。

【建设工程管理】 2012年，港口工程公司实际完成产值9.6亿元，产值、利润同比翻一番。2012年签订各类工程承揽合同80余项，超亿元单项合同额4项，实现经营额18.5亿元。其中，集团公司主导建设项目16.32亿元，占集团公司建设项目总投资72.8%，集团公司市场占有率同比翻一番；集团公司外部市场开拓实现新突破，首次超亿元，并取得进津施工资格。

加强建设资金管理。工程款回收方面，2012年成功回收珠海项目长期应收款3000万元；回收黄骅港综合港区配套设施工程围堰及陆域回填工程款2000万元；投融资管理方面，针对流动资金紧张问题，积极与银行方面联系沟通，申请授信和贷款，2012年公司向中国银行申请到5000万元授信额度，并向交通银行贷款1000万元，有效保障了公司生产经营正常开展。

公司主项资质达到总承包一级后，配套软硬件实力一时成为制约公司投标竞争力的主要障碍。为了进一步提升公司综合实力，扫清竞争壁垒，消除投标障碍，2012年把提升公司配套实力作为重点工作来抓，着力从“三标一体认证”、“增项资质升级”和“注册资本金提升”三方面工作入手，精心筹备，认真组织，密切跟踪，各项工作取得预期成效。公司在质量体系认证基础

2月4日，港口工程公司加固改造302#泊位情景

上，实现质量、环境、安全三标一体认证；在港口航道总承包一级资质基础上，实现房屋建筑工程、钢结构工程、地基处理工程增项资质三级升二级；集团公司注资3000万元，港口工程公司注册资本金增至1亿元。公司综合实力和投标竞争力的提升，为公司进一步站稳集团公司内部建筑市场、开拓外部建筑市场提供了强有力的保障。

创新机制促管理水平提升。近年来公司快速发展，原有机构设置和管理模式已无法满足现阶段发展需求，公司积极探索改革道路，创新机制，建立和完善组织机构，全面提升企业管理水平。一方面积极推行机构改革，加强基层优化整合，撤销机械队、劳务中心，人员和职能并入船舶队和项目部，基层管理团队进一步充实，基层班组建设进一步加强，基层管理水平进一步提升；加强机关部室建设，撤销技术设备部，成立技术质量部和船机设备部，并新设企业管理部、预算定额部，部室设置更加合理，职能衔接更加紧密，管理流程更加清晰，专业化、规范化、精细化管理架构初具规模，为公司适应新的发展和改革趋势，推行标后预算和项目承包制奠定组织基础。另一方面积极推行管理模式改革，自“冀港浚6”实行“一企两制”管理模式，船舶技术性能得到充分发挥，船舶使用效率和盈利水平大幅提升。2012年实现有效作业天数266天，完成疏浚工程量123万立方米，实现年产值4658万元，并首次成功进行1.2千米的长距离吹填作业。为公司完成年度指标提供了保障。

从加强基础管理入手，建立健全成本管控体制机制，组织制定《标后预算管理办法》《工程项目成本管理办法》《预结算管理办法》《招投标活动实施办法》等相关成本管理制度；加强成本过程管理，排查管理漏洞，夯实基础管理，不断将降本增效、挖潜增效工作推向深入。强化水、电计量管理制度落实，在所有用电用水部位加装计量仪表，并实时监控水电用量；对于燃油、船舶保险实行招标采购或比价采购制度，通过

2月，“冀港浚6”对煤五期港池进行维护性疏浚

招标或比价采购，节约船舶燃油费、保险费100余万元；对于大宗工程物资实行"量价双控"制度，严格按工程量清单控制采购数量，严格按当地和周边市场价控制物资采购价格；办公用车严格实行统筹和审批制度，办公室统一安排行车路线，有效节约交通油耗；设备管理实行技术经济"双评估"制度，对运行成本高、技术落后的船机设备进行改造、更新或报废，完成"冀港浚6"耙头系统、管路系统技术改进2项，报废了浮吊"秦港吊一"、电焊船"远安"、方驳"广安"3艘老旧船舶。

落实"三项制度"，确保安全生产达标。建筑施工是安全事故高危、频发行业，安全生产工作是一切工作的底线和生命线。随着公司承揽的工程不断增多，安全管理成为重要课题。为了进一步完善公司各项安全管理制度，确保安全生产资金合理使用，规范对基层单位及施工现场安全检查标准，保障职工安全教育培训及时有效，公司依据安全生产法律、法规，认真梳理安全生产"三项制度"在实施中出现的新情况和新问题，分别修订和完善公司《劳动和保护用品管理制度》《公司领导和项目领导施工现场带班制度》《安全生产责任制》《安全操作规程》等7项安全管理制度，健全安全生产制度保障体系。2012年组织定期安全检查32次，累计查处一般隐患106项，重大隐患零项，下达隐患整改通知书4份，均按期整改完毕，隐患整改率达到100%。2012年，公司实现"0011"年度安全目标。

10月，港口工程公司第二项目部开展宣传、落实安全生产"三项制度"活动

职工共享企业发展成果。2012年，公司各项成绩显著，人力资源管理和薪酬分配也逐步进入良性循环。人力资源管理方面，公司首次推行中层干部年终考核与奖金分配相结合的考核机制。薪酬分配方面，2012年发放工资总额2489万元，职工人均年收入8.7万元，同比增长26%，工资总额和同比增幅均创历史新高。公司职工收入从低位水平一跃赶超集团公司平均收入，普通职工工资水平与对标企业中交一航局五公司水平相当。

【工程监理】 2012年，监理公司各项工作均取得较好的成绩。公司黄骅项目监理组和曹妃甸煤二期项目监理组分别获得省有关部门表彰；公司监理的煤五期工程获"詹天佑奖"；曹妃甸煤二期翻车机房地下结构工程被评为"河北省文明工地"；公司荣获"集团公司先进单位"称号。

经营活动全面达标。2012年，公司实现收入3910万元，总支出2591万元，节约

291万元。经营利润为年度预算的115%，超年度预算169万元。2012年公司全面完成集团下达的各项经济指标，职工收入增长15%。完成设备监理资质乙级升至甲级申报审核工作，公司注册资本由300万元增加至1000万元；圆满完成ISO 9001质量管理体系年度监督审核、ISO 14001环境管理体系和OHSAS 18001职业健康安全管理体系复评工作，顺利通过“三体系”监督审核；通过省建设厅工程监理和招标代理资质整顿复查、现场审核；完成2012年水运工程监理企业资质定期检验材料的申报，进一步夯实公司参与市场竞争的基础，使公司市场竞争能力大大增强。

2012年，方圆监理公司监理的黄骅港综合港区施工项目全面展开

三大主营业务稳步推进。工程监理、设备监理、招标代理是公司主营业务，2012年累计工程监理17项，其中完成10项，在监7项，工程总投资10亿元以上；设备监理8项，造价24.42亿元；招标代理合同30项，其中跨年度实施项目6项，电子招标11项。累计完成竞投标项目18项，其中7项中标，中标工程总投资近13亿元。

2012年，工程监理和设备监理任务繁重，曹妃甸、黄骅和秦皇岛港的多个工程项目相继开工，特别是设备监理业务快速增长，各项目监理部都出现了监理人员和设备明显不足的问题，公司和各项目监理部统筹协调，合理调配人员和设备，有计划地引进技术人才，保证监理工作顺利开展。

招标代理业务有长足的进展，实现业绩上的突破。为适应招标代理快速发展的新形势，公司咨询部先后派员参加招投标电子化培训和招标投标法实施条例学习培训，并对新引入的电子化招投标系统在工作中进行探索和实践，其中公司代理的“秦皇岛港东港油库油罐更新及油罐车车库工程——柴油储罐部分”项目成为全市首例实施电子化招投标的项目；在公共资源交易中心开标的项目中，公司代理的“秦皇岛港东港油库油罐更新及油罐车车库工程——油罐车车库及候工室部分”项目成为全市首例资格后审电子化招投标的项目，之后又成功在公共资源交易中心完成9项电子化招标。公司招标代理业务在实践中不断提高，更加科学规范。在做好三大主营业务的基础上，努力拓展业务，重视市场调研，加强与周边港口的业务联系，积极参与竞投标，不断改进和完善投标文件的编制工作，在历次的投标工作中基本做到了零失误。

按照公司关于合同审查和管理工作的整体要求，积极协助合同签订单位依法签订合同，参加重大合同的起草与签订，2012年签订合同共计56份，其中监理合同17

份，招标代理合同24份，其他类合同15份，所有合同程序合法有效。依法定期检查合同履行情况，妥善处理合同中出现的问题和纠纷，办理有关合同文书，建立合同档案，分类管理。与项目总监之间建立合同比对制度，杜绝了“只干活，没合同”的现象。

2012年，公司监理项目包括延续前一年项目和新开工项目20余项，重点是曹妃甸煤码头(二期)工程和黄骅港综合港区通用散杂货码头、多用途码头轨道梁基础及堆场道路工程。

落实管理措施，提升管理水平。调整机构设置，引进所需人才。2012年，监理公司升格为正处级单位，经董事会临时会议审议通过，新配备了一名副经理，公司内部任命1名经理助理，领导班子力量充实壮大；成立设备部，使公司的业务单元划分更加清晰，有利于把各项业务做精做强；两地监理部加强管理，合理配备监理人员，综合运用旁站、复测等方式，多专业相配合，严把质量关，并对投资、进度、安全进行了良好的控制。先后几次赴“211院校”招聘大学毕业生，及时签订工作意向，并安排到公司实习。2012年，公司正式员工增加到47人，优化了核心员工结构。根据工程进展需要，适时招聘员工，多种方式聘用人才，保证工程项目监理工作顺利开展。

强化动态考核，推进薪酬改革。积极配合集团公司薪酬改革工作，制订并上报公司定岗定编过渡方案及各岗位说明书。重视日常动态考核，按照岗位任职条件落实派遣员工定级、晋级标准，对于表现突出的员工给予破格晋级奖励，有效调动了员工工作积极性。

加强精细化管理，提高办事效率。继续推进制度建设，重新修改、制定和完善公司各项规章制度，真正做到有章可循。针对基层在以往文件审批过程中存在的问题，2012年制定并推行了《对外文件审批制度》，规范文件管理，提高了文件编制水平。强力推进OA系统办公软件的应用，不断开发其功能，提高了OA系统的利用率，使网络办公得以实现，既解决了公司监理项目分散、点多面广，不方便管理的难题，又提高了工作效率，推动了公司精细化管理的进程。

分层次开展培训，提高监理质量。坚持定期开展专业培训和适应性培训相结合，外派学习与内部培训相结合，提高员工的业务水平、工作能力和道德素质。组织有关人员参加上级部门举办的各种监理业务培训、考试，先后办理监理工程师初始注册3人、设备监理师初始注册3人，使公司注册设备监理师人数达到33人，满足了设备监理资质升级的需要。

科学技术管理

【信息化建设】 2012年，围绕集团公司发展战略，信息与技术中心本着“统一规划、急用先行、同步实施”的原则，结合企业实际，采取“保障运维、规划发展、开发建设、协同提升、强化管理”五同时，有效实现了信息化工作稳中求进和在集团公司各领域的良性拓展应用。

一是实现集团公司多地办公一体化。建设完成覆盖石家庄总部、秦皇岛港区、黄骅港综合港区、曹妃甸实业公司和煤炭公司“四地五点”的信息专网和异地无线上

7月25日，市科协主席李三练一行到秦皇岛港调研信息化建设

网，实现了一个账号多地登陆集团公司“数字港口”门户网站、邮件系统和生产调度、OA办公等系统的一体化功能，消除了集团公司办公的地域限制，极大地方便了集团公司跨地域办公。二是完成集团公司视频会议系统升级扩容，增加秦港南大和南小两个视频会议分会场，满足了省国资委召开大型视频会议和集团公司召开多地会议的需要。信息化提高了集团公司办公效率，降低会议成本。三是组织编制“十二五”信息化发展规划，为集团公司“十二五”期间信息化建设提供了指导性文件；以信息资源整合、共享为目标，完成集团公司综合信息平台建设的需求调研、工程可行性研究、方案论证和项目初步设计等前期工作，为2013年的项目建设奠定基础。四是信息化促进了集团公司物流商贸一体化进程。信息化是煤炭交易市场发展的根本，信息与技术中心协同煤炭市场开发“煤炭产运需衔接系统”，该系统是促进集团公司物流商贸一体化发展和煤炭交易市场实现电子商务的核心支撑平台。此外，完成煤炭交易网后台网络架构优化和服务器部署调整方案，升级网站用户访问带宽，提高访问速度和网站运行的稳定性，满足了煤炭市场快速发展的需要。五是依据秦港股份上市的需要，进行财务管理和人力资源管理系统的开发建设，并给即将建设的集团公司综合管理平台预留了数据接口。协同秦港股份生产业务部开发客户管理系统，以上管理系统的上线运行，将有效支撑秦港股份的上市工作。六是信息化提高了企业对客户的服务水平。2012年，秦港股份以九分公司为试点，建设煤炭客户视频服务

6月26日，秦港股份公司总经理何善琦（右）专程慰问和奖励“有突出贡献的优秀专业技术人才”侯贵宾（左）

6月26日，秦港股份公司总经理何善琦（左）专程慰问和奖励“有突出贡献的优秀高技能人才”张海波（右）

系统，通过建设堆存视频系统和生产数据共享协同，在互联网上为煤炭货主提供煤炭堆存的视频图像和相关生产数据信息，客户可以在任何地方通过网络看到自己的货物在港情况。七是自主开发能力大幅提升，完成多项应用软件开发和维护。自主开发完成集团公司公积金管理系统、杂货货运费收系统、IT服务监管系统、信息搜集分析系统、数据及网络安全系统、工作日志系统、权力运行监控机制建设工作平台、流机分公司生产劳资系统、劳动备案应用系统及多个网站系统的建设和日常运行维护工作。有效提高工作效率，节省大量开发、维护成本。八是重视调研和前期研究，承担多项省级信息化科研项目。2012年积极加强与集团公司和秦港股份机关、分公司、子公司的联系和沟通，多次赴沧州渤海港务公司、曹妃甸实业公司、曹妃甸煤炭公司、邯郸国际陆港、衡水安平县等地进行专题调研。完成安平县集装箱场站信息平台可行性研究、沧州渤海港务公司EDI平台论证、煤炭交易市场电子商务设计等前期研究。积极与交通运输部水运局、省工信厅、省港航局等上级部门联系沟通，承担了省级信息化科技项目3项，获得科研资金95万元，被省工信厅授予首批“信息化和工业化融合示范企业”，改善了集团公司信息化发展的外部环境。

【科技创新】 2012年，信息与技术中心积极响应国家和省、市科技大会精神，结合集团公司实际，提出了巩固“一站一室一中心”（河北省现代港口煤炭物流工程技术研究中心、大型港机技术状态检测实验室、博士后科研工作站），创建“一院两基地”（河北省煤炭物流研究院、中国物流产学研基地、物流企业示范基地）的科技创新平台建设目标。科研工作采取“项目负责人、项目后评价和产学研合作”三项措施，实践证明，科研工作得到有效提高。完成《港口煤炭运输标准》36个子项的编制、“输煤皮带机节能改造研究”（节能率达68.3%）、煤四期挡煤墙方案设计等16个课题的研发，取得良好的经济和社会效益。

5月8日，杂货分公司散水泥站采用“气力输送溜槽”新工艺装“金成鑫7”轮渣粉，达到预期效果

科技创新平台建设不断升级。省现代港口煤炭物流工程技术研究中心积极开展课题研究、合作交流以及人才培养等各项任务，获得省科技厅实验仪器仪表经费支持30万元。完成“中国物流产学研基地”“科技专家企业工作站”的创建并正式挂牌运行。同时，积极努力通过省科技厅申报了国家级重点实验室，通过省工信厅推荐集团公司为国家级“两化融合”示范企业。

科技成果管理成效显著。2012年组织申报的7项科研和信息化成果全部通过了省科技厅的成果鉴定;7项科技成果获得中国港口科技进步奖,5项科技成果获得2012年市科技进步奖;3项专利获得授权,9项专利正在审查;2项软件取得了计算机软件著作权,73个项目获集团公司科技进步奖。

管理创新提升了自主创新能力。2012年,中心为从根本上扭转“重立项重验收轻过程”的现象,创新科技项目管理模式,提出“项目负责人制度下的全过程自主管理”的科研工作思路,科研项目从申请立项、调研论证、组织实施、检查评估、阶段报告、成果申报、应用推广、效益评价、验收鉴定到档案入卷的全过程实施考核管理,加大项目负责人的压力,提高了科技人员的自主创新能力。2012年完成科技支撑计划项目16项,指导计划项目82项,承担省级科技计划项目2项,列入市科技计划备选项目3项,列入市科协金桥工程项目3项。

社会保障管理

【概况】 集团公司按照国家有关劳动保险政策,养老、医疗、工伤、生育、失业五大基本社会保险以及离休人员(含解放前退休老工人)医疗费都相继参加社会统筹,建立在职职工企业年金、企业补充医疗保险、离退休人员补充养老保险以及伤亡职工一次性经济补偿制度等多层次社会保障体系,有力地维护了集团公司改革发展稳定大局。

【机制运行】 2012年,社保中心本着打通渠道、待遇统一、操作一致,保持秦港股份社保业务独立性的原则,实行了双跨管理,一门两牌。妥善解决了由于机构隶属及其职责问题给集团公司和秦港股份各项社会保险费征缴及合理分担离退休人员相关费用问题带来的组织机构层面上的障碍,同时也为实现集团公司和秦港股份合理分担离退休人员统筹外费用创造了必要条件。

组织成立社保中心综合考核委员会和民主决策委员会,涉及中心内部的所有重大事项全部交由这两个委员会集体做出评价和抉择。将中心一直由多个财务组成的管理架构进行统一和合并,最终实现了财务统一。为进一步提升社保工作管理水平,中心将原各单元负责的社保业务重新进行整合,分成养老保险、医疗保险(含生育)、工伤保险(含综合办公)、企业年金、社会保险费征缴(含失业保险)以及财务核算6大业务板块,各司其职,实行专业化管理。为进一步保证各项工作正常有序开展,充分

2012年,社保大厅日接待量200人次以上,门诊、住院、慢性病的报销工作量约4万例

调动工作人员积极性，中心健全完善了工作运行制度、会议制度、学习制度、内部综合检查制度、请销假制度以及值班制度。调整后，中心工作人员职责更加明晰、分工更加合理，工作运行更加顺畅，工作质量和效率得以进一步提高，整个社保工作有了新的起色。

【业务管理】 认真研究工伤保险缴费政策，以强烈的主人翁责任感努力为集团公司谋利益。在4月调整工伤保险缴费基数时，秦皇岛市提出将集团公司工伤保险费率由1.2%浮动至1.5%。社保中心对市工伤保险基金管理中心核定的口径和依据进行了认真研究，同时对集团公司近3年工伤保险支缴率、工伤发生率、一至四级伤残人数、因工死亡人数4项指标进行统计分析，据理力争，要求将费率维持在现行水平。经多次沟通，最终维持了1.2%的费率，为集团公司节约资金350多万元。同时还协调解决了集团公司下属子公司兼职法人代表重复缴纳工伤保险费问题。

重新调整成立了自2006年起一直处于瘫痪状态的企业年金管理委员会。首次引入企业年金业绩考核评价体系，设定投资业绩、风险防控、信息披露、资产布局、公司发展、客户服务6大项考核指标，对各投资管理人的历史贡献、近期投资表现、资产配置、运作期间的规范性以及责任意识等进行考核，收到很好的效果。同时，圆满完成2012年新增缴费的分配。针对多年来符合领取企业年金条件人员只能待新增缴费完成实际投资后方能办理企业年金支付手续的现状，在与受托人、托管人等相关管理人进行专题研究的基础上，经多方调研和论证，实现了企业年金适时领取。此举受到广大职工的一致好评。按季度向各投资管理人下发投资业绩通报，公布其投资业绩和排名，督促各投资管理人不断改进投资策略，为计划成员提供更多投资回报。这一举措引起各投资管理人高度重视，激发了各投资管理人的投资热情，效果明显。

结束手工报销医疗费的历史，统一服务行为和标准，塑造集团公司整体形象，实现补充医疗保险报销结算电算化。一是统一思想，坚定信心，克服困难，着手编制补充医疗保险报销结算系统，全力推进补充医疗保险报销结算电算化进程。二是为进一步改善报销环境和办公条件，本着资源共享、互惠互利，进一步保证资金安全的原则，经协商，工商银行海港支行将一楼大厅划出部分办公区域免费供集团公司办理医疗补助结算。结算方式采取市医保中心医疗费报销方式（市医保中心与农行合作），将补充医疗保险补助直接划入银行卡，真正实现“一卡通”结算。三是为提高窗口服务水平，创建文明示范窗口，展现集团公司良好形象，提出“全面提高补充医疗保险报销服务质量”的一揽子解决方案，制定《补充医疗保险业务人员服务行为标准规范》，对服务态度、服务用语以及仪表着装提出统一要求，面貌焕然一新。

服务保障

河北港口年鉴2013

HEBEI GANGKOU NIANJIAN 2013

环境卫生

【概况】 2012年，卫生环保工作服务服从河北港口集团有限公司（简称集团公司）、秦港股份公司生产经营和战略发展方向，强化职能管理、创新工作举措、规范内部管理，较为圆满地完成环境保护、卫生绿化、卫生防疫等各项工作任务。2012年港口新增防尘林32300平方米，各类乔木5400余株，港口生态环境建设扎实推进。

【专业管理】 在监管上做文章，有序推进专业管理工作。一是根据集团公司管理体系的调整，开展工作调研，明确管理界面，做到专业管理全覆盖。二是加大监管力度，一方面增加检查频次，采取重点时段加密检查，特殊阶段延时检查，节假日加班检查，全面掌握现场状况，有针对性地采取措施；另一方面通过及时下发文件、工作提示、专项检查、专题交流等方式加强日常的监管，共开展专项检查270余次，下发专项文件33份，工作提示260余份。三是找准切入点，在集团公司范围内开展了为期两个月的“秦皇岛港区环境容貌综合治理活动”。为确保活动达到预测的效果，采取“四个一”制度，即每天召开一次调度会，每天上报工作信息，每周编发一期工作简报，每个阶段召开由相关部门参加的协调会，并在活动结束后召开了集团公司环境容貌治理总结大会，为暑期暨环境容貌管理工作奠定了良好的基础。

在基础管理上下功夫，不断提高精细化管理水平。一是理顺工作关系，不断规范工作程序和各项管理工作台账，推进规范化管理；二是修改完善内部管理制度体系，用制度规范各项工作和人的行为；三是强化内部计划管理，做到周调度、月总结、年考核；做到有部署、有检查、有总结、有考核。

【环境治理】 加大港区环保监测的统计和分析工作。2012年港区大气环境指标达到国家（地方）考核标准，各项指标持续向好，降尘为15吨/月·平方千米，同比下降23.5%（标准为19吨/月·平方千米）；总悬浮颗粒物（TSP）均值为0.306毫克/立方米，同比下降5.3%；可吸收颗粒物（PM10）均值为0.067毫克/立方米，同比下降2.9%；二级以上天数319天，同比增加6天，其中一级天数同比增加40天。

8月7日，卫环中心督导组检查三分公司码头排污封堵情况

港区海域水质各项指标年度均值全部达到国家一、二类海水质量标准，特别是港池岸边油指标保持良好水平，达到一级标准。严格落实现场检查考核制度。坚持每周

7月，东港区煤炭堆场固定式供水除尘设备和取料机上的移动式除尘自动供水装置相互配合，有效控制作业扬尘

现场检查考核不少于3次，对特殊时段、特殊天气、特殊货物、敏感部位实行重点监管，并适时组织多次现场检查和交流活动。落实码头排水口封堵等治理措施，完善溢油应急体系，开展无背景应急演练，坚持码头水面的日常清污，对港区内相关单位实施介入管理，确保港口水域水质达标。

开展煤粉尘治理研究，积极推进环保工程和设备的试验、论证及污染治理项目的实施，协调政府主管部门最大限度地争取专项返还资金的支持。强化危废与放射源的日常监管，强制执行管理规范和台账制度，实现港区环境安全目标。认真完成减排指标的分解、实施和推进，较好地完成省、市政府下达的减排任务指标。

5月，东港观光路防尘林带植种情况

西港1号门环岛花园

【绿化美化】 保障暑期参观路线和重点窗口区域环境质量，布放各种花卉2.5万余盆，国庆期间首次在集团公司办公楼前布放花展。组织开展应急抢险，清理、扶正树木1660余株，完成线下树修剪2200余株。

加强以防尘、降噪功能性为主的绿化生态建设，港区新增绿化面积3.8万平方米，调整绿地管理标准和管护单元，节省绿地管护费用120余万元。

接管港属24个居民小区，在调查摸底的基础上，将小区卫生和绿化纳入正常管理，扭转了港属居民区环境“脏、乱、差”的局面。履行企业社会责任，定期组织“洁净港城”义务劳动，展示了集团公司良好的社会形象。

【卫生防疫】 加强食品卫生和二次供水的监测与管理。2012 年现场监测 370 余点次，监督检查 300 余次，消除了卫生安全隐患，确保每天 7000 人就餐安全和 2 万人的饮用水卫生安全。确保了集团公司重要会议和大型活动用餐安全。

认真开展职业危害因素监测和管理工作。完成作业场所日常监测 309 点次，并指导各基层单位开展职业危害防治工作。

组织开展媒介生物防治工作。组织开展了春、秋季灭鼠和夏季蚊蝇消杀工作，各监测指标显示均控制在国家级卫生港标准之内。为防止 8 月暴雨灾后的传染病疫情，及时对港区和港属居民小区过水区域开展预防性防疫工作，消毒面积近 10 万平方米。

后勤分公司全年加强食品卫生管理，原材料新鲜干净、炊事用具整洁干净，确保职工用餐安全

物资供应

【概况】 2012 年，物资中心紧紧围绕中心发展战略，攻坚克难、扎实工作，不断完善物资业务管理机制，全面推行精细化管理，圆满完成了物资供应任务。累计完成物资供应额 2.75 亿元（含基层自采 3500 万元），物资供应计划兑现率达 95%以上，服务满意率达 95%以上，成本费用支出 4189 万元，安全生产形势始终保持稳定。

【业务改革】 科学指挥，精心实施，物资业务改革取得阶段性成果。2012 年，认真落实秦港股份推进会精神，稳步推进东港煤炭公司物资业务改革，巩固第一阶段六、七、九分公司改革成果，加快第二阶段二分公司物资业务改革步伐。在业务量急剧增加、业务人员严重不足、改革阻力大等重重困难情况下，严格按“两步走”战略和《东港煤炭公司物资业务改革实施方案》规定时限，全面完成东港煤炭公司物资业务改革，实现物资采购和仓储资源的全面整合。完成 68 个仓库、8535 项物资倒库，完成 15868 项、1.64 亿元存货的调拨和 309 项未完成物资业务的交接。筛选准入 138 家符合资质要求和准入条件的供应商，保证了业务工作的连续性。组织相关单位人员进行改革后管理模式、业务流程、系统操作等方面的培训，使新流程得以顺利实施。领导带队走访、解决改革中遇到的问题，为统管业务的顺畅运行提供保障。建立领导带班和科长值班的 24 小时值班制度，制定业务人员分工和联络表，解决了非工作时间急需用料问题，保证各分公司所需物资按时供应，圆满完成东港物资业务改革工作。全年累计完成物资需求计划 19776 项，同比增加 100.5%，物资供应额达 2.75 亿元，同比增加 26.7%，节约资金 560 万元，物资统管的优势初步显现。

7月16日，实施物资统管后，物资供应中心职工在集中存放物资的立体仓库内提取、发放原材料

【物资管理】 规范程序，完善机制，物资管理水平进一步提高。加强业务流程管理，明确业务科室职责划分，加快业务流转速度。创新工作形式、规范业务程序、完善内部供应机制，高效开展物资采购工作。一是全力以赴保证供应。加强物资计划管理与审批，增加了计划订货、到货情况的详细查询机制，完善工具、紧固件、轴承、托辊等编码，对超期订单集中进行清理，保障供货的及时性。严格执行招投标审批制度，规范运作采购程序，建立完善的评标办法，制定《秦皇岛港股份有限公司非招标物资采购管理办法》，明确非招标物资采购行为和程序。完善质量问题反馈和处理机制，组织召开准入供应商大会，加大对问题供应商的处理力度。开展"技术赶超年"活动，引导职工"提高技术争先进，赶超标杆创一流"。开展"质量问题举一反三"大检查，提高了供货质量。组织物资系统业务人员参加物资采购业务培训和相关技术专题讲座，提高了业务人员的技能素质。二是千方百计降低库存。2012年，秦港股份下达了 2 亿元的年末存货定额指标，为确保指标完成，中心在调研的基础上，将库存指标分解到各单位，中心库存按专用和通用进行划分，并制定储备定额，明确管理责任。加强库存物资采购计划管控，严控库存储备数量，坚持优先利库原则，压缩了库存储备。积极推进"轴承超市""托辊超市""钢材超市""润滑油超市""运输带超市""综合超市"6 个超市的建设，通过组织召开超市工作推进会明确主管领导、责任部门和工作时限，建立每周汇报制度，制定《物资超市管理办法》，使物资超市在最短的时间内得以运行，达到降低库

12月6日，物资供应中心召开2012年度"技术赶超年"总结表彰会

存的目的。通过物资系统共同努力,年末库存1.978亿元,比年初下降了4.9%,比峰值库存下降了12.6%,顺利完成"年末存货定额2亿元"的指标。三是统筹兼顾废旧物资管理。完善了危险废物台账和月报表制度,规范危险废物相关资料上报程序,圆满完成1#、4#翻车机,卸三堆场改造等项目的报废设备(报废港机、报废船舶及车辆)等重点废旧物资的公开竞价处理、拍卖、现场清理和车辆上缴工作。2012年,共完成废旧物资处理计划158笔,公开竞价招标30次,回收处理各种报废物资2138吨,报废设备734台,回收资金884.8万元,为港口增收节支做出贡献。

加强管理,强化落实,精细化管理取得新成效。2012年,物资中心不断加强内部管理创新考核制度,优化月度综合联查工作,突出重点检查内容,提高了检查效率。进一步加强物资业务精细化管理,以《简报》为有效载体,对东港物资业务改革、超市建设、库存资金管理、油罐车库工程建设进展、能源指标等阶段性工作完成情况及时进行总结,有力促进各项工作的落实。

【综合管理】 安全管理工作中,以精细化为手段不断提高管理水平。为促进基础管理水平提高,利用"安全月""消防宣传月"进行安全宣传教育,进一步提高职工安全意识。按照创建安全标准化二级企业专家组意见,整改隐患68项,改变了气体供应模式,加强氧气、乙炔气供应的管理措施,进一步提高安全管理水平。针对中心危险化学品安全管理工作特点,抓好应急救援预案无背景演练,提高职工应急处理能力,与边防合作加强在敏感时期油库、加油站等重点部位的防范,防止各类意外事件发生。各级安全管理人员坚持日常检查、专项检查、节日检查相结合,强化生产作业现场、施工现场的检查力度,全年下发现场检查记录107份,整改安全隐患198项,中心安全生产形势保持稳定。

节能减排工作中,中心将能源指标进行分解,各队认真落实节能措施,2012年用水8187.46立方米,电、燃油消耗折合161.85吨标准煤,完成秦港股份下达的年度指标。

设备管理工作中,强化设备点检制度的落实,不断完善设备工单制度,确保设备完好率。中心积极协调有关部门做好油罐更新等固定资产投资项目的实施。

财务管理方面,接受了审计部对中心领导的任中审计;新财务软件系统通过了试运行。坚持经济活动分析,合理安排开支进度,全年费用未超承包指标。顺利完成每月的物资结算,累计支付物资采购款项2.24亿元,收取物资供应款2.36亿元,为职工及时缴纳社会保险561万元。

房地产管理

【房产管理】 2012年,房产中心攻坚克难,积极处理历史遗留问题,困扰中心工作的"三大里问题"逐步得到解决,工作成绩显著。所谓"三大里问题",一是指福寿里187户拆迁安置户办理房屋所有权证问题(始于2003年);二是因集团公司改变住宅结构,致使先盛里20住户居民不能正常办理房屋所有权证问题(始于2001年);三是指东港里53~55栋雨天严重积水等问题。

“三大里”问题错综复杂,处理起来难度很大,近年来曾引发3处居民多次激烈集体上访。“三大里”问题是导致集团公司信访总量居高不下的重要因素,严重影响集团公司稳定。遵照董事长的指示精神,2012年,中心将其列入年度重点工作计划,妥善处理“三大里”问题,力争年内得到有效解决。

为解决先盛里部分居民办理产权证问题,2012年1月,房产中心经过几次面对面沟通,先后向市房管局和市政府提交了专题报告。3月13日,市政府召开房产确权协调会,对房产证书的办理工作提出原则性规定。此后,房产中心先后协调市建设局质量监督站、市城乡规划局等单位完成了改建房屋的安全性检测、规划验收确认等工作,并将工作成果提交市房管局。9月14日,中心接到市房产局通知,开始为居民办证。

福寿里办理房产证书问题,经过市政府的3次办公会,以及市房管局、市行政中心3次协调会,终于在2012年6月25日以《市长办公会议纪要》的方式,对房产证书的办理工作提出原则性规定。此后,在具体办理过程中,房产中心面对来自多方面压力和阻力,克服重重困难,经过反复协调工商银行、市房管局、方大公司等单位,方使首批23户居民的办证资料于11月中旬通过市房管局的审核,具备了办理房产证书的基本条件。福寿里问题涉及的多项难题已经基本破解,居民集体上访的因素已经基本消除。

东港里53~55栋危房管理问题。该处地势低洼、住宅破败、居民成因复杂,彻底解决问题的难度很大。2012年暑期雨水较大,该处几次出现严重内涝。特别是8月3日“达维”台风暴雨袭击秦皇岛市,集团公司领导先后到该处察看灾情,部署排涝防灾工作。为有效解决问题,房产中心根据集团公司指示,进行多方面深入的调查研究,并从政策劝离、提供替代房源、促进拆迁等角度思考多条工作思路。经过房产中心多次沟通和协调,7月31日,市城乡规划局给中心正式复函,明确表示该局原则同意将东港里53~55栋住宅纳入东港里片区整体改造,东港里危房的处理工作取得了实质性进展。

国家实行住房制度改革后,住房公积金成为企业职工改善居住条件的一项重要资金来源,职工对公积金的提取、变动等事项的关注度越来越高。为让职工及时、准确地掌握住房公积金情况,房产中心与技术中心创新思维,开拓服务职工新平台。职工可通过房产管理中心网站的相关链接登录住房公积金网上查询系统,只要输入自己的身份证号和初始密码便可查询本人的公积金余额、支取情况、汇缴情况、缴交比例、个人公积金账号、账号设立日期等涵盖所有公积金业务的最新信息。该系统与市住房公积金管理中心公积金系统相比,具有信息量大,操作便捷,数据更新及时,数据安全隐蔽性好等优点。

青云里高层住宅电梯及消防设施存在安全隐患,严重影响居民生命财产安全,引起集团公司高度重视。2012年,集团公司第二、第三次党政联席会先后两次进行专题研究,并对整改工作进行部署。根据两次党政联席会决定,由房产中心牵

房产中心做好资料整理和预审工作,积极与市房管局沟通,年内解决了部分住户房屋所有权证问题

头,对高层住宅电梯、消防设施进行安全隐患整改。整改项目由港口工程公司、通信分公司负责施工,方圆监理公司监理,港口公安局负责技术监督,整改工作达到既定目标。

2012年,由于遭受了历史罕见的强风暴雨天气,秦皇岛市区降雨量不断突破历史新高,给居民生活造成极大不便。作为职工房产管理的直接责任单位,为保障职工房屋能够抵抗暴雨侵袭,保证职工生活不受影响,中心在第一时间成立防汛应急小组,按照集团公司部署,紧急组织若干小组,深入各居民小区进行巡视,及时将有关情况上报集团公司。中心相关人员多次陪同集团公司领导或独自到内涝最为严重的东港里53~55栋等地区冒雨进行实地查看,现场协调疏通排水管道。暴雨过后,鉴于许多住宅屋面防水或外墙防水损坏严重,中心急职工之所急,提出2012年职工住宅大修计划的调整意见。

2012年5月18日,《秦皇岛日报》刊登了《秦皇岛市人民政府关于调整城区房改房、经济适用住房及其他划拨土地上的住宅分摊占地补办出让补交土地出让金标准的通告》。根据通告,大批职工集中前来中心办理上市审核手续。中心高度重视职工权益,一是抽调职工与专职人员加班加点为职工办理上市审核手续;二是加强与市有关部门沟通,及时为遇到特殊情况的职工解疑释惑。在短短的十几天时间里办结416份上市审核手续,未出现一例失误。

2012年集团公司公有住房共出售26套;房改房上市交易审批932份,其中经济适用房47份;办理房屋产权证80份。

安排好职工住宅维修大修,妥善区分待修对象的轻重缓急是基本原则。雨季过后,按照集团公司党政联席会决议,中心安排了包括建设里9栋在内的多栋住宅楼进行外墙防水大修。这项工作引发了建设里其他住宅居民的强烈攀比。房产中心向来访职工耐心解释,并会同集团公司办公室领导到建设里走访多户居民,向他们反复说明中心做出这种安排的理由及下一步工作思路,取得该处居民谅解。2012年,职工住宅房屋维修工作先后完成了东港里、工人里、工人南里等小区共计18栋住宅的屋面防水大修工程;青松小区屋面防水及外墙维修工程;青云里高层住宅防雷检测工程等。

【地产管理】 2012年,地产公司总资产1559万元,负债6万元,所有者权益1553万元,净利润-429万元,同比增加亏损96万元。2012年利润总额较集团公司下达的

年度考核指标 -500 万元减亏 71 万元。

积极推进西港搬迁改造工程。整理西港开发方案及相关支持政策；研究西港区规划开发设想和省发改委调研的有关内容；估算秦皇岛港西港区港属土地开发收益；与策划机构对一期工程策划成果反复研究，提出全面细致的修改意见，与策划机构充分沟通，丰富完善定位报告内容，完成西港区开发一期工程策划工作，从市场层面为西港区开发改造提供支持。

积极开展黄骅港综合港区配套办公用地开发项目。按照省国资委和集团公司工作要求，积极沟通和协调，完成"沧州渤海新区港口房地产开发有限公司"的设立工作；组织专业机构编制黄骅地产项目可行性研究报告；组织公司相关部门负责人赴黄骅考察现场并与沧州渤海港务公司就项目下步工作进行对接；积极推进黄骅港综合港区配套用地项目总体规划方案编制；多次向当地政府有关部门咨询有关政策及土地装入思路的可操作性和相关细节，深入研究土地用途变更及装入沧州渤海港口房地产公司的思路，起草汇报材料，力争年底完成土地装入工作。

研究港口旅游及南山片区规划开发等项目。结合集团公司计划开展港口旅游项目策划和可行性研究，走访市发改委、规划局、城乡规划主管部门及相关部门，对南山办公楼、旅游接待中心等项目的落地操作路径及规划设计条件进行咨询和调研；完成《关于推动港口旅游，尽快启动南山片区开发的建议》和《南山片区规划设计任务书》；配合战略发展部对发展港口旅游产业进行深入研究，完成《关于发展秦皇岛港港口旅游产业的报告》。

按照集团公司工作安排，对港口体育场及其周边非生产性可开发土地进行调研，邀请专业机构开展上述区域住宅开发项目市场定位和规划前期研究，已初步完成意向性方案编制。此外，结合设计方案提出总体营销思路。

加强基础管理，推动整体工作健康快速发展。一是制定下发加强专项工作管理制度和办法，为推进管理创新，逐步实现企业管理规范化、精细化奠定基础。审议下发《施工现场安全管理办法(试行)》，针对项目具体特点，进一步规范安全防范措施，确保现场项目施工安全。按照集团公司"开展港区环境容貌综合治理活动"通知要求，公司制定下发《环境容貌管理考核办法(试行)》和《环境容貌管理责任区域划分办法(试行)》，促进环境容貌综合管理水平提升，为暑期工作奠定良好基础。二是逐步深化财务管理工作。按照集团公司统一部署，从 1 月 1 日起执行《企业会计准则》，需要调整在《企业会计制度》基础上设立的科目和报表体系统，经过精心准备，顺利完成建立新的核算体系任务。参加集团公司新会计核算软件培训，与财务部和软件公司密切配合，完成调试并熟练掌握了新软件操作功能。加强日常财务核算和监督工作，严格执行财务预算和决算编制要求，确保会议信息及财务报表报送及时、准确、全面。三是结合集团公司对地产公司的定位，多次深入讨论研究，开展地产公司战略规划调整工作，初步完成《地产发展有限公司发展战略(2012—2020)》，为地产开发盈利新模式提供助力。四是完成公司本部和子公司的工商管理工作。由于地产公司出资人名称、法定代表人、总经理、注册资本和公司名称等多项工商登记内容变更，及时修改《公司章程》,完成工商变更和年检工作。

【方大房地产】 方大房地产公司新的营业执照于2012年4月30日正式下发，标志着集团公司全面接管方大公司运营工作。方大公司本着“全面掌控、推进业务、强化管理、控制风险”的原则,坚决贯彻落实上级有关决定,通过加强内部管理,协调解决遗留问题,逐步恢复公司正常运营,为下一步推进项目开发夯实基础。

开发经营取得阶段性进展。克服困难,开拓思路,积极做好外部稳定工作,全面推进开发经营工作。面对近百家施工和材料供应单位讨要工程款的要求，方大公司热情接待,耐心解释公司现状,赢得绝大多数欠款单位的理解,维护了公司和社会的稳定。

方大公司针对赤土山改造项目拆迁工作存在的问题,多次派员与北戴河区各级政府、赤土山村委会及村民代表进行沟通，对拆迁情况进行细致摸底,开展专题研究,为下一步研究制订拆迁方案夯实基础。为确保赤土山村民的稳定，方大公司积极与北戴河区政府拆迁指挥部就补充过渡费发放程序进行沟通协商，及时为已拆迁的赤土山村民发放了补充过渡费681万元,并如期发放了2012年10月1日至2013年3月31日期间的拆迁过渡费。开展赤土山安置房B、C、D标段结算审核工作。通过比选方式确定3家审计单位对赤土山安置房B、C、D标段结算进行审核工作，相关单位已按规定进度完成初审工作。

做好滨海城小区维修工作。针对滨海城小区墙体发霉、屋顶、退台、外墙漏水等情况,公司工程部门与物业公司积极配合,共同进行维修工作,已进行施工260户,完成180户,建筑面积约7000平方米;完成小区道路和门禁系统的维修工作；开展消防联动系统调试工作。

协调解决银行贷款问题。方大公司通过与银行沟通协商，形成不良贷款解决初步方案,经集团公司董事会审议通过,最终以债权转让方式与银行方面签订协议,解决了银行贷款问题。同时,积极配合集团公司与银行方面的协商工作，在贷款利息的减免方面取得明显成效，工商银行已同意减免公司350万元贷款利息，建设银行同意减免公司460万元贷款利息。

2012年4月,集团公司全面接管方大房地产公司运营工作

开展赤土山村改造、安置用地的土地证补办工作。方大公司按要求向北戴河区

方大房地产公司开发建设的滨海城小区一角

国土局报送补办土地证的相关资料，北戴河区国土局已对赤土山村安置房项目和改造项目现场查看完毕，此项工作仍在进行中。

股权收回工作成效明显，公司运营保持稳定。新的营业执照下发后，方大公司迅速召开全体职工会议，传达上级政府部门和集团公司的有关要求，宣布集团公司拥有100%股权，要求全体职工统一思想，坚守岗位，履行职责，确保公司稳定。召开公司董事会，完善公司法人治理结构。5月15日，方大公司召开第一届董事会第三次会议，确定公司组织架构，与会董事、监事对公司发展提出了有益的建议，为下一步工作开展奠定了基础。召开新一届领导班子会议，对涉及公司发展的重大问题，包括中层干部人选、劳动关系、项目开发、诉讼案件等事项进行研究。方大公司积极配合集团公司股权收回工作，取得明显成效，已有10名原股东签订退股协议。

维护团结，着眼大局，全面细致开展员工队伍建设工作，保障公司的正常运营。公司对内部职工从讲政治顾大局、遵章守纪等方面做了大量思想政治工作，统一职工的思想，内部凝聚力得到增强，绝大部分职工能坚守岗位，不计报酬，努力工作。

为加快推进方大公司综合财务审计和评估工作，各部门相关人员积极配合，做好相关工作。审计单位已完成该项工作并出具审计报告。完成公司房地产企业开发四级资质核定工作；完成公司资产清查工作。

方大公司组织相关人员，逐步建立完善安全管理体制，成立“安全生产委员会暨应急委员会”，制定印发《安全生产责任制度（试行）》《安全生产管理制度（试行）》《安全操作规程（试行）》等安全管理规章制度，为安全工作的开展奠定坚实基础。按照集团公司安全紧急会议精神，对公司安全工作进行部署。开展安全自查，不断改进安全管理工作，消除安全隐患。雨季前对赤土山安置房项目地块做好场地平整，并开挖排水沟渠，从而消除了房屋可能因雨水浸泡造成沉降不均匀而导致房屋报废的隐患。为避免雨水冲刷护坡土方以及安置房区域内积水造成国家财产的损失，消除安全隐患，经方大公司领导班子研究，采取永久性解决方案进行施工，该工程已通过验收。为保证暑期战备安全，完成海军雷达站战备通道的施工任务；入冬前对赤土山安置房区域大量荒草进行割除，消除了火灾隐患。

生活服务

【概况】 2012年，后勤分公司坚持立足“港内求生存，港外谋发展”的发展战略，紧紧围绕年初制定的经营目标，突出重点，扎实推进，各项工作取得新成绩。公司实现收入4736万元，成本支出1.06亿元（不含港口宾馆和方宇物业），与年初集团公司下达的年度利润指标–5986万元相比，减亏600余万元。方宇物业公司实现收入455万元，同比增加176万元；经营净利润为68万元，同比增加61万元。港口宾馆全年收入首次突破1000万元大关，利润为–803万元，完成2012年度任务指标。后勤分公司安全生产实现2012年度奋斗目标，食品安全实现零事故。

【发展路径】 努力破解发展难题，经营管理工作稳步推进。进一步理清各业务单元发展思路，对其发展定位进行了深入分析探讨。先后赴珠海、烟台、天津、北京等主要港口和城市学习调研，拟订餐饮公司和旅游公司组建方案及可研报告、方宇物业公司业务重组方案；针对幼儿园的生存现状，提出市场化经营的思路；根据印刷厂多年经营情况分析，提出“停办退出”的建议。

推进关联交易定价与市场接轨。本着市场化、公平性原则，开展了与秦港股份关联交易统计分析；向卫环中心提出《关于2013年清扫、清运、清掏等相关业务关联交易的思路》，并在进一步协商中；《关于调整通勤车收费标准的请示》获集团公司批准，2012年通勤车收入较2011年增收890万元；公司全年新增关联交易收益1500多万元；根据经营管理的需要，进一步深化内部业务整合，撤销东港文化中心，相关人员和资产并入综合服务队；合并一公寓、二公寓，成立公寓管理中心，优化了公司内部组织结构和业务结构。

港口宾馆实现行业资质升级，取得国家三星级饭店的资质，整体运营质量迈上新台阶，同时完成了宾馆分公司执照注册。

降本减支显现成效。为一公寓安装监控报警系统，采用技术手段加强公寓管理，减少了门卫岗位和劳务用工；加强维修管理，部分维修项目由方宇物业公司负责，减少外委，降低了维修费用；以市场价位为导向，在成本核算基础上，调整房屋租赁政策，实现房屋租赁增收；理顺合同管理流程，规范合同文本，2012年签订各类合同634份，未发生任何经济合同纠纷。

8月9日，副市长邢留速（中）实地考察后勤分公司东港早餐店，对早餐品种、质量以及卫生环境表示满意

【业务拓展】 方宇物业公司承揽秦港股份煤炭调度指挥中心综合楼物业服务项目，挂牌运营，为进一步拓展服务市场进行新尝试。通过完善服务制度，

港口宾馆2012年以承接会议、团餐拉动客房和餐饮业务,图为服务员为订餐客人摆放凉菜拼盘

餐饮中心在丰富饭菜花样品种上下功夫,让就餐职工吃得称心

落实服务举措,港口物业服务能力得以充分发挥。餐饮中心接管了六分公司食堂,经过半年多调整、磨合,实现了六餐厅由六分公司自主管理模式向后勤统管模式平稳过渡。启动"早餐工程",东港早餐店作为首个早餐点正式营业,彻底解决东港区职工早餐难的问题,市政府、市商业局和集团公司领导多次到现场参观考察,给予充分肯定。宾馆接待住宿宾客同比增长33%。以承接会议带动餐饮客房收入,成为全年经营工作一大亮点。汽车队与之海船代公司签订通勤服务合同,承揽港区船员接送业务,年创收15.3万元。卫生清扫队与多家港务分公司签订清扫清运及用车协议,年收入达442.6万元。幼儿园围绕特色办园,发掘一切可利用的教育资源,在保证基础教学质量的同时,对幼小衔接教育课程和专科教学进行了丰富,满足家长对不同阶段幼儿成长的需求,留住了生源。唐山曹妃甸港区通勤和黄骅港综合港区道路清扫业务,依靠优质服务赢得客户信赖,为公司进一步拓展港外市场积累了经验。

【提升服务质量】 加强沟通交流,不断完善服务措施,落实服务承诺,为港口生产和职工生活提供了良好的后勤服务。圆满完成集团公司第一届职工运动会800余人的用车保障、午餐供应工作;克服一切困难,积极协助生产作业单位做好暴雨过后应急抢险服务工作,抢险期间为生产作业单位提供早、中、夜餐共计20052份,投入车辆29台次,接送抢险人员3000余人。2012年,通勤车安全接送通勤职工104万人次,行程75万多千米;机关车队长途出车1920台次、市区出车2398台次,安全行驶168万多千米;清扫队完成港区总清扫面积4976万平方米,绿地保洁292万平方米,垃圾清运10500吨;餐饮中心每天接待就餐职工3000余人次;幼儿园月均收托幼儿658

3月7日，后勤分公司第二幼儿园教师以“特色办园”为主题，带领幼儿做集体游戏

加强安全标准化建设，公司各基层单位全部通过集团公司或后勤分公司标准化考核。食品安全管理方面，认真落实《中华人民共和国食品安全法》，加强三级食品安全管理保障体系建设，强化食品采购、验收入库、储存、加工、出售、消毒全程动态监督，港口宾馆、餐饮中心7个餐厅及幼儿园3个食堂没有发生任何食品安全事件。

人。同时，着眼集团公司机关本部运转的实际需求，坚持做好集团公司所属办公楼设备设施检修维修、办公用房管理、会务保障和环境卫生等服务工作，最大限度地保证集团公司本部的工作秩序和工作效率；以“人性化”的举措服务单身职工和劳务工，为职工解除后顾之忧。

【安全管理】 全面强化基础工作，安全管理取得较好成效。安全生产管理方面，认真贯彻“安全第一、预防为主”方针，深入开展“查隐患、堵漏洞、保安全”活动。2012年开展安全检查16次，完成隐患整改32项，维修灭火器材384个，投入整改资金30余万元；开展安全知识竞赛、应急预案演练，组织各种安全培训累计953人次，职工安全意识明显提高；修订《集团公司后勤分公司安全操作规程》，坚持安全生产责任制、领导安全带班制、与相关方企业协议互保制以及安全责任奖惩制，安全职责层层落实，管控能力不断增强；

酒店管理

【港口宾馆】 2012年，港口宾馆实现收入1152万元，成本支出1955万元，完成利润-803万元，与年初集团下达的利润指标相比，减亏231万元，减亏幅度达20%。资质升级取得新突破，成功晋升国家三星级饭店。宾馆呈现从经济型向舒适性的发展变化，参与市场竞争能力进一步加强。企业改制取得新成绩，顺利取得宾馆分公司营业执照。

突出主线，多措并举。宾馆以管理促经营，向管理要效益，积极探索工作新方法，

港口宾馆2012年被评为国家三星级饭店

宾馆雅间

宾馆四季厅

努力破解发展难题，经营管理取得一定成效。宾馆年初制定“打造会议中心，以会议带动餐饮、客房”的经营思路，将闲置的B4楼改造成会议室和会客室，为多功能厅更新了地毯、窗帘、中央空调，添置LED会标显示屏，进一步完善会议配套设施。全年接待会议96个，会议室收入65万元，同比增长38万元；会议带动餐饮、客房等收入105万元，同比增长75万元。在客房销售方面，充分利用网络信息平台，先后与艺龙网、携程网和去哪儿网销售平台签订合作协议，宣传推介港口宾馆，实现网上订房。2012年，宾馆通过网上订房118间/天，收入近3万元。2012年接待住宿宾客10907天次，同比增长34%；客房使用率41%，同比增长11个百分点。餐饮接待方面，通过“走出去”和“请进来”两种模式对从业人员进行技能培训和提升，不断翻新烹饪花样，坚持定期推出新菜品，稳定消费市场，同时大力发展婚宴、满月宴等大型团餐，完善接待流程，保证产品质量，提高宾馆的知名度。2012年接待就餐宾客5.3万人次，日营业额达到1.4万元，同比提高35%，创历年最高纪录。

强化考核，激励到位，全员营销见成效。2012年，宾馆继续加强营销力度，树立市场经营意识，改进营销运作方式。试行营销员业绩考核制度，使营销员人人有任务，超额有奖励，全年销售人员超额44万元完成任务指标，宾馆兑现奖励1万余元。继续推行全员营销奖励政策，广大职工积极参与，全年职工招揽客源创收90余万元，同比增加30万元。经营管理实行绩效考核制度，年初将收支指标分解到部门，职工奖金与部门指标完成情况挂钩，彻底打破“大锅饭”，真正体现多劳多得，形成“工作比干劲、奖金比业绩”的良性竞争局面。依托集团公司，精心培育维护协议客户，2012年签订协议客户103家，其中，新开发客户8家，全年协议客户的酒店消费268万元，同比增加33万元。

落实责任，精细管理，充分发挥职能作用。强化财务和资金管理，严格执行部门经营承包责任制，坚持月度经营分析，及时掌握经营指标完成进度，及时发现和解决经营中出现的问题，加强应收账款管理，严格控制成本，集团公司考核的工资、劳务费、修理费、能源等指标均控制在指标之内。加强人力资源管理，重视职工教育培训，组织开展员工岗位练兵和技能比赛，进一步完善承包及业绩考核机制，充分发挥工资的激励及杠杆作用，鼓励职工参与经营，为企业献计献策。注重夯实基础，严格排查隐患，安全生产实现“四个零”奋斗目标。强化后勤管理，加强硬件建设，利用自有资金和人力，改造了华庭、216、217等餐室，请专业队伍设计装修了总台，为餐厅添置了异型餐具及冰柜、不锈钢碗柜等设备，改善了经营条件。坚持节能降耗，将能源指标分解到部门，每月进行统计分析，加强日常巡检，杜绝跑冒滴漏现象。2012年，宾馆支付燃料、水电等费用156.7万元，同比节约资金7.7万元，获得集团公司节能先进单位二等奖。

【海景假日酒店】 2012年，海景酒店营业收入4863万元，成本支出5602万元，利润–739万元。全年收入比2011年增加113万元，经营利润增加198万元，利润总额呈亏损状态。分析主要因素，一是2012年为了确保五星酒店复评工作顺利通过，公司加大酒店房屋及其他设施、设备更新和改造的投入，投入资金约200余万元，比2011年增加了170余万元，是成本加大的主要原因之一；二是全市酒店行业员工薪酬普遍上涨，人力资源成本增加7%；三是暑期旺季持续强降雨，酒店大堂、客房大面积漏雨，客房出租率比上年同期下降6%，酒店整体收入减少约100万元。

2012年酒店客源流失严重，团队士气下降。为了改善这种局面，避免给公司带来更多的损失，经营班子决定向洲际公司申请更换总经理人选。在暑期之前酒店高管人员调整基本到位，理顺了管理架构，经过公司和酒店管理方的共同努力，酒店各项工作平稳过渡，为完成2012年工作目标奠定了基础。员工满意度调查及宾客体验分数均呈上升趋势，宾客满意度在同行业中上升至16名，有8项在同类最佳酒店排名前3位。2012年，酒店获得旅游媒体网站“到到网”年度卓越奖，旅游休闲杂志最佳度假酒店奖。扩大酒店知名度，提高服务质量，增强管理团队凝聚力，经营管理工作得到进一步提升。

2012年，按照国家新版星级复核标准规定，海景酒店进入五星级饭店评定性复核阶段。海景酒店是秦皇岛市第一家五星级酒店，是集团公司对外接待窗口，此次复评成功与否将直接影响到集团公司的对外形象和酒店未来发展。为确保复评工作顺利通过，公司与酒店成立了由双方总经理担任组长的星级复核工作小组，对照复核标准，从硬件设施到软件服务进行全面检

海景假日酒店接待大厅

海景假日酒店西餐厅

海景假日酒店游泳池

查与整改。硬件方面,粉刷酒店主楼外墙、翻新客房及公共区域家具、更新地毯及客房设施、升级客房电视系统;软件方面,采取综合培训和各部门岗位培训相结合的方式,对照标准,逐项落实,重点加强服务细节和服务技巧培训,从细节入手提高服务质量;完善酒店规章制度、突发事件应急预案等管理规范,以制度为保障,以标准为纲领,全面提升酒店管理水平。8月中旬,酒店经国家级星评员检查,硬件设施及软件服务均达标,正式通过五星级饭店评定性复核,成为秦皇岛市唯一一家通过五星级复评的酒店。

抓安全促管理,督促酒店做好经营管理工作。公司全面落实集团公司安全生产部署,加强"三项制度"建设和基础台账管理。公司安委会会同酒店管理层开展经常性安全检查,重点加强节假日及大型营销活动现场安全检查,排查事故隐患,督促落实整改;检查酒店定期进行的全员消防演习,提高应急疏散预案的可操作性,增强员工应变能力和自我防护能力。在2012年暑期特大暴雨侵袭期间,公司和酒店多次召开紧急会议,布置防汛工作,落实防汛物资、食品供应、应急值守、险情排除等各方面工作,较好地保障了汛期酒店经营工作正常运转。

为了有效控制酒店财务支出,公司严格审核酒店对外签订的各种协议、合同;理顺费用支出的审批程序,从物资采购到款项支付等各环节实施全方位财务监控;逐级把关,严格审批;完善酒店资本重置项目计划、审批及资金落实等工作;通过规范监督审核,公司财务经营活动开展有序。

加强资产和设备管理,推进节能减排工作。一是加大固定资产管理力度,制定出台《固定资产管理办法》,明确管理部门和职责权限,依照管理办法指导酒店做好相关工作。针对酒店管理模式中与《固定资产管理办法》不一致的情况,双方积极研讨,逐项理顺,力求达到规范;成立以公司副总经理为组长的资产清查小组,全面开展固定资产清查工作,对各部门资产逐项检查落实,做到账物相符,按程序做好资产清理、报废工作,使公司的固定资产管理工作得到进一步加强。二是坚持设施设备周检查制度,督促酒店完善设备巡检制度,确保设施设备完好率;特种设备由专人负责外委保养,严格按照国家行业要求做好年检和保养,全面提升酒店维修管理水平,最大限度地保障酒店设施设备的良好运行。三是督促酒店做好节能降耗工作，针对存在问题，制定措施方案，从一滴水、一度电着手，培养员工良好的节能意识。2012 年，酒店完成酒店楼体照明节能改造，用 LED 灯替代大功率钠灯。强化制冷机组的维修和保养，调节客房水压，降低用水量，并根据天气情况适时调整制冷机组的运行时间和运行台数。通过上述节能措施，降低了能耗和能源成本。

供水供暖

【概况】 2012 年，水暖供应分公司努力提高经营收入，合理控制成本支出，实现利润 –3900 余万元，剔除人工费增加及关联交易税金等因素，减亏 265 万元，完成年度考核指标。

【优质服务】 积极协调，真抓实干，为港口生产提供优质服务。公司秉承“用户第一、服务至上”的宗旨，积极走访用户，及时沟通联系，加强运行调节，认真做好供暖、供浴、供汽、中水供应、下水疏通等各项服务工作，为港口生产提供坚实的服务保障。2012 年疏通污水管道累计 55.7 千米，疏通污水井 139 座，抽化粪池 47 个，完成中水供应 172.2 万吨，供水保证率 100%，水质消毒合格率 100%，设备完好率达 99.8%。

认真做好港区范围内污水管网疏通和泵房运行工作。经与市排水公司多次沟通协商，妥善解决了福寿里、仁和里小区的污水排放问题。在 2012 年 8 月防汛抢险工作中，按照集团公司指示精神，迅速组建抢险队伍，对受灾严重的 3 个住宅小区及港区青松路进行抽、排水作业。克服暴雨雷电天气带来的困难，昼夜连续奋战，有效控制汛情，圆满完成防汛抢险任务，累计完成抽水量 19.25 万立方米，为港区安全生产及职工正常生活提供了有力保障。积极做好博物馆暖气改造工程，在保证质量和安全的前提下，仅用 10 天优质高效地完成改造任务，为港口博物馆的早日开馆做出贡献。针对东山街小区污水主管道堵塞，造成污水外溢问题，公司紧急将外溢污水引入边防检查站院内污水管网，缓解了污水外溢现象，同时与海港区旅游局等单位联系，沟通协调污水管道改造工作。

公司各供热厂队提前做好供暖前期的各项准备工作，加大设备检修和调试力度，及时消除各种隐患，确保按时保质供暖。进入供暖期后，认真做好锅炉房及换热站的运行巡视，针对一次水温和气温的变化，加强对运行参数的调节，做好局部采暖效果不佳区域及部分远端用户供暖管网的热平

5月，水暖分公司东港供热队利用供热间隙时间对换热站、浴池和管道系统进行全面维护和检修

衡调整工作，同时对供暖设备设施出现的临时故障积极组织抢修，确保供暖稳定，供暖效果与往年相比得到很大提升。停汽期间，公司配合秦港股份设备工程部完成东港供热整合系统的自修、各换热站热计量仪表的安装及蒸汽管道、一次高温热水管道的压力检验工作。

按照集团公司要求，2012 年 3 月煤场浴池停止供浴，永久关闭，年节省运行费用 150 万元。针对东港区浴池太阳能系统和空气源热泵系统等多系统并联运行不匹配问题，公司采用双系统运行工艺流程，并根据各换热站的实际使用情况，逐一编制操作手册，绘制工艺流程图，为实现安全生产和规范管理提供了依据。

由于市第一污水处理厂升级改造，为减少因施工造成水源中断对中水生产的影响，公司多方联系，多措并举，保证了港区除尘用水需求，同时配合市排水公司完成中水厂中水管线迁移的相关工作。

公司黄骅运行班认真做好供水调节站的设备运行管理、外网管线巡视等工作，确保供水调节站转供水工作和临建办公楼冬季采暖工作的正常运行。本着做大做强的原则，公司进一步拓展业务范围，年初增加了黄骅港综合港区的室内外上下水维修业务及消防供水设施的管理工作。

【安全管理】 完善安全制度，深化隐患排查，推进安全管理标准化。公司认真贯彻落实集团公司安全生产工作部署，确保了公司安全生产形势稳定，实现生产安全无事故，被集团公司评为 2012 年度安全生产先进单位。

2012 年，在与集团公司签订安全生产责任书的基础上，公司与基层厂队、基层厂队与班组层层签订安全生产责任书，明确安全生产奋斗目标和管理责任，形成上下联动、层层互保的安全管理责任机制，将安全生产承诺制落到了实处。

服务管理分公司撤销后，水暖分公司主动适应新的安全管理模式和机制，以安全生产“三项制度”建设为切入点，重新修订《安全生产责任制》《安全管理标准化管理办法》等 13 项安全生产制度。组织开展形式多样的安全生产教育和培训，进行了全员安全知识考试，组织厂队长、专职安全管理人员参加集团公司集中培训，举办了班组长、工勤员安全基础管理培训班，分 7 期对公司 400 多名职工进行职业健康培训，提高全员安全生产意识，营造了浓厚的安全生产氛围。开展“打非治违”专项活动，加大“三违”的查处力度，重点对劳动防护用品穿戴、岗位值守、安全操作

8月30日，水暖分公司进行安全生产联查

规程执行情况等方面进行检查，杜绝了因“三违”而引发的安全生产事故。公司深入开展隐患排查工作，对作业现场、特种设备、电器设备进行认真排查。全年组织联查、抽查、专项检查20余次，共查出安全隐患51项，全部落实了整改措施，隐患整改率达到100%。

【综合工作】 深化人力资源管理，加大培训力度，不断提升职工综合素质。按照集团公司定岗定编的要求，对公司的岗位分布、劳动强度、运行时间、人员状况等进行细致的摸底调查，制定“理想”和“过渡”两套定员方案。同时根据公司生产运营实际情况和长期发展战略，对定岗定编方案进行有计划的微调，使岗位配备与人员需求始终保持合理状况，为下一阶段的薪酬结构调整打好基础。

4月12日，水暖分公司组织职工参加义务劳动，清理博物馆一期工程施工现场

以“技术赶超年”活动为契机，结合公司生产经营战略，采取以厂队培训为主的方式，从培养职工理论知识和业务技能入手，有针对性地开展岗位适应性培训。2012年完成培训416人次，为计划的109%，全员培训率达98.1%。

进一步提高精细化管理水平，健全管理流程，优质高效地完成各项工作。2012年在科室和基层厂队中推行周行政例会制度，总结工作完成情况，查找存在问题，并对下周工作进行安排部署。重新修订综合管理考核办法，增加厂队对科室的考核内容，健全科室和厂队间双向考核管理机制。缩短科室与厂队间的综合管理考评周期，由原来季度考评改为月考评。通过多措并举，抓好过程管理与结果管理控制，确保各项工作制度化、规范化运作。鉴于公司使用的生产经营系统在体现公司生产经营情况及时性、准确性等方面存在的不足，公司从计划和统计入手对生产经营情况进行重新分析，完善考核层级，细化考核指标，公司年度经营成本、收入考核体系初步形成，从而实现真实反映每月各项指标的完成情况，合理控制成本支出。

针对生产管理和设备运行管理工作中存在的问题和薄弱环节，公司开展生产现场及运行的专项治理活动，组织职能科室人员下基层、查现场，对发现的问题及时进行整改。加大检查和奖惩力度，提升了公司生产管理和设备运行管理水平。

严格做好年度预算和日常财务管理工作，提高资金管理的规范性，加强非生产性费用和可控费用控制，实行刚性考核，每月汇总可控费用的执行情况，减少预算外成本项目发生，确保每月承包指标的完成。

电力供应

【概况】 2012年，电力分公司以安全优质供电为中心，不断提高工作质量和服务质量，为港口生产、居民区生活供电提供保障。公司全年完成转供电量3.82亿千瓦/时(其中秦港股份用电量为3.15亿千瓦/时，占总电量的82.47%)，转供电量同比减少1000万千瓦/时。秦港股份下达的年度经营业绩考核指标为利润-5060万元，实际完成-4879.55万元，比计划减少亏损180.45万元。营业收入完成2.42亿元，其中转供电收入2.37亿元；成本费用支出总额2.79亿元，其中电费支出2.26亿元。

2012年，电力分公司强化调度指挥，安全优质转供电3.82亿千瓦/时

【安全质量】 深化现场安全管理，确保安全生产目标。秦港股份公司逐步完善安全操作规程、管理规章制度、安全生产责任制体系，并根据“三项制度”在落实执行中发现的问题，查找公司制度缺陷，修订和完善安全生产责任制、事故应急处置方案及安全操作规程。通过推进安全标准化管理进程，全面提高管理水平，实现了2012年度安全生产目标。

公司将创建安全标准化二级企业、隐患排查治理工作作为年度安全工作重点，采用“日常检查与专项检查”相结合的方式，对设备缺陷、事故隐患、管理漏洞进行逐级排查，限期整改、责任到人，确保公司生产经营活动安全有序进行。2012年解决公司级安全生产隐患1项，队级安全生产隐患30项。

加强职工资质培训和安全生产再教育工作。2012年公司组织156名职工参加进网许可证复审培训，186名人员参加特种作业人员安全操作资格证复审培训，组织单位负责人、科队长、安全监督员参加安全培训合格证书取证、复审培训。在做好职工资质培训管理的同时，定期组织职工参加安全生产再教育，培训率达100%。

以优质供电为中心，为港口持续发展提供供电保障。加强供电基础管理工作，加大设备、线路巡视检查力度，强化设备运行管理维护，落实无人值守变电所巡检、机容机貌管理制度。细化巡视检查制度，完善设备运行维护记录；对设备隐患整改进行布置、统计、检查和考核，确保可靠供电。建立完善的供电应急保障机制。在2012年遇到的极端恶劣天气、重大事项保电工作中，电力分公司反应迅速、认真组织、科学谋划，确保了港区电力有效供应。

充分利用春秋两季进行电气设施预防性试验、检修，对电气设备进行全面诊断，并建立健全试验数据档案，为设备安全运行、维修及更新改造提供理论依据。确保设备运行状况良好。

4月13日，巡检电工登上设备顶端精心检查，保障安全供电

作票、应急抢修单、设备线路巡视作业票等工作制度。通过调整机构设置使公司管理专业化，进一步适应工程项目自主维修、对外工程承揽的需求。通过科学合理的人员结构调整，确保所有工程施工项目能独立完成。2012年在做好供电设施运行维护、自主维修的基础上，供电队进行了35千伏1#站6千伏开关改造工作，技术科完成了调度室调度运行系统搬迁，经试验合格已投入运行。

【内控管理】 加强内控管理，确保经营指标顺利完成。公司营业收入主要以供电收入为主，用电计量、核算及收费工作的内控管理是确保经营指标完成的工作重点。坚持定期进行电量平衡分析，加强计量器具周检、巡检并结合严密的计量管理收费流程，确保电能计量准确率。做好用电效能监察工作，加大用电监察力度，查处违章用电，整顿用电秩序，避免电量流失。加强物资计划采购管理。通过物资计划采购的统一闭环管理，在满足生产需求前提下，进一步压缩成本。加强能源管理，做好节能减排工作。将能源消耗指标层层分解并严格考核，认真落实能源管理实施细则，通过节能减排宣传活动唤起全员节能意识。

坚持以制度建设为突破口，以"细化责任、量化标准、健全考核、严格奖惩"为重点推行精细化管理工作。完善各项规章制度、工作流程，做到制度、程序规范齐全，执行有据、行之有效。2012年，公司机构设置调整，修订、制定规章制度50项，重点推行了科室岗位日工作写实记录、部门周计划报告、生产岗位工

【市场开拓】 公司在承接黄骅港综合港区110千伏变电站运行管理工作的同时，还负责港区供电设施维修、巡视、检修工作。对外完成国投曹妃甸变电站、所设备调试和曹妃甸实业公司变电站、所及单机调试工作。对三分公司、六分公司、杂货分公司等单位进行变电所高压试验和继电保护调试。2012年对外开拓市场收入458万元。为提高公司对外承揽业务的竞争力，公司在鼓励专业技术人员取得专业执业资格的同时，为取得"承装(修、试)电力设施许可证"三级资质做了相应工作。

8月4日，电力分公司外线电工争分夺秒抢修线路故障

河北港口年鉴 2013

HEBEI GANGKOU NIANJIAN 2013

党群组织

中共河北港口集团有限公司委员会

【机构人员】 2012年，集团公司党委设常委7人，其中包括书记1人、副书记2人。集团公司党委下设二级党委8个，三级党委15个，党总支10个，党支部273个，拥有党员6812名。集团公司党委由省国资委党委和市委双重管理。

集团公司党委下设集团公司党委办公室、党委组织部、党委工作部、纪委、工会、团委6个党群工作部门。各分、子公司党组织分别设立了党委办公机构和党群工作部门，集团公司共有专职党务工作者251名，兼职党务工作者279名。

6月29日，集团公司召开纪念建党91周年暨“创先争优”活动表彰大会

【政治保证】 2012年，集团公司党委全面贯彻落实中央、省委和省国资委党委工作部署，深入学习贯彻党的十八大精神，坚持融入中心，服务大局，以先进性纯洁性建设为主线，以完善体制机制为目标，以深化“创先争优”为契机，强力推进干部人事制度改革、形势任务教育、惩防体系建设、构建和谐劳动关系等各项重点工作，把党的政治优势、组织优势转化为企业的核心竞争力，使集团公司政治工作与生产经营有机结合、协调发展，为全面完成省国资委下达的年度各项目标任务提供坚强的政治保证。

2012年，集团公司获得“全国企业文化建设优秀单位”“中国绿色物流联盟”成员企业、“2012河北十大和谐企业”、省国资委系统“‘做责任企业’主题创建活动先进单位”等多项荣誉。

5月10日，秦港股份七分公司与神华驻秦皇岛办事处开展文明共建活动，组织职工参观辽沈战役纪念馆

【党建工作】 深化“创先争优”活动，全面实行党建、管理、岗位工作“三重”对标，建立“创先争优”长效机制，促使队伍提素质、党建上水平、党员争优秀、企业进位次、职工得实惠，使“创先争优”活动真正成为职工群众满意工程。深化干部人事制度改革，制定完善公开选拔、公开招聘、民主推荐、后备干部

管理等制度，调整领导人员 189 人次，使领导人员队伍的年龄结构、知识结构更加合理，领导班子成员素质提升、个体优势互补、整体功能优化。加强人才队伍培养工作。开办香港物流培训班，建立张海波国家级技能大师工作室，举办机修工实操强化培训，队伍素质不断提高。夯实党建基础工作，规范集团公司基层党组织设置，完成了服务管理分公司所属党组织隶属关系调整，对 269 个基层党支部实行分类定级，强化了基层党组织管理。深入开展“党小组建设年”活动，加强党支部书记、党小组长业务知识培训，实现了党建工作重心下移。

5月31日，秦港股份六分公司卸车队党支部与大秦车务段柳村南站党总支结对共建，促进两单位间的党政工作和生产业务拓展

12月4日，集团公司党委举办“学习贯彻党的十八大精神暨双百双促活动”培训班

开展“加强基层建设年”活动，集团公司帮扶工作组全面完成省委提出的帮扶任务，帮扶投资总额达 972 万元，受到村民高度称赞。积极参与向遭受“7·21”洪涝灾害地区捐款等社会公益活动，累计捐赠 780 万元，履行了国有企业的社会责任。

组织干部工作

【班子建设】 加强领导班子和领导人员队伍建设，探索拓宽选人用人新渠道。贯彻省委关于提高选人用人公信度工作精神，深入基层单位对集团公司选人用人工作进行调研，通过面对面沟通、发放调查问卷等形式，广泛听取基层单位对集团公司选人用人工作的意见和建议。通过研究梳理，提出进一步加强和改进集团公司选人用人工作的建议和方案，为进一步加强和改进集团公司选人用人工作奠定了基础。在干部人事制度改革方面进行了新的尝试，通过民主推荐、资格审查、公开答辩、组织考察等公开选拔工作程序，选聘了 3 名港口医院副院长和 1 名港口公安局消防支队支队长。公选工作中扩大了民主推荐范围，引入了集团公司外部评委参与的公开答辩环节，做到信息、过程、结果三公开，使公选工作民主性、公正性得到大幅加强，收到了良好的效果。公开选拔工作为集团公司选人用人探索了新途径。

加大领导人员调整和配备力度。结合集团公司改革和战略发展需要，加大人员调整力度，2012 年调整领导人员 189 人次（含秦港股份），进一步优化了所属单位领导班子结构。其中，组织召开 2 次集团公司中层正职以上领导人员民主推荐会，选任和调整了 3 名秦港股份副职领导人员，并根据秦港股份换届工作需要，提名推荐秦港股份董事、监事及高级管理人员人选，进一步充实秦港股份领导班子力量，完善了秦港股份法人治理结构。2012 年，结合省国资委规范监管企业领导人员兼职有关要求，共调整集团公司（含秦港股份）投资企业董事、监事和高级管理人员 113 人次，进一步完善投资企业法人治理结构。2012 年共提拔中层领导干部 80 人。通过领导人员调整提拔，进一步优化集团公司所属单位领导班子结构，为集团公司改革和战略发展提供强有力的组织保证，赢得广大干部职工的信任和支持。

6月29日，集团公司党委召开纪念建党91周年暨“创先争优”活动表彰大会

改进和创新领导人员考核工作。在 2011 年度考核工作中，按照集团公司党委新制定的《集团公司所属单位领导班子和领导人员综合考核评价实施办法》（试行），以经营实绩和管理水平为依据，将定量考核与定性考核相结合，突出经营业绩考核权重，实现了分类考核、量化评价，提高了考核工作的科学化水平，增强了各级领导班子和领导人员干事创业的积极性和主动性。通过不断探索研究，进一步完善考核工作程序，为做好年底进行的 2012 年度考核工作奠定了基础。在投资企业委派高管人员的考核方面，创新召开集团公司投资企业委派高管人员述职大会，23 家投资企业高管在会上述职，集团公司主要领导逐一进行点评。通过述职进一步了解和掌握了投资企业经营情况，为调整和加强投资企业管理具有实际意义。

【组织建设】 深入开展“创先争优”活动。以党建、管理、岗位工作三重对标为重点，以“四比八促三提高”为抓手，以党员先锋岗、党员责任区、建支工程等活动为载体，扎实开展“创先争优”各阶段工作，实现“创先争优”与企业生产经营、改革发展的深度融合。涌现出省国资委先进党支部 2 个、优秀共产党员 3 名、优秀党务工作者 2 名，市先进基层党组织 1 个、优秀共产党员 2 名、优秀党务工作者 2 名等先进典型。召开纪念建党 91 周年暨“创先争优”表彰大会，总结工作，表彰先进，掀起“创先争优”活动新高潮。

夯实基层组织建设。对集团公司269个基层党支部（含秦港股份）进行了分类定级，使基层党支部认清不足，进一步明确工作目标。指导基层党组织做好换届选举、委员增调补等工作，夯实了党建工作基础。完成了服务管理分公司所属党组织隶属关系调整及党费台账整理清算等工作，及时规范了组织设置。扎实做好发展党员、党内统计等基础工作，举办入党积极分子培训班。选派集团公司领导及中层干部参加全省“基层建设年”活动，组织开展项目攻坚、组织提升、机制建设、维稳安保和督导促进等专项工作，全面推进省十项重点建设项目实施，认真谋划自选项目，统筹推进帮扶项目的各项工作。

加强党员队伍建设。注重党员教育管理，集团公司党委开展“喜迎十八大、双百双促”活动，以“百名书记讲党课、百名书记进党校”为基本方式，促进集团公司党建工作和企业

综合管理水平提升，促进年度各项任务的完成。集团公司党委书记带头讲党课，各基层党组织周密组织，共举办专题党课142场，取得较好效果。丰富党

5月23日，七分公司党委召开“党支部基础工作对标交流会”

6月28日，铁运分公司修缮段党支部开展“迎七一、学党史、颂党恩”主题党日活动

8月3日，集团公司党委举办“惠在何处，惠从何来”形势报告会暨专题党课

员组织生活，开展“弘扬西柏坡精神，加强党性教育”专题党日、“学党章、讲党性、争先锋、作表率”党性教育知识竞赛、征集“党员教育好方法”和走访慰问党员等活动，引导和激励基层党组织和广大党员履职尽责创先进、立足岗位争优秀，以扎实有效的党建工作，增强了集团公司党组织的内在活力。

【制度建设】 建立健全领导人员选任和管理制度。按照上级相关制度规定和工作要求，结合集团公司战略发展需求和具体工作实际问题，新建或修订集团公司领导人员选任和管理制度，包括《公开选拔领导人员工作实施办法》《公开招聘领导人员工作实施办法》《科级管理人员竞争上岗工作指导意见》《领导人员任职试用期制度实施办法》等9项。在制度制订过程中，多次组织召开专题研讨会议，广泛征求相关单位的意见和建议，确保制度制定的科学性和合理性。制度体系的逐步建立健全，为加强集团公司领导人员选任和管理工作奠定了基础。

建立健全党建工作制度体系。研究制定《进一步提升党的建设科学化水平的意见》《落实党建工作责任制实施办法》《基层党支部公推直选实施办法》等党建工作制度，进一步规范党建工作程序，修改完善《基层党组织选举工作实施细则》《关于加强和改进党员教育管理工作的若干规定》等8项制度，构建了内容完备、结构合理的党内制度体系。

【直管干部任免】

2012年河北港口集团有限公司直管干部任免表

表24

序号	姓名	任　职	任　时	备　注
1	宋广学	港口医院党委书记	2012年1月8日	正处级 试用期一年
2	南自成	调研员	2012年1月8日	
3	赵卫国	办公室副主任	2012年1月12日	副处级 试用期一年
4	赵君章	政策研究室主任	2012年1月12日	正处级 试用期一年
5	杨喜平	港口宾馆经理	2012年3月3日	
6	刘　宏	卫环中心主任	2012年3月3日	
7	邵竞伟	物资中心副主任、秦港股份物资中心工会主席	2012年3月3日	副处级 试用期一年
8	朱建东	社保中心主任	2012年3月3日	副处级 试用期一年
9	陈立志	秦港股份副总工程师	2012年3月3日	正处级 试用期一年
10	曹　栋	秦港股份审计部部长，沧州黄骅港矿石公司监事	2012年3月3日	
11	张　军	秦港股份铁运分公司经理	2012年3月3日	
12	刘　宏	秦港股份卫环中心主任	2012年3月3日	
13	张亚青	秦港股份投资发展部副部长	2012年3月3日	副处级 试用期一年
14	朱红梅	秦港股份审计部副部长	2012年3月3日	
15	夏志新	秦港股份二分公司副经理	2012年3月3日	副处级 试用期一年

续表24

序号	姓名	任　　职	任　时	备　注
16	王　强	秦港股份二分公司副经理、工会主席	2012 年 3 月 3 日	副处级 试用期一年
17	杨春元	秦港股份技术中心副主任	2012 年 3 月 3 日	
18	乔忠礼	水暖分公司党总支书记	2012 年 3 月 3 日	正处级 试用期一年
19	宋广学	港口医院纪委书记	2012 年 3 月 3 日	
20	刘振洋	调研员	2012 年 3 月 3 日	
21	耿学谦	副调研员	2012 年 3 月 3 日	
22	赵来泉	副调研员	2012 年 3 月 3 日	
23	王景志	主任科员	2012 年 3 月 3 日	直属正科级
24	马成柱	秦港股份工会副主席	2012 年 3 月 3 日	正处级 试用期一年
25	郭佳滨	秦港股份六分公司党委书记	2012 年 3 月 3 日	
26	陈海烈	沧州黄骅港矿石公司董事、董事长、党委书记，沧州黄骅港钢铁物流公司董事、副董事长	2012 年 3 月 3 日	
27	杨学军	沧州黄骅港矿石公司董事、代总经理	2012 年 3 月 3 日	副处级 主持工作
28	孙远航	秦皇岛中理外轮理货公司总经理	2012 年 3 月 3 日	正处级 试用期一年
29	刘云腾	秦皇岛中理外轮理货公司董事、董事长、党总支书记	2012 年 3 月 3 日	正处级 试用期一年
30	薛利民	调研员	2012 年 3 月 3 日	
31	计　祥	调研员	2012 年 3 月 3 日	
32	张平原	调研员	2012 年 3 月 3 日	
33	李德高	调研员	2012 年 3 月 3 日	
34	张保民	副调研员	2012 年 3 月 3 日	
35	杨　光	副调研员	2012 年 3 月 3 日	
36	李行志	副调研员	2012 年 3 月 3 日	
37	郑玉军	秦皇岛港公安局副局长、黄骅港区分局分局长	2012 年 3 月 22 日	副处级 试用期一年
38	刘贺莹	计量检测中心主任	2012 年 3 月 22 日	
39	赵剑平	董事会办公室主任 办公室主任	2012 年 4 月 23 日	
40	葛庆成	总经理助理 投资管理中心主任	2012 年 4 月 23 日	
41	张维健	总经理助理	2012 年 4 月 23 日	
42	韩利威	总经理助理	2012 年 4 月 23 日	
43	李永来	人力资源部部长	2012 年 4 月 23 日	
44	韩利威	秦皇岛港方大房地产开发公司董事长	2012 年 4 月 23 日	推荐任职
45	何善琦	秦港股份党委副书记	2012 年 4 月 23 日	
46	马喜平	秦港股份党委委员	2012 年 4 月 23 日	

续表24

序号	姓名	任　　职	任　时	备　注
47	范国明	港口医院副院长	2012年5月7日	副处级 聘期三年 其中试用期一年
48	王富耐	港口医院副院长	2012年5月7日	副处级 聘期三年 其中试用期一年
49	巨喜焕	港口医院院长助理	2012年5月7日	直属正科级 聘期三年 其中试用期一年
50	张浩然	后勤分公司经理、党委副书记	2012年5月7日	
51	杨喜平	后勤分公司常务副经理、常务副书记	2012年5月7日	正处级
52	李永平	后勤分公司副经理	2012年5月7日	
53	武连才	后勤分公司副经理	2012年5月7日	副处级 试用期一年
54	周承韬	监理公司经理	2012年5月7日	正处级 试用期一年
55	周春旭	通信分公司党总支副书记、工会主席	2012年5月7日	副处级 试用期一年
56	王广奇	监理公司党支部书记	2012年5月7日	正处级 试用期一年
57	高书博	监理公司副经理	2012年5月7日	
58	张洪民	监理公司副经理	2012年5月7日	副处级 试用期一年
59	王淑梅	海景酒店有限公司总经理	2012年5月7日	正处级 试用期一年
60	李静华	海景酒店有限公司副总经理	2012年5月7日	副处级 试用期一年
61	王录彪	物流事业部总经理	2012年5月7日	兼
62	石景山	物流事业部副总经理	2012年5月7日	副处级
63	奚吉祥	秦港股份安全监督部部长	2012年5月7日	正处级 试用期一年
64	马运波	安全监督部副部长	2012年5月7日	
65	戚　彬	驻京联络处主任	2012年5月7日	直属正科级 试用期一年
66	杨新宏	秦港股份办公室、党委办公室、董事会办公室主任	2012年5月7日	
67	付佑江	秦港股份人民武装部部长	2012年5月7日	
68	张　放	秦港股份党委工作部副部长	2012年5月7日	副处级 试用期一年
69	侯幼农	秦港股份二分公司党委书记、纪委书记	2012年5月7日	
70	李冬生	秦港股份铁运分公司党委书记、纪委书记	2012年5月7日	正处级 试用期一年
71	杨富俊	秦港股份劳务分公司党委书记、工会主席	2012年5月7日	
72	陈学群	秦港股份物流分公司副经理、工会主席	2012年5月7日	直属正科级 试用期一年
73	陈　冰	秦皇岛港新港湾集装箱码头公司党支部书记	2012年5月7日	正处级 试用期一年
74	王　刚	秦皇岛港新港湾集装箱码头公司党支部副书记、工会主席	2012年5月7日	副处级 试用期一年
75	杨学军	沧州黄骅港矿石公司总经理	2012年5月7日	推荐任职
76	耿承轶	沧州黄骅港矿石公司副总经理	2012年5月7日	推荐任职

续表24

序号	姓名	任　职	任　时	备　注
77	李志波	沧州黄骅港矿石公司副总经理	2012年5月7日	推荐任职
78	程立国	沧州渤海港务有限公司副总经理、工会主席	2012年5月7日	副处级 试用期一年
79	裴宝文	沧州黄骅港钢铁物流公司董事、副经理	2012年5月7日	推荐任职
80	范广志	唐山曹妃甸实业公司董事	2012年5月7日	推荐任职
81	陈林燕	唐山曹妃甸实业公司监事	2012年5月7日	推荐任职
82	苏长生	秦皇岛中理外轮理货公司董事	2012年5月7日	推荐任职
83	韩　剑	秦皇岛中理外轮理货公司董事	2012年5月7日	推荐任职
84	卜周庆	秦皇岛中理外轮理货公司监事	2012年5月7日	推荐任职
85	韩利威	唐山曹妃甸煤炭公司董事、董事长	2012年5月7日	推荐任职
86	陈立新	唐山曹妃甸煤炭公司董事、总经理	2012年5月7日	推荐任职
87	陈林燕	唐山曹妃甸煤炭公司董事	2012年5月7日	推荐任职
88	韩　剑	唐山曹妃甸煤炭公司董事	2012年5月7日	推荐任职
89	卜周庆	唐山曹妃甸煤炭公司监事	2012年5月7日	推荐任职
90	张义江	秦皇岛港新港湾集装箱码头公司董事、董事长	2012年5月7日	推荐任职
91	佟德友	秦港股份安全监督部副部长	2012年5月21日	
92	安成君	秦港股份六分公司副经理	2012年5月21日	副处级 试用期一年
93	郭树辰	秦港股份电力分公司经理	2012年5月21日	正处级 试用期一年
94	张子跃	教育培训中心副主任	2012年8月29日	
95	裴晓宁	港口工程公司党委书记、纪委书记	2012年9月10日	
96	倪志立	通信分公司党总支书记	2012年9月10日	正处级 试用期一年
97	董　理	离退休中心主任、党委书记	2012年9月10日	正处级 试用期一年
98	高天水	邯郸国际陆港党总支书记	2012年9月10日	
99	吴　震	集团公司纪委审理室主任	2012年9月10日	
100	梁存付	调研员	2012年9月10日	
101	杨炳辰	调研员	2012年9月10日	
102	史伟彬	秦港股份二分公司经理	2012年9月10日	正处级 试用期一年
103	杨春元	秦港股份物流分公司党支部书记	2012年9月10日	正处级 试用期一年
104	杨文胜	秦港股份生产业务部部长	2012年9月10日	
105	杨　军	秦港股份工会副主席	2012年9月10日	正处级 试用期一年
106	范广志	秦皇岛海运煤炭交易市场有限公司董事长	2012年9月10日	
107	孟月娥	离退休中心副主任	2012年9月10日	
108	田宏伟	秦港股份工会民管部部长	2012年9月10日	副处级 试用期一年

续表24

序号	姓名	任　　职	任　时	备　注
109	张晓锋	秦港股份铁运分公司副经理、工会主席	2012年9月10日	
110	马成柱	秦港股份流机分公司副经理、工会主席	2012年9月10日	
111	刘家恺	秦港股份安保中心主任、党总支书记	2012年9月10日	副处级 试用期一年
112	张卫东	秦皇岛中理外轮理货公司工会主席	2012年9月10日	副处级 试用期一年
113	王育蕃	秦港股份投资发展部副部长	2012年9月10日	副处级 试用期一年
114	王延高	秦港股份七分公司副经理	2012年9月10日	副处级 试用期一年
115	周　轼	秦港股份电力分公司副经理	2012年9月10日	副处级 试用期一年
116	杨增来	秦港股份安保中心副主任	2012年9月10日	直属正科级 试用期一年
117	田云山	秦港股份党委副书记、纪委书记、党委委员	2012年10月29日	
118	葛　瑛	秦港股份工会主席、党委委员	2012年10月29日	
119	王钟敏	秦港股份副总工程师	2012年12月5日	
120	陈红利	秦港股份党委工作部部长、人民武装部部长	2012年12月5日	
121	吕贺刚	秦港股份七分公司经理	2012年12月5日	
122	孙　红	唐山曹妃甸实业公司董事、总经理	2012年12月5日	
123	付佑江	调研员	2012年12月5日	
124	李永年	江苏国信秦港港务有限公司总经理	2012年12月17日	推荐任职
125	张　新	江苏国信秦港港务有限公司副总经理	2012年12月17日	推荐任职
126	刘贺莹	企业管理部部长	2012年12月17日	
127	何津淮	通信分公司经理	2012年12月17日	
128	张焕然	港口宾馆经理	2012年12月17日	副处级
129	朱　江	新闻中心副主任	2012年12月17日	直属正科级 试用期一年
130	杨喜平	香港公司(筹备)总经理	2012年12月17日	
131	冯彦明	香港公司(筹备)副总经理	2012年12月17日	副处级 试用期一年
132	孟建军	港口工程公司副总经理、工会主席	2012年12月17日	副处级 试用期一年
133	李红艳	党委工作部副部长	2012年12月17日	
134	张维健	港口机械公司纪委书记	2012年12月17日	
135	胡立杰	港口机械公司工会主席	2012年12月17日	
136	苏长生	秦皇岛之海船务代理公司党支部书记	2012年12月17日	正处级 试用期一年
137	岳德山	调研员	2012年12月17日	
138	田家祥	调研员	2012年12月17日	

续表24

序号	姓名	免　　职	时　间	备　注
139	南自成	港口医院党委书记、纪委书记职务	2012年1月8日	
140	刘　宏	办公室副主任、行政管理中心主任职务	2012年3月3日	
141	耿学谦	资产管理部副部长职务	2012年3月3日	
142	王景志	港口医院院长助理职务	2012年3月3日	
143	李行志	物资中心副主任职务	2012年3月3日	
144	孙远东	卫环中心主任职务	2012年3月3日	
145	赵来泉	社保中心主任职务	2012年3月3日	
146	朱建东	社保中心副主任职务	2012年3月3日	
147	计　祥	秦港股份铁运分公司经理职务	2012年3月3日	
148	孙远东	秦港股份卫环中心主任职务	2012年3月3日	
149	曹　栋	秦港股份审计部副部长职务	2012年3月3日	
150	张保民	秦港股份二分公司副经理职务	2012年3月3日	
151	杨　光	秦港股份二分公司副经理、工会主席职务	2012年3月3日	
152	乔忠礼	秦港股份杂货分公司副经理、工会主席职务	2012年3月3日	
153	李行志	秦港股份物资中心副主任、工会主席职务	2012年3月3日	
154	陈松林	秦港股份投资发展部副部长职务	2012年3月3日	
155	刘　宏	党委办公室副主任职务	2012年3月3日	
156	刘振洋	水暖分公司党总支书记职务	2012年3月3日	
157	李行志	物资中心工会主席职务	2012年3月3日	
158	张　军	秦港股份二分公司党委书记、纪委书记职务	2012年3月3日	
159	薛利民	秦港股份六分公司党委书记、纪委书记职务	2012年3月3日	
160	郭佳滨	秦港股份工会副主席职务	2012年3月3日	
161	赵　克	秦皇岛中理外轮理货公司董事、董事长职务	2012年3月3日	不再推荐
162	张平原	秦皇岛中理外轮理货公司总经理职务	2012年3月3日	不再推荐
163	李德高	秦皇岛中理外轮理货公司党总支书记、工会主席职务	2012年3月3日	
164	马成柱	秦港股份工会民管部部长职务	2012年3月3日	
165	刘云腾	沧州渤海港务公司工会主席职务	2012年3月3日	
166	崔国华	沧州渤海集运公司副总经理职务	2012年3月3日	
167	郑玉军	秦皇岛港公安局消防支队支队长职务	2012年3月22日	
168	王　莹	通信分公司副经理职务	2012年3月22日	
169	葛庆成	董事会办公室主任、办公室主任职务	2012年4月23日	
170	张维健	人力资源部部长职务	2012年4月23日	

续表24

序号	姓名	免　职	时　间	备　注
171	徐建文	秦皇岛港方大房地产开发公司董事长职务	2012年4月23日	不再推荐
172	杨喜平	后勤分公司经理职务	2012年5月7日	
173	张浩然	海景酒店有限公司总经理、党总支书记职务	2012年5月7日	
174	王淑梅	海景酒店有限公司副总经理职务	2012年5月7日	
175	张义江	曹妃甸通用码头筹备组组长职务	2012年5月7日	
176	杨富俊	安全监督部部长职务	2012年5月7日	
177	李永平	行政后勤部副部长职务	2012年5月7日	
178	马喜平	秦港股份办公室、党委办公室、董事会办公室主任职务	2012年5月7日	
179	赵剑平	秦港股份铁运分公司党委书记、纪委书记职务	2012年5月7日	
180	侯幼农	秦港股份劳务分公司党委书记、工会主席职务	2012年5月7日	
181	武连才	秦港股份物流分公司工会主席职务	2012年5月7日	
182	陈立新	秦港股份安保中心党总支书记、主任职务	2012年5月7日	
183	李永来	沧州渤海集运公司董事、党委书记职务	2012年5月7日	
184	李志波	沧州黄骅港钢铁物流公司董事、副经理职务	2012年5月7日	不再推荐
185	杨学军	沧州黄骅港矿石公司代总经理职务	2012年5月7日	不再推荐
186	范广志	唐山曹妃甸实业公司监事职务	2012年5月7日	不再推荐
187	郭西锟	秦皇岛中理外轮理货公司监事职务	2012年5月7日	不再推荐
188	齐锦原	秦皇岛中理外轮理货公司董事职务、唐山曹妃甸煤炭公司董事职务	2012年5月7日	不再推荐
189	赵　克	唐山曹妃甸煤炭公司董事、董事长职务	2012年5月7日	不再推荐
190	郭西锟	唐山曹妃甸煤炭公司董事职务	2012年5月7日	不再推荐
191	韩利威	唐山曹妃甸煤炭公司总经理职务	2012年5月7日	不再推荐
192	王录彪	秦皇岛港新港湾集装箱码头公司董事、董事长职务	2012年5月7日	不再推荐
193	李冬生	工程技术公司纪委书记职务	2012年5月7日	
194	王喜元	调研员职务	2012年5月7日	
195	邵建明	调研员职务	2012年5月7日	
196	窦吉祥	秦港股份安全监督部副部长职务	2012年5月21日	
197	高晓渤	秦港股份六分公司副经理职务	2012年5月21日	
198	郭树辰	秦港股份电力分公司副经理职务	2012年5月21日	
199	武连才	秦港股份物流分公司副经理职务	2012年5月21日	
200	梁存付	港口工程公司党委书记、纪委书记、工会主席职务	2012年9月10日	

续表24

序号	姓名	免　　职	时　间	备　注
201	杨炳辰	离退休中心党委书记、老干部处处长职务	2012年9月10日	
202	谷春林	邯郸国际陆港公司党总支书记职务	2012年9月10日	
203	吴　震	纪委综合室主任职务	2012年9月10日	
204	秦　戢	调研员职务	2012年9月10日	
205	杨静秋	调研员职务	2012年9月10日	
206	王录彪	秦皇岛海运煤炭交易市场有限公司董事长职务	2012年9月10日	不再推荐
207	杨文胜	秦港股份二分公司经理职务	2012年9月10日	
208	陈伟英	秦港股份物流分公司党支部书记职务	2012年9月10日	
209	范广志	秦港股份生产业务部部长职务	2012年9月10日	
210	马成柱	秦港股份工会副主席职务	2012年9月10日	
211	高　科	资产管理部副部长职务	2012年9月10日	
212	高天水	投资管理中心副主任职务	2012年9月10日	
213	杨春元	信息与技术中心副主任职务	2012年9月10日	
214	杨炳辰	离退休中心主任职务	2012年9月10日	
215	董　理	离退休中心副主任职务	2012年9月10日	
216	孟月娥	后勤分公司副经理职务	2012年9月10日	
217	侯维佳	秦港股份工会生活女工部部长职务	2012年9月10日	
218	杨　军	秦港股份铁运分公司副经理、工会主席职务	2012年9月10日	
219	史伟彬	秦港股份七分公司副经理职务	2012年9月10日	
220	刘家恺	秦港股份安保中心副主任职务	2012年9月10日	
221	赵　克	秦皇岛华正煤炭检验行董事、董事长职务	2012年12月5日	不再推荐
222	付佑江	秦港股份党委工作部部长、人民武装部部长职务	2012年12月5日	
223	田云山	秦港股份七分公司经理职务	2012年12月5日	
224	吕贺刚	秦港股份物资供应中心主任职务	2012年12月5日	
225	王钟敏	唐山曹妃甸实业公司董事、总经理职务	2012年12月5日	
226	岳德山	江苏国信秦港港务公司总经理职务	2012年12月17日	不再推荐
227	孙　红	企业管理部部长职务	2012年12月17日	
228	佟德友	安全监督部副部长职务	2012年12月17日	
229	吕贺刚	物资供应中心主任职务	2012年12月17日	
230	刘贺莹	通信分公司经理职务	2012年12月17日	
231	杨喜平	后勤分公司常务副经理、党委常务副书记、港口宾馆经理职务	2012年12月17日	
232	田家祥	秦皇岛外轮代理公司党总支书记职务	2012年12月17日	
233	常伯林	调研员职务	2012年12月17日	

纪检监察

【惩防体系建设】 按照集团公司《关于进一步推进惩治和预防腐败体系的实施意见》要求,全力推进惩防体系建设阶段性任务的落实。在对体系建设5年工作进行认真回顾总结的基础上，完成惩防体系基本框架编制工作，为开展下一阶段工作打下坚实的基础。

完成惩防体系建设阶段性任务。集团公司纪委认真落实省委《建立健全惩治和预防腐败体系2008—2012年工作规划》,抓住体系建设中的重点和难点问题，对照职责分工,全力抓好集团公司《关于进一步推进惩治和预防腐败体系建设的实施意见》确定的5个方面48项工作任务的落实,集中力量突破,基本完成惩防体系建设阶段性工作任务。同时,对各单位惩防体系建设工作任务完成情况进行检查考核,对党风建设和反腐倡廉重点工作进行专项督查，促进了各级党政和纪检监察组织联系工作实际，把集团公司的要求及时转化为推进工作的具体措施，实现惩防体系建设各项工作顺利推进。

初步建立“三重一大”事项决策与执行的制度体系。2012年初,集团公司在充分论证、反复调研、广泛征求意见的基础上,制定《关于贯彻落实“三重一大”决策制度的实施办法》,为集团公司规范决策行为、提高决策水平、防范决策风险提供了重要依据。各单位、各部门在对本单位“三重一大”事项进行认真梳理的基础上，认真抓好实施细则和相关配套制度建设。到2012年底,围绕领导人员选拔任用、财务管理、对外投资管理、资产管理等重点工作领域,集团公司总部制定《会计核算办法》《固定资产管理办法》《招投标活动管理办法》等制度11项,各单位共制定《关于贯彻落实“三重一大”决策制度的实施细则》34项，初步建立起“三重一大”事项决策与实施的制度体系。

完成惩防体系基本框架的编制工作。在对集团公司惩防体系建设工作进行认真分析总结，并借鉴兄弟单位工作经验的基础上,组织完成惩治和预防腐败体系基本框架的编制工作。基本框架以实现惩防体系建设目标为出发点和落脚点,以反腐倡廉工作体系、反腐倡廉责任体系和惩防体系工作考核评价体系3个保障体系为基础,以教育引导系统、制度防控系统、权力运行监控系统和惩处腐败系统4个运行系统为主要内容,形成了惩治和预防腐败体系建设闭环管理工作体系,集中体现集团公司惩防体系建设的工作特色,为开展下一阶段惩防体系建设工作奠定坚实的基础。

4月5日,集团公司召开2012年党风建设和反腐倡廉工作会议

4月27日，集团公司召开干部警示教育大会

【警示教育】 着力开展“以案为鉴，树廉勤形象”主题教育活动，针对集团公司个别领导人员发生的违法违纪问题，集团公司党委突出触及灵魂的警示教育，全面加强反腐倡廉教育，不断提高反腐倡廉教育的针对性和实效性，取得良好效果。

深入开展“以案为鉴，树廉勤形象”主题教育活动。重点抓好警示教育、党纪条规教育和专题民主生活会3个主要环节。一是对黄建华违法违纪案例进行深入剖析。4月27日，集团公司召开1100余人参加的干部警示教育大会，通报原集团公司领导黄建华违法违纪案件，剖析了案件发生原因，指出集团公司党风建设和反腐倡廉工作存在的主要问题，对做好下一步工作提出了具体要求。组织广大党员干部开展大讨论，查找原因，吸取教训，进一步筑牢了拒腐防变的思想道德防线。活动期间，各单位共召开54次专题会议，学习传达集团公司警示教育大会精神，组织专题讨论32次，组织观看警示教育片46次，印发各种宣传材料286册，受教育党员干部2413人。二是强化党纪政纪法规知识学习。各级党组织采取集中学习和自学相结合的形式，组织党员干部对《中国共产党党员领导干部廉洁从政若干准则》《国有企业领导人员廉洁从业若干规定》等党纪法规进行学习，通过编发《主题教育学习材料》、举办“以案为鉴，树廉勤形象”主题教育知识答题、征文等活动，进一步强化各级领导人员的责任意识、纪律意识，增强廉勤履职的自觉性。三是召开专题民主生活会。结合主题教育活动的开展，集团公司党委按照省国资委党委要求，认真开展廉洁从业对照检查活动，召开了领导班子专题民主生活会。班子成员以吸取黄建华违法违纪案件教训为重点，对照党章和廉洁从业规定，围绕权力行使、责任落实、遵章守纪等方面内容进行了深入自查，结合实际工作，谈认识，查问题，找原因，理思路，并制定切实可行的整改措施，明确了今后努力方向。

坚持经常性廉洁从业教育。采取警示教育、节假日廉洁教育、岗位廉洁教育等多种手段，以领导人员为重点，开展多种形式教育活动。集团公司纪委严格执行《关于拟提拔中层领导人员实行党纪政纪法规知识考试的规定》，对2012年拟提拔的57名中层领导人员全部在公示期间组织进行了考试。为基层单位购买《领导干部廉洁从政读本》310本，刻录《苏联亡党亡国20年祭》警示教育光盘140张，认真组织开展学习活动。组织2500余名党员干部收看了“以德为魂，廉洁从政”——河北省领导干部廉洁从政主题演讲实况录像。元旦、春节、中秋和国庆期间，分别下发廉洁自律和厉行节约工作提示，以专题学习、案例警示、专项检查等形式对党员干部进行遵纪教育，营造了廉洁、节俭过节的良好氛围。

【机制建设】 2012年，按照“边规范、边运行”的工作思路，集团公司权力运行监控机制建设领导小组要求各单位严格执行试运行工作制度，继续做好高风险权力运行主要环节的监控工作，杜绝管理漏洞的出现，防止违规违纪问题发生。各部室、各单位在权力公开透明运行、高风险权力运行记录备案等方面下功夫，重点明确，推进扎实，取得一定成效。2012年共对重点权力运行流程中的31个一级风险点、118个二级风险点进行了有效监控，保证了权力透明、有效运行。

12月3日，秦港股份纪委召开学习贯彻党的十八大精神暨2012年度纪检监察调研工作会议

组织权力运行监控机制建设“回头看”工作。按照省国资委要求，组织开展了权力运行监控机制建设“回头看”工作，对集团公司决策层权力运行基础资料进行修改完善。召开专题会议，对权力运行推进过程中的难点、重点问题进行集中梳理和解决，全力推进相关工作。根据集团公司《关于贯彻落实“三重一大”决策制度的实施办法》，对集团公司决策层的重要职权进一步汇总梳理，查找廉洁风险点，制定防范措施，抽调专人编制流程图。共确定集团公司重点职权56项，查找风险点111个，其中一级风险点31个，二级风险点45个，三级风险点35个。在此基础上，编制印发《集团公司权力运行监控机制建设工作手册》。

全面开展权力运行监控机制正式运行工作。在总结试运行工作经验、完成对集团公司职权汇总梳理工作的基础上，2012年9月，集团公司启动了权力运行监控机制正式运行工作。要求各单位、各部室对集团公司56项重点职权运行过程进行有效监控的同时，继续坚持试运行工作中应用的监控模式，对本单位内部权力运行关键环节进行重点监控。集团公司纪委监察部对重点职权运行监控情况进行监督检查，同时对各部室、各单位内部权力运行监控情况进行抽查，保证了工作不流于形式，切实取得实效。

不断增强监督力度，努力构建完善的监督工作体系。围绕增强对重大事项和权力运行的监督力度，有效堵塞管理漏洞、防止发生问题，重点开展以下几方面工作：一是做好“三重一大”事项监督工作。围绕领导人员选拔任用、重点岗位人员招聘、重大项目招标、资产处置及损失认定、对外合资合作、重要管理制度建设等重点事项和关键环节，不断加大监督工作力度，在规范经

9月11日，杂货分公司库场二队党支部组织学习《廉洁从业若干规定》，要求党员干部清正廉洁过“两节”

营管理、规避经营风险等方面发挥保障促进作用。对珠海秦发港务公司股权转让、秦港股份出资兴奥秦港能源公司等 14 个与民营、私营企业合资合作项目进行重点监督，提出规范管理意见和建议 41 项。对 59 个重点项目实施招标、开标、评标全过程合法合规情况监督，提出规范管理意见和建议 66 条，促进重点投资项目的规范运作。对中层领导人员年度考核和选拔任用、民主推荐工作实施全过程监督，涉及领导人员 176 人次。对秦港公安局、港口机械公司员工招聘事项进行监督，保证了招聘工作顺利进行。二是全面推进党务公开工作。集团公司党委先后印发《党务公开工作实施方案》《关于进一步加强党务公开和基层重要事务规范化管理工作的通知》，确定了公开内容、范围、方式、时限和程序。制定《党的基层组织党务公开工作量化标准》，对党务公开工作的各项内容进行量化，进一步明确党务公开的工作标准，对加快推进党务公开工作提出要求。各级党组织把党务公开工作作为加强党的建设的一项重要任务，落实各项公开制度，及时对重点内容进行公开，确保党务公开工作扎实有效推进。三是不断提高监督工作的科学化水平。积极推进集团公司工程建设项目信息公开及诚信体系建设网站的筹建工作，发挥对“三重一大”事项的监督监控作用。印发《关于推进工程建设领域项目信息公开和诚信体系建设工作实施方案》，多次召开专题会议，研究工程项目信息和信用信息公开系统项目网站建设方案。按照上级机关提出的新要求，不断对系统建设涉及的内容做出调整，将工程项目立项、招标、廉洁承诺、“十公开”等内容一并纳入公开范围，广泛拓宽监督渠道，促进工程建设项目相关各方廉洁从业、诚信经营。

【案件查处】 加强信访举报、案件查处工作，始终保持对腐败的高压态势。2012 年，集团公司各级纪检监察部门共受理信访举报 14 件，办结率达 100%，其中，初核案件 1 件，立案 3 件。针对信访反映的问题，会同基层纪委进行了认真核实，对 3 名党员干部进行了党纪处分，对 15 名党员干部进行了组织处理，避免经济损失 13 万余元。坚持查办信访举报与规范管理相结合，有针对性地下达《信访监督通知书》《监察决定》，及时整改管理问题，防控违纪风险。切实做好各类矛盾纠纷排查、化解，做好个别信访老户的接待工作，畅通信访渠道，维护企业稳定。在集团公司党委的统一领导下，纪检监察部门积极配合上级开展查办案件工作。同时，按照上级部署及时派出工作组，加强与上级行政管理部门的请示汇报

2月24日，秦港股份在2012年纪检监察工作会议上表彰先进单位

和沟通协调，积极开展收回方大公司股权工作。按照省纪委、省国资委要求，严格执行党纪条规，按照规定程序对8名党员干部违纪案件进行审理，提出处理意见报上级纪委。

【效能监察】 各级纪检监察组织围绕生产经营和改革发展中心工作，组织开展效能监察工作。加强关键领域、关键环节的效能监察和专项检查工作，在推进集团公司规范管理、优化发展环境过程中发挥了积极作用。2012年，结合部署年度党风建设和反腐倡廉工作，按照统一内容、分别组织、灵活安排的原则，对集团公司效能监察工作提出具体要求。对各级单位围绕重点工作领域和难点、热点问题开展全面监察和专项监察情况进行专项检查，促进了效能监察工作任务、时限和人员三落实。2012年，各基层单位共开展全面效能监察和专项效能监察32项，下达监察建议99份，整改管理问题266个，建立和完善制度202项，避免和挽回经济损失572.2万余元。

积极推进专项治理工作。一是按照省国资委要求，组织开展公务用车问题专项治理工作。经检查，集团公司共有公务用车440辆，未发现超编制、超标准配备公务用车等违反省国资委《企业负责人公务用车管理办法》的情况。制定集团公司《企业负责人公务用车管理办法》，进一步规范公务用车管理。二是继续推进工程建设领域突出问题专项治理。印发《2012年工程建设领域突出问题专项治理工作方案》，对专项治理工作领导小组成员进行调整。按照省国资委要求，开展了工程建设中挂靠借用资质投标、违规出借资质问题专项治理工作，检查项目46个，涉及金额122亿元。制定《关于工程建设等领域实行廉洁承诺责任书制度的实施办法》，2012年签订廉洁承诺责任书22份，涉及金额220亿元。三是认真完成年度治理商业贿赂各项工作任务，着力推进长效机制建设，特别是市场诚信体系建设，及时总结专项治理工作中行之有效的经验及做法，并对专项治理取得的工作成果进行汇总。

组织开展重点工作专项检查。一是组织开展“三重一大”事项集体决策制度执行情况专项检查。各单位按照要求开展了自查工作，针对发现问题和不足共提出相关意见、建议41条。集团公司对各单位自查工作情况进行重点抽查，指出存在问题，提出工作要求。各单位共落实整改措施79项，确保了在“三重一大”事项决策工作中依法依规办事，科学决策。二是按照省国资委要求，组织开展企业负责人公务用车等职务消费情况专项检查。在对各单位工作进行全面检查的基础上，针对职务消费管理制度有待进一步健全、公务用车预算管理精细化有待加强等问题，建立健全企业负责人职务消费和公务用车管理等制度。三是按照省国资委统一部署，组织开展了人工成本控制、执行干部人事制度、管控公务用车等方面的管理情况专项检查，严肃工作纪律，进一步推进相关领域管理制度建设，促进了企业平稳发展。

【责任制落实】 集团公司党委认真贯彻落实省国资委系统党风建设和反腐倡廉工作会议精神，将工作内容细化分解为7个方面62项具体任务，明确了责任领导和责任部门，提出落实的目标、时限和要求，把责任制落实到班子，量化到成员，细化到部门。党委主要领导切实履行第一责任人的职责，亲自布置工作任务，在集团公司重要会议上强调反腐倡廉工作，并就做好重点工作提出要求。领导班子其他成员按照“一岗双责”的要求，结合系统管理工作抓好责任制落实，保证责任分工落实到位。运用述职述廉、民主测评、个别谈话等方法进行年度专项考核，并将考核结果与干部调整任用、奖励惩处挂钩，增强各级领导人员履行责任制的主动性、责任感，推动了各项工作有序、有效、全面开展。

宣传思想工作

【概况】 2012年，集团公司宣传思想、武装战备和统一战线工作，紧密围绕企业生产经营中心、服务改革发展大局，以营造凝心聚力、和谐发展环境为主线，加强改进思想政治工作、企业文化和精神文明建设以统一思想、振奋精神；强势推进对外宣传以树立企业形象、扩大集团公司社会影响力；扎实开展武装战备和统一战线工作以应对急难险重任务、促进企业发展，为全面完成年度各项目标任务做出应有贡献。2012年，集团公司成为“中国绿色物流联盟”成员企业，在省国资委“做责任企业”主题创建活动中被评为先进单位，《河北国资简报》中有10条信息介绍了集团公司宣传、武装、统战工作的做法。

【理论教育】 以党委中心组学习为龙头强化理论武装，党员干部理想信念更加坚定。组织开展科学发展观和社会主义核心价值体系教育活动，组织开展全国“两会”以及河北省委、省国资委等重要会议精神的学习、贯彻、宣传，邀请专家学者对集团公司中层以上领导干部进行专题辅导，做好创先争优宣传工作，编发《简报》、上报《专报》各25期，对坚定党员干部的理想信念、提高政策理论水平发挥了积极作用。以上级

11月8日，集团公司和秦港股份机关部室党员干部认真收看党的十八大开幕盛况

12月4日，集团公司党委中心组学习党的十八大精神，研究讨论企业发展战略

党委、政府政策要求和集团公司党委中心组学习成果为基本内容，编发《党组织中心组学习参考》6期，及时有效地统一各级领导班子和领导干部的思想，在各项工作中体现和贯彻了党委意图。政研会围绕党委和集团公司工作重心开展调研，征集调研成果85篇。

集中开展"惠在何处、惠从何来"形势任务教育，集团公司上下凝心聚力、和谐发展的思想基础更加牢固。以"十一五"期间，特别是2011年以来集团公司改革发展给职工群众带来的实际利益为主要内容，编写了1万余字的"'惠在何处、惠从何来'宣讲材料"，会同组织部举办了集团公司"惠在何处、惠从何来"形势报告会暨专题党课。各级党组织用事实说话、用数字说话、用典型说话，运用大量真实可靠的数据和事例，层层宣讲党的惠民政策，宣讲集团公司改革发展取得的成就以及给职工带来的实惠，真实地让职工体会到、感受到自己生活的变化和取得的实实在在利益，极大地增强了广大干部职工干工作、谋发展、感恩报效、忠诚奉献的责任心和使命感。

围绕战略发展重点、重要会议精神和要求，舆论引导力度明显加大。坚持正确的舆论导向，组织撰写"快中求强、稳中求进""深化改革增活力，加强管理提效益""发展企业、惠泽职工""树立攻坚克难的精神""切实强化政策意识" 等9篇特约评论员文章，在"集团公司瞭望"专栏发表"黄骅港综合港区公共基础设施回购欠款催收工作取得重大进展""建忠敬文化，聚企业合力"等文章，准确及时地把集团公司的声音传递给广大干部职工，为统一思想、凝聚力量、激励斗志、促进发展发挥了重要作用。

【对外宣传】 2012年，宣传系统围绕建设经济强省、和谐河北以及集团公司战略发展，围绕河北省委"基层建设年"、省国资委"发展提升年"和省物流协会"港口物流年"活动，围绕扩大企业知名度、树立企业形象，充分发挥传统媒体和互联网等新兴媒体作用，在挖掘重大题材、创作大篇幅稿件、宣传集团公司重大举措方面狠下功夫。一年来，以推进集团公司中心工作为目标，集中开展了环境保护、物流发展等专题宣传；以黄骅港综合港区矿石通用散货泊位项目签约仪式、邯郸国际陆港物流园区奠基仪式等重大活动为契机，进行重大项目宣传；以深度报道、专访、领导署名文章为载体，先后发表集团公司领导《贯彻落实"发展提升年"要求，加快建设竞争优势强劲的卓越港口集团》《河北省沿海港口集装箱发展战略思考》等署名文章及“建设竞争优势强劲的港口集团”等长篇宣传稿件近百篇，进行了集团公司转型升级、战略发展宣传；以密切媒体关系为目的，探索建设媒体见面会、记者联系机制，《现代物流报》在集团公司设立了通联站；以维护企业声誉为目标，妥善处置了河北法制网对新港湾公司、秦皇岛电视台对铁路桥等敏感问题报道等新闻事件。2012 年，集团公司在外部传统媒体发稿 500 余篇，其中，中央级 100 余篇，省级 300 余篇，市级 100 余篇。发稿总数和中央媒体发稿数分别位居省国资委重点监管企业前列。

11月22日，邢录珍(中)做客河北新闻网，畅谈建设质量效益型、环境友好型企业

【制度建设】 2012 年制定印发《职工思想动态分析管理办法》，建立了职工思想动态分析制度。起草《关于加强和改进新形势下职工思想政治工作的实施意见》《企业文化示范基地管理办法》和《考评细则》，以及《关于加强突发事件新闻发布的实施意见》《突发事件新闻发布应急预案》。把集团公司成立以来制定的宣传思想、武装战备和统一战线 16 项制度及重要文件汇编成册，印发至基层单位。坚持每月印发“工作要点”。

【统一战线】 立足助力企业发展、维护和谐稳定，统一战线工作按照集团公司主要领导要求，建成集团公司统战之家，落实统战成员动态管理制度，建立台账，分类指导。深化“同心”教育和社会主义核心价值体系教育实践活动，在《河北港口新闻》开辟专栏，第一、二季度刊登两个专版，第三季度进行 4 期连载宣传统战知识，引导统战成员在集团公司发展建设事业中建功立业。召开民主党派情况通报会，通报集团公司年度工作会议和职代会精神。整理民革二支部关于“构建港口集团第三方物流的建议”，引起集团公司领导重视并做出批示。按照省委统战部《关于开展全省基层统战工作优秀案例征集评选活动的通知》要求，上报

8月1日，农工民主党秦皇岛市港口集团支委会召开第八次全体党员会，进行2012年度换届选举

集团公司民主党派情况通报会案例。整理省政协第十届二十一次常委会55名代表关于港口建设方面发言，为集团公司领导提供参考。配合农工党秦皇岛市委，指导农工党河北港口集团支部圆满完成换届工作。实施为统战成员送温暖工程，先后走访慰问家庭困难和优秀统战成员101名，发放慰问金20500元，送去集团公司党组织关怀，较好地调动了统战成员立足岗位做贡献的积极性。

企业媒体

【概况】 新闻中心坚持围绕中心、服务大局，坚持“团结稳定鼓劲”的正面宣传，坚持以“服务港口、服务职工”为宗旨，围绕企业发展战略做好宣传报道等各项工作，在集团公司内部营造了奋发向上的浓厚舆论氛围。

2012年，经与上级新闻出版部门协调，新闻中心从年初开始出版彩色大报。9月份，河北省新闻出版局正式批复，同意《河北港口新闻》正式扩版为彩色对开四版大报，实现了历史性的突破。全年共编辑出版报纸95期，其中包括彩色对开大报49期，共发2000多条稿件。编辑出版季刊《河北港口》4期，刊发100余篇文章，共计40万字和300多幅照片、图片。采访、制作播出电视新闻251期，共计1400余条；制作播出生活专题栏目70余期；播出电视剧100多部、3000多集，每天节目播出时间在12小时以上。拍摄、修改制作专题节目10部，配合相关部门和单位摄制反映集团公司安全生产工作实际的安全教育短片50余集，并在集团公司电视台播出。向到港口集团采访的中央、省、市媒体，省国资委新闻中心、集团公司信息中心和相关部门报送大量文字信息、图片和视频资料。加强对外宣传，在《中国交通报》和《中国水运报》及其他外部媒体发稿60余篇，对外展示了集团公司良好形象。《河北港口新闻》获中国企业报协会和河北省企业报协会“优秀企业报”称号，电视台获中国企业电视协会“优秀电视台”称号。

【新闻工作】 围绕中心，唱响主旋律。及时准确地宣传报道集团公司的决策部署、工作进程和各分、子公司贯彻落实情况，适时组织重点报道和综合性报道。做好集团公司、秦港股份职代会暨年度工作会议，上半年经济活动分析会，第一届职工运动会，集团公司成立三周年，全国地方国资委纪委书记研讨会，“创先争优”活动，学习贯彻党的十八大精神，企业文化和精神文明建设以及集团公司实现首季开门红、双过半、“大干四季度”，港口吞吐量和煤炭吞吐量相继完成2亿吨、3亿吨等重点工作的宣传报道，凝聚全体职工力量。

加强策划，突出深度报道。围绕重要活动和重点题材加强新闻策划，做到有计划、有组织、有落实。集团公司组建三周年之际，《河北港口新闻》出版一期彩色对开大报，采写长篇纪念文章“倾听成长”，并先后制作庆祝专版“港口往事”及“画意书情”。在集团公司第一届职工运动会的报道中，记者们全力以赴采访，全程报道赛事实况，宏扬集团公司职工健康向上的企业文化和精神。《河北港口新闻》连续出版两期彩色对开大报，刊登41张照片、15篇文章；电视台除报道开、闭幕式消息和赛程实况外，还全程录制播放运动会开幕式实况，受到职工好评。根据2012年暑期国家、省、市对环境提出的新要求，中心按照集团公司领导的具体部署，提前谋划，将环保作为暑期报道重点之一，组织记者连续采写“港口环保，以绿色之名”“秦港，赏心悦目谁家院”“保护环境，呵护健康”等数篇高质量的作品。物流是集团公司发展战略的重要一环，中心组织记者广泛收集素材，深入分析，采写了反映集团公司物流事业发展的“构建物流网络，走转型发展之路”，为港口物流年营造声势。

强化舆论引导，发挥主流媒体作用。在集团公司开展“惠在何处、惠从何来”主题宣传教育活动中，中心精心谋划，开设“惠在何处、惠从何来”专栏，分7个方面进行系列报道，既有详实的数据，又有真实的职工案例，收到较好的宣传效果。8月上旬，港城遭遇罕见强风暴雨。中心相应加大报道力度，报道了集团公司、秦港股份多次召开紧急会议部署防汛防台工作，以及集团公司领导几次冒雨赴港区现场指挥防汛工作、职工捐款支援洪水灾区、集团公司参加河北省抗洪救灾专题晚会等情况。特别是8月3日的强风暴雨过后，集中报道各港区、各单位积极应对险情，迅速恢复生产、生活正常秩序的相关情况。《河北港口新闻》、《河北港口》和电视台的“深入开展创先争优活动”栏目持续进行，跟进报道各单位开展活动的具体情况及共产党员先锋岗、优秀共产党员的先进事迹，营造“创先争优”、科学发展的良好氛围。围绕集团公司一个时期的重点工作，通过开设专栏、推出专版等形式，加强舆论引导，如“安全生产月”活动中，制作安全专版，开设“安全之窗·安全生产月专稿”专栏；配合主管部门和相关单位制作播出50多集安全生产短片，营造了浓厚的安全生产氛围；集团公司全面展开设备自主维修工作后，及时开设“自修之路”专栏，并适时推出专版，“河北港口新闻”、电视台记者深入一线，采访了大量基层厂队和班组职工着力推进自主维修的典型事例。

发挥服务功能，工作有序推进。突出为企业中心工作以及为各部门和基层服务的职能，结合集团公司、秦港股份、服务管理分公司以及各系统不同时期的重点工作，开设专版、专栏配合进行宣传报道。在做好一线生产单位新闻报道工作的同时，加大对辅助生产单位、集团公司各业务板块和后勤服务单位的报道力度。电视台克服困难，摄制集团公司形象宣传片等10部专题节目。配合相关部门，做好“全国地方国资委纪委书记研讨会”全程摄影、摄像、全体代表合影等相关工作，并对大会进行宣传报道。

发挥激励功能，调动职工积极性。刊播集团公司、秦港股份标兵和青年岗位明星，河北省技术能手、先进党组织、共产党员先锋岗、优秀共产党员的典型事迹；开设专栏，报道职工技改革新、节能减排以及优秀基层科队长、一线普通职工的感人事迹。关注集团公司生产经营等重点工作动态，及时把握重要节点，做好宣传报道，激励职工发扬主人翁责任感，创造性地完成好各项工作任务。策划“大干四季度，迎接十八大，全面创佳绩”系列报道。结合当前形势，深入开展“走基层、转作风、改文风”活动，深入一线、基层，对基层生产、工作情况和职工的典型事迹有计划、有重点地进行采访报道的同时，适时推出“走基层，喜迎十八大”栏目，宣传党的十七大以来各单位基层厂队、班组和个人的成绩及变化，使新闻报道更贴近基层、贴近职工。

加强对外宣传，展示集团公司良好形象。适时组织《中国交通报》《中国水运报》记者和中心采编人员在坚持稿件送审制度的同时对外投稿，有多篇稿件在一版、二版头条刊发，展示了集团公司生产建设、环境保护等工作成就，并配合多家媒体记者对集团公司进行了采访报道。

【发挥阵地作用】 《河北港口新闻》从2012年开始出版彩色大报，前9个月每月出版2～5期，10月起全部改为彩版对开报纸。版面的扩大带来了人员、设备、稿源等各方面的困难。为保证报纸发行的时效性，各版编辑加强谋划，提前组稿，每周数次往返印刷厂，保证报纸按时清样。为应对扩版后信息量激增的局面，《河北港口新闻》一方面扩大报道范围，加大去基层采访的力度，记者深入厂队、班组，从基层工作中挖掘港口生产、建设的成就，为大报提供更为丰富的稿源；另一方面开辟理论专版及企业文化展示台专栏，为各单位和职工提供理论和先进经验交流平台；增加了反映企业文化的专版“蓝土地”；推出了包括国家政策、煤炭物流相关行业动态和港口情况等信息的“资源连连看”专版；增设“信息潮”“小编说天气”“安全小常识”“自修之路”等栏目，加大了信息量。

电视台加强时效性，制作观众喜闻乐见的节目。采编人员克服人员编制少等困难，与基层通讯员密切配合，在办好日新闻节目、确保时效性的基础上努力提高新闻报道质量。记者们深入基层，拍摄报道先进典型和一线普通职工立足岗位、无私奉献的感人事迹，将“记者走基层”等栏目打造成精品。丰富“卫生与健康”和“走四方”栏目内容，提高了职工收视率。拓宽购片渠道，降低购片成本，利用有限的资金优先购进主旋律影视剧在电视台播出，受到职工和家属的欢迎。突出为企业中心工作以及为各部门和基层服务的职能，克服困难，配合有关部门拍摄制作并修改完善了集团公司形象宣传片等多部专题节目，圆满完成职代会、职工运动会、“全国地方国资委纪委书记研讨会”等活动的实况拍摄和编辑制作任务。电视台还制作了多集反映集团公司安全工作实际的安全教育短片、紧急救援系列专题片，播出后受到广大观众的好评。

集团公司新闻中心电视台编辑室

《河北港口》杂志经上级部门批准，从2012年第一期开始全彩印刷。这次改版使56页（不含封一至封四）的刊物得到彻底改变。面对创刊以来的首次大改版，编辑部边学习边实践，为创新工作千方百计做好前期工作。编辑部人员克服“一少三大”实际困难（即人手少，删改量、约稿量、设计量加大），精心设计，精心编辑，借他人之长，补己之短，使杂志质量迈上一个新台阶，受到读者好评。注重强调编辑思想。以集团公司领导专稿、特约稿件和卷首语为导向，密切配合形势和企业中心工作，起到了舆论引导、理论指导、鼓舞士气、增强凝聚力的作用。2012年刊发集团公司领导文章8篇，处级干部文章30余篇。同时还在体现综合性上下功夫，注意约发不同栏目、不同类别文章，为更好地围绕中心、服务大局，实现集团公司科学发展、和谐发展，充分发挥阵地作用。

【综合管理】 坚持“团结协作，逐级负责，保证质量，提高效率”的工作思路，认真开展职工思想教育和形势任务教育，提高队伍素质，培养团队精神，努力打造优秀的新闻宣传工作队伍。通过在党员干部中认真开展“创先争优”、党风党纪教育月、廉洁文化等活动，加强教育和管理，在中心营造团结和谐、奋发进取的浓厚氛围。全体采编人员遵守职业道德，严守新闻纪律，做维护团结和稳定的模范。

坚持以人为本，加强采编人员和基层通讯员队伍建设。继续采取外出参加培训、内部骨干讲解交流、与基层通讯员结对子等多种形式，提高队伍业务素质。有多名编辑、记者和基层通讯员被行业协会授予优秀记者、优秀编辑、优秀通讯员称号，多篇作品被评为全国、省市级好新闻奖。

加强内部管理，进一步规范新闻报道工作。先后完善电视台、《河北港口新闻》记者考核细则，并规范中心业务流程、重大新闻事项的报道和关于会议和领导活动的新闻报道流程，在制度上为新闻宣传报道工作再上台阶提供支持。

港口博物馆

【概况】 2012年初，党委工作部按照集团公司2012年职代会及年度工作会议提出的工作任务开始谋划港口博物馆建设。4月正式着手港口博物馆筹建工作，10月，港口博物馆正式成立，史志编研科从集团公司办公室并入博物馆。港口博物馆一期工程于10月基本完成，初步具备了接待参观能力。港口博物馆基本定位是弘扬港口历史文化，建成集团公司企业文化示范基地和爱国主义教育基地，形成港口工业旅游新的亮点。

港口博物馆选址于国家文物保护单位——原开滦矿务局秦皇岛高级员司俱乐部旧址，占地面积4000平方米，以秦皇岛港从一个小渔村发展为国家北煤南运的主枢纽港、世界最大的干散货港的历程为脉络，依托现存历史遗迹、文物、实物照片及文字，全面展示港口百余年发展历史和在国民经济发展中的重要地位和作用。

【博物馆建设】 港口博物馆筹建前期，党委工作部与集团公司各有关部门积极沟通，协商解决博物馆建设立项、资金来源及使用途径等问题，并共同完成博物馆建设招标工作。在认真制订港口博物馆建设规划的同时，多次向主管领导和主要领导汇报工作，争取集团公司对港口博物馆建设立项的支持。集团公司领导先后多次到博物馆址现场办公，对博物馆建设提出指导意见，形成了集团公司党委、集团公司及相关部门的一致意见，推进了港口博物馆建设工作。

9月18日，省国资委副主任毛丽君（前右二）一行实地调研港口博物馆一期工程建设情况

港口博物馆筹备小组着手制订博物馆的总体规划并进行展陈设计。根据近代建筑特点、环境及现有文物资源反复考量、推演展陈设计方案，并制作展陈效果图供领导及专家评审，统一思想、统一认识，最终形成各方满意的设计方案。

博物馆建设集众人的智慧和努力，效果逐步显现。博物馆按照设计方案，对展陈每个环节进行精细布置，精心设计、复制不同历史时期港口形成发展的原景，不断丰富展陈形式，提高展品的知识性及可读性。针对每件展品的形状特点、质地、颜色的不同，对展柜和柜内衬托台架的结构、材质、颜色有针对性地进行设计调整。对每一件展品的展出形式进行再设计，使之与前后内容有机衔接，环境、展品、托架与灯光完美融合。

一期工程落成后，展馆初具规模，分为院落和室内展区两大部分。院落展区主要设计、修建了结构、风格与老建筑一致的外围院墙，绿化、美化及地面硬化与院落建筑风格也保持一致，营造了博物馆良好的外部视觉环境。凸显老开滦缸砖路、汉白玉大理石浮雕、蒸汽机车的实物展示，以及反映旧秦港时期单身码头工人生活状态的“锅伙”雕塑群等耀眼的亮点，并聘请书法名人题写馆名，形成了博物馆特有的历史氛围。室内5个展厅由港口起源、古代碣石港、近代自开港、现代枢纽港4大部分组成，展出历史文物153件、老照片与历史图片120余幅，旧开滦原始档案50余份；设计制作微缩场景3处，分别展示自然港口形成的初始阶段，开埠之初的建设、生产情形以及港口肩扛人抬的装

港口博物馆一期工程10月基本建成，图为东展厅

卸生产场面；设计制作大型动态模型一组，展示港口煤炭卸车、堆料、取料、装船的现代化生产作业流程。展馆还制作汉白玉浮雕一组、主题造型1座、大型主题展板3个，设置电子显示系统2处及20世纪50年代珍贵影视资料一部。全方位、多层次展现了秦皇岛港形成、发展和崛起的历史进程。

曾在秦港服役多年的1115号机车从唐山回到博物馆落户

文物征集是博物馆一项长期的工作任务。通过走访、调查，持续开展文物征集工作，发现有价值文物线索就积极采取措施获取。先后收集了美制台钳、英制锅炉、燕国刀币、秦时瓦当残片、日军管理期间的消火栓、船锚、缆桩等一批60件港口历史物品。同时，充分利用港口现有的历史文化资源，对开滦历史档案资料进行再挖掘，对可资利用的历史资料进行收集整理，共查阅港口历史档案上千卷近万份，精选出有使用价值档案资料300余件，展厅实际提取使用30余件。采集历史照片2500余张并进行数字化处理，精选馆藏。完成20世纪50年代《一条龙大协作》专题新闻片修补制作工作。文物征集和历史档案收集整理，为博物馆展陈工作奠定了物质基础。

【史志编研】 抢救港口工业历史遗迹，制作港口老建筑专题片。针对秦皇岛港早期实物史料较少的现状，收集整理和进一步挖掘港口历史实物、资料，是博物馆的主要工作之一。在翻阅大量史料基础上，拍摄、录制一部近2个小时的秦港老建筑专题资料片《砖石的港史》。透过港口近代建筑设施这样一种跨越时空的厚重的专题片，展现秦皇岛港历史和近代建筑文化遗产的魅力。

加强图像资料库管理。《西港区影像资料库》录入100多年来秦皇岛港西港区建筑、生产设施、装卸设备和工艺流程的全部资料，全面反映秦皇岛港百年历史积淀和丰厚的人文底蕴。同时还将开港以来保留和搜集的大量珍贵的历史老照片一并纳入《西港区影像资料库》进行管理。制定《西港区资料查阅和借用管理规定》《西港区视频（照片）资料使用审批制度》等相应的管理制度进行动态规范管理。

启动《港口岁月》丛书的编纂工作。为进一步弘扬集团公司优秀文化，深入挖掘总结港口百年历史和深厚文化底蕴，为集团化建设提供坚强的文化支撑，启动《港口岁月》丛书的编纂工作。丛书内容以照片、图片为主，图文并茂。丛书计划编辑出版6本分册：《凝固的乐章——秦皇岛港近代建筑》《流动的音符——秦皇岛港设施设备》《历史的瞬间——秦皇岛港口往事》《舞台的角色——秦皇岛港口历史人物》《亲切的

《港口岁月》丛书部分封面

关怀——党和国家领导人莅港》《脉搏的记录——秦皇岛港经济技术数字》。2012 年已完成其中 4 本书的初稿。

编纂《河北港口年鉴》。按照编撰计划，完成《河北港口年鉴》(2011)初稿，约 25 万字；完成《港口服务管理公司纪事》(2009—2011 年)出版印刷。

河北港口集团有限公司工会委员会

【概况】 2012 年，集团公司各级工会组织以“凝聚主力军，建功十二五”为主题，以“创先争优”和职工群众工作为主线，统筹兼顾，突出重点，集中精力，狠抓落实，在集团公司科学发展、和谐发展的进程中充分发挥桥梁纽带作用，先后有 8 个集体、14 名个人获得全总、省总、市总授予的称号。

【服务企业发展】 工会系统紧扣集团公司“主业发展快中求强、转型发展稳中求进”的主旋律，紧紧围绕企业所需、职工所求思考问题，谋划工作，部署任务，主动开展群众性生产活动，团结广大职工立足本职，建功立业。

广泛开展劳动竞赛。工会积极把握生产经营的主攻方向，围绕港口吞吐量、利润总额等各项指标，突出竞赛重点，完善竞赛机制，细化考核标准，引导职工努力提高工作效率。10 月，按照集团公司党委关于“大干四季度、迎接十八大、全面创佳绩”的总体部署，集团公司工会迅速行动，广泛开展“奋战四季度”劳动竞赛，团结动员广大职工“立足岗位争一流，埋头苦干比贡献”。各基层工会把“保增长、保效益”放在突出位置，把本单位生产领域的关键岗位列入竞赛范围，明确竞赛项目，通过打快速航次、创高产等竞赛活动，有 30 个集体创生产纪录 53 项，为完成 2012 年生产任务做出重要贡献。

深入开展职工学技术活动。根据省委及省国资委关于人才工作会议精神，以培养造就一支门类齐全、爱岗敬业、技术高超

12月27日，集团公司工会召开一届六次全委（扩大）会议，围绕企业发展战略谋划工会工作

的高技能人才队伍为目标，积极开展“技术赶超年”“工人先锋号”、岗位练兵比武等活动，着力提高职工队伍的整体素质。2012年，工会系统共举办各类技术培训569场次，培训职工21742人次；开展技能竞赛348项次，参赛职工15024人次，16名成绩优秀的职工具备了晋升技术等级资格；组队参加河北省职工技能大赛钳工和焊工比赛，开拓了视野，锻炼了队伍。

10月30日，九分公司工会举办第七届职工技能竞赛（电工实操对抗赛）

扎实推进经济技术创新工程。以提高职工解决技术难题能力为重点，引导职工参与技术革新、技术改造、技术攻关，2012年共提合理化建议1180条，实施739条，创经济效益2972万元；涌现出100名技术能手、100项“五小”创新成果、10个创新示范岗、10项绝技绝活和先进操作法；编印《创新成果汇编》，组织职工学习先进经验，掌握先进技术，为企业自主创新做出了贡献。

【构建和谐劳动关系】 坚持构建和谐劳动关系，职工群众工作取得新突破。集团公司工会面对新形势、新任务，广泛参与和谐建设，提高了职工群众工作的能力和水平。一是群众工作室实现规范运作。集团公司工会制定下发《关于加强群众工作室规范化建设的意见》，从健全组织机构、规范办公场所、建立工作职责、明确工作内容、严格办理程序等方面提出要求，对群众工作室各项建设做出规定。举行群众工作室授牌仪式，定期开展工作调查督导。各级工会组织按照“七有、四上墙”的创建标准，统一格式，统一职责，统一制度，统一流程，做到制度上墙，档案规范，记录齐全，舆情信息反馈及时，保证了工作室建设高效运转。2012年，集团公司工会系统共建立群众工作室377个，其中1个基层群众工作室被省总工会确定为重点培育典型；深入群众了解职工诉求400多次，接待职工来访

3月31日，集团公司工会到铁运分公司为基层群众工作室授牌

2012年，工会系统共建立群众工作室377个，图为七分公司卸车部群众工作室

129人次；排查化解矛盾纠纷29起，为职工解决实际困难600多项，为职工做好事5000多项。各级组织通过冬送温暖、夏送清凉等形式慰问职工11488人次，送去慰问款110多万元，积极开展特困职工帮扶活动，缓解他们的临时困难，解决后顾之忧。组织1500多名职工进行了荣誉疗养，架起企业与职工的“联心桥”。集团公司群众工作经验刊登在《河北国资》杂志，在全省国资监管企业进行交流推广。二是加强源头参与，提升了民主管理水平。按照集团公司党委要求，创新会议形式，成功召开集团公司一届三次职代会，审议企业年度目标和各项重大决策。加强提案管理和过程监督，职工代表共提提案45件，有效保障了职工民主权利。建立集体合同要约机制，签订新一轮集体合同和职工工资集体合同。与此同时，在职工培训、薪酬改革、提高劳动保护、家财保险和休疗养标准等一系列涉及职工切身利益的政策制订过程中，工会站在维护集团公司整体利益与职工合法权益的角度，积极介入，认真研究，提出意见。特别是把涉及职工福利的重大问题列入集团公司重点职权目录，为保障职工利益创造良好的制度化、法制化环境。

【弘扬劳模精神】 大力弘扬劳模和标兵精神，各级工会坚持精神引领与学树典型相结合，积极宣传劳模、标兵的先进事迹，大力倡导勤奋劳动、诚实劳动、创新劳动的时代风尚，加强先进单位、集体和个人的管理，关心劳模、标兵的工作、生活，落实各项待遇。2012年，集团公司工会分两批组织劳模、标兵赴外地荣誉疗养，营造了尊重劳动、崇尚先进、争当先进的良好氛围。

“五一”前夕，二分公司召开劳模座谈会

【工会建设】 坚持以党建带工建，深化“创先争优”，工会自身建设实现新提高。加强自身建设是工会的政治优势和组织优势，各级工会自觉接受党委领导，坚持重大事

1月17日，集团公司、秦港股份召开一届三次职代会主席团会议

用。集团公司工会定期编印《工会信息简报》，传达上级工会和集团公司的方针政策，交流各级工会工作经验，其中多篇信息在省国资委网站刊登，宣传工会工作，树立工会组织良好形象。各级工会一级对一级负责，层层抓好工会财务、经审和理论研究等工作，促进工会工作的不断深化。

项向党委请示报告制度，认真贯彻执行党委的各项决策部署。不断深化“创先争优”，开展“对标定位找差距，创先争优上水平”活动，在群众工作、素质工程、职工队伍建设、机制创新等方面，积极选树一批思路好、基础好、绩效好的基层单位及厂队工会组织，总结提炼他们的工作经验和有效做法，编印《创先争优工会组织在行动》一书，集团公司党委主要领导亲自作序，对工会“创先争优”活动给予充分肯定，提出新的要求，形成了工会组织履行职责创先进、工会干部立足本职争优秀的生动局面。积极推行规范化建设，完善工作规范，优化工作流程，提高工作质量。狠抓学习不放松，根据工会干部队伍建设的实际，采取走出去、请进来的方式，组织3批工会干部赴外地培训，提升了工会干部服务大局、服务职工的能力。女职工工作和工会信息工作取得新进展，加强女工组织建设，发挥了“半边天”作

共青团河北港口集团有限公司委员会

【概况】 2012年，集团公司团委紧紧围绕企业中心任务，坚持党建带团建，发挥优势、突出特色，以深入开展“创先争优”活动为载体，以“青春冀港”主题教育活动为红线，团结、带领、引导广大青年团员强素质、重实干，务实效、比奉献，为企业和谐稳定发展做出了积极努力。集团公司各级团组织把提高青年岗位技能、促其尽快成长作为工作目标，努力寻求政策支持、搭建学习

5月21日，秦港股份团委举办“关爱青年周末系列讲坛——告别亚健康”

平台、拓宽培训渠道，坚持开展导师带徒、创新创效、学树典型和评先推优活动，引导他们立足岗位、建功立业，充分发挥突击队作用。

7月，港口机械公司在煤二期取料机大修中发挥导师带徒现场实操作用，安全优质完成任务

【导师带徒】 集团公司团委与人力资源部等6部门联合推动、实施导师带徒活动，让青工们在实际工作中发现问题、琢磨问题、解决问题，进而长本事、成专家，自发形成“比、学、帮、超”的浓厚氛围。对导师带徒的方式、流程、措施、考核等做出明确规定，并成立导师带徒工作领导小组，保证了这项工作的顺利推进。根据集团公司单位多、业务广、工种杂的实际，团委建议各单位结合自身特点，采取灵活多样的方式开展活动，得到重视支持。港口工程公司根据人员分散、流动性大的特点，调整一对一模式，由传统的指定组合转变为徒弟自行寻找导师，增强了灵活性，提高了实效性，满足了特殊岗位需求；教育中心9名优秀青年教师针对实践机会少的“短板”，分别与生产一线的技术、业务骨干结成对子，对于培养视野开阔、一专多能的人才具有重要意义；港口医院指定专人负责此项工作，先行建立两个试点，以点带面促进活动规范有序展开，取得较好效果。

2012年，结对师徒达到220对，共培训人员5553人次，选派青年参加公司级以上技术比武677人次，3名青工在全国青工技能大赛河北预赛中获得好名次，其中1名代表河北省参加全国第八届“振兴杯”青年职业技能大赛。

【创新创效】 团委把“创新创效”和大调研活动作为“创先争优”的重要内容，与技术中心联合确定青年创新创效重点攻关项目82个，创造经济效益约1000万元。围绕企业管理组织开展大型调研活动，历时7个月，征集精品成果90余篇，青年员工立足本职岗位进行深入思考，提出了大量针对性强的见解和建议，其中不乏真知灼见，涵盖集团公司管理的方方面面，为提升管理水平提供有益借鉴。集团公司党团共建“创

“五四”青年节前夕，九分公司青年突击队清洁生产现场设施

先争优”的特色作法被省《创先争优工作简报》专题报道，取得较好的社会效益。

开展突击创建活动。在“比生产、比安全、比管理、比创新、比技能”青年突击队竞赛活动中，特别是在“大干四季度”中，青年突击队精湛的业务技术水平成为共青团服务集团公司生产建设的一个品牌。团委组织的青年志愿者服务队长期坚持开展便民服务、敬老助残、关爱进城务工人员子女、希望工程等活动，受到大家欢迎。礼仪展示作为集团公司文化建设的一个窗口，在多次重大活动中都有不俗表现，成为集团公司一道靓丽风景线。

【学树典型】 团委以典型引导，感召青年对标先进，树立良好形象，努力为集团公司发展作贡献。继续推进评优工作。坚持以评先发现和聚集人才，与人力资源部、工会联合评选 80 名青年岗位能手，首次命名了集团公司“十佳青年操作能手”和“十佳青年创新能手”。陆如志、周海滨等 10 名在跨港发展、自学成才、岗位攻坚、敬业奉献、技术创新等方面做出突出成绩的优秀青年被集团公司授予“青年岗位明星”称号。

注重推树典型。侦破“3·1”案件立功人员——共青团员杨光磊是集团公司培养的优秀青年典型，团委多途径、多方式大力宣传、积极推荐，《河北日报》、河北青年网专门报道了杨光磊的事迹，评价他用青春传承百年秦港文化，用无畏谱写新时期和谐赞歌，在省内外引起较大反响，使其走出集团公司，走向全省，跻身河北青年风尚人物行列。充分发挥示范引领作用，在省杰出青年文明号号长雷彤，青年岗位能手王坤、赵虎，省国资“十杰”青年尹宝军，五四奖章获得者郭继山的带动下，团的工作迈上新台阶，集团公司被省国资委确定为首批省企青年“双比双学活动示范基地”。

【组织建设】 定期举办拓展训练、体验教学、知识竞赛等活动，2012 年培训团干部 634 人次，团干部理论水平和工作水平得到同步提升；积极向集团公司党委、集团公司和各单位输送人才，解除团干部的后顾之忧，努力让团干部“干好有希望、转岗有保障”；建立基层团组织经费保障机制，联合财务部下发关于拨发基层团组织活动经费的文件，将有限的资金、资源用于基层，支持一线，奖励先进，激励创新，保证团的各项工作扎实向前推进。

3月9日，集团公司团委召开团干部转岗欢送会

3月14日，秦港股份团委举办冬季交通安全知识竞赛

公法武保

秦皇岛港公安局

【队伍建设】 树立创争意识，加强班子建设。一是理清工作思路，明确工作方向。公安局党委从加强班子建设入手，以“团结、自律、务实、高效、奋进”为标准，着力提高科学研判形势、准确把握大局和驾驭复杂局面的能力。二是加强学习，提升班子整体素质。局党委中心组带头学习，研讨公安工作和队伍建设发展方向，在全局开展“学业务、比技能、强素质、争一流”主题活动，营造出“立足岗位比精专”良好氛围。三是团结自律，班子风清气正。把“在小事上体现责任，在细节上体现素质，在创新上体现能力，在结果上体现价值”的工作理念贯穿班子建设始终，认真执行《党委会议事规则》和《局长办公会议事规则》，落实“三重一大”决策制度，不断重温党纪条规，提高廉洁自律意识。四是当好表率。切实改进工作作风，“下基层、访职工、做实事”，充分发挥表率作用。2012 年 8 月，秦皇岛市遭受 50 年不遇的洪涝灾害，班子成员指挥民警排除险情，昼夜奋战，确保了港口平安渡汛。“十八大”安保期间，班子成员分别带队奔赴安保一线，随时处理紧急警情。在班子成员带动下，全局民警在稳访、警卫、火灾扑救、破案追逃等重点工作中攻坚克难、锐意进取，充分展现秦港公安良好形象。

6月21日，秦皇岛港公安局先进表彰会，表彰港口公安工作和重特大刑事案件侦破中涌现出的先进集体和个人

树立服务理念，加强队伍建设。明确“强作风、严纪律、高素质、重服务”的队伍建设目标，开展“队伍建设年”活动。一是强化思想引导。全面树立“实心实意、全心全意服务港口发展”理念，形成了警企警民共建、劳动调研、帮扶助困等长效机制。深化“大走访”活动，开展“访辖区，察民意，强服务，促工作”主题活动，把每年 12 月定为访评服务月，广泛征求港口企业、职工群众的意见和建议，找准服务切入点。全局窗口单位实行“一站式”“限时式”“预约式”服务，基层单位定期开展“警营开放日”活动，主动为港

8月3日夜间至8月4日凌晨，公安局干警冒雨分赴西港区码头和临港居民区开展抢险救援工作

6月下旬至12月，公安局开展“践行金国精神，学习身边典型，争创公安先进”主题活动

口单位和职工群众解难题、办好事。二是健全考核机制。不断完善绩效考核标准，逐步健全自上而下、分级考核、层层把关的考核评价体系，考评成绩、单位评先争优和民警绩效奖金直接挂钩，调动民警工作积极性、主动性。三是丰富活动形式。开展“创先争优”“践行西柏坡精神，立足岗位做贡献”“惠在何处、惠从何来”等宣讲活动；建立“十佳管理者”“十佳民警”选树机制，诠释榜样力量，树立队伍正气；制定即时表彰奖励办法，大力弘扬成绩突出的集体和个人；开展民警违反“五条禁令”问题集中整治，强化重点环节督导管控，消除各类隐患苗头。四是强化教育培训。先后开展警卫知识、反恐防暴、群体性事件处置等专题培训，完善《兼职小教员管理办法》，形成了“以点带面”的培训模式。2012年共投入教育经费37万元，举办各类培训班33期，参训民警600余人次。五是打造公安文化。举办知识竞赛、演讲、征文、红歌等比赛活动，营造格调高雅、情趣高尚的工作、学习、生活环境；积极组织民警参加各项体育运动，在集团公司第一届职工体育运动会上，参赛民警顽强拼搏，力争上游，在多个项目上取得突破。六是加强对外宣传。与30余家有影响力的媒体建立合作关系，在各级媒体（网络）刊发新闻稿件300余篇，其中国家级媒体刊发6篇，省部级媒体刊发21篇，取得较好宣传效果。

坚持以警为本，搞好从优待警。把从优待警作为系统工程，完善科学用警机制，落实健康体检、休假、疗养制度，健全二线、退休民警欢送和民警生日祝福机制；保持科级非领导职务选任工作常态化，提升民警政治待遇；在集团公司支持下，招录39名新民警，缓解警力不足问题；为民警每月发放慰问品；专项维稳、安保任务结束后，积极争取资金，提高待遇。在集团公司党委的关怀和支持下，2012年有85名民警职务得到提升，5名入党，民警经济收入较2011年度增长20%，基层办公环境得到改善，队伍的凝聚力、向心力和战斗力全面提升。

【公安保卫】 全力维护港口政治稳定，做好信访处置工作。加强信息搜集研判，按照“抓早、抓小、抓苗头”原则，围绕特定时期和敏感问题摸排不稳定因素，加强工作调研和风险评估，快速反馈可能影响港口稳定的不良舆情苗头，上报各类涉稳信息400余条，为集团公司领导决策提供有力依据。强化应急处置，先后制定完善21套应急预案，组建6个维稳工作组，加强日常训练和演练，提高了维稳处突能力。“两会”“十八大”期间，专门成立驻京、驻石工作组，严防赴省进京事件发生。2012 年，成功处置经济适用房、劳资纠纷等 5 批 68 人次集体访，41 批 95 人次个体访，配合集团公司及各单位化解矛盾纠纷 70 余起。做好邪教防控工作。将港口防范和处理邪教工作紧密结合，建立重点人员电子数据库，开展分级重点整治、教育转化攻坚与巩固整体工作，及时清缴非法传单和光盘，组织反邪教宣传活动 24 次。同时，强化打击，完善追逃方案，有效防止邪教滋事事件发生。

强化治安防范，维护港口良好治安秩序。完善工作机制，在巩固“三道防线”基础上，以“锁边控面”为主导思想，将口门盯防、堵卡清查工作常态化。创新巡逻模式，东西港区联合巡逻、“一所一包”巡防、视频监控和水域网上巡逻 4 种巡逻方式，最大限度提高了港口陆域、水域治安管控力。开展治安整治，针对不同时期治安特点和职工群众反映强烈的治安问题，组织电煤保卫、净港保畅、缉枪治爆、冬季严打等行动，出动警力 6700 余人次，查处治安案件 698 起，打击处理违法人员 729 人，驱逐违规船舶 110 余艘，有效遏制可防性案件发生，治安案件同比下降 12.2%。加强综合治理，以“综合治理建设年”活动为重点，完善组织建设，形成党委领导、部门协同、职工参与、齐抓共管的工作格局。分阶段开展普法宣传活动，印发宣传资料 1.3 万份，提高职工法制观念和道德水平。

严打刑事犯罪，以打促防。在深入研究犯罪特点的基础上，主动出击，整体作战，利用信息化手段连续破获海上系列盗窃船舶燃油案、集装箱大豆盗窃案等 17 起犯罪案件，打掉犯罪团伙 3 个，抓获犯罪嫌疑人 60 名（其中网上逃犯 3 人），涉案价值 300 余万元。在破获各类案件过程中，民警不畏艰险，不辞劳苦，仅在侦破海上盗油案中，专案组就转战 10 余个城市，行程一万多千米，不断深挖，将长期盘踞在港口及周边，集盗、运、销为一体的犯罪团伙彻底铲除。

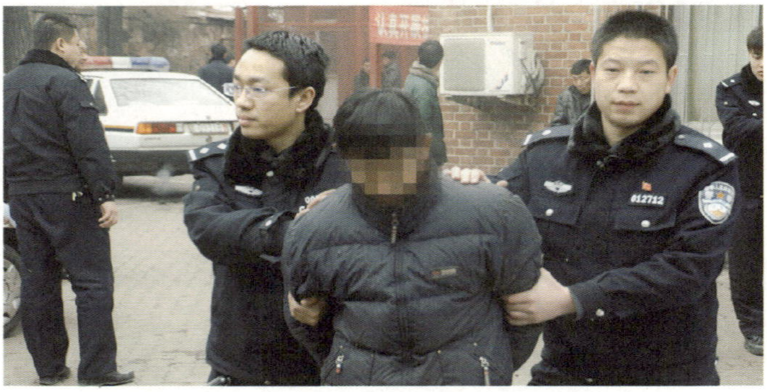
公安局成功破获“9·27”海上系列盗油案，图为民警押解犯罪嫌疑人

强化消防、交通管理工作，有效预防安全事故。消防方面：做好火灾预防工作，开展“网格化”“户籍化”管理，设立火患举报电话，多警联合执法，消除火灾隐患 1060 项，查处消防违法案件 11 起。严把消防建审关，对较大的工程全程指导监督，审核重点建设工程 3 项，受理消防备案 10 项，确保港内新建工程消防安全。开展消防宣传教育培训，举办“警营开放日”“119 消防宣传周”活动，在《河北港口新闻》、河北港口电视台开辟消防宣传专栏，开设网络微博，营造浓厚消防宣传氛围。通过各种方式教育培训职工 1.8 万人次，有效提升企业单位和职工群众消防安全“四个能力”。强化灭火救援工作。完善 46 套《灭火应急预

案》，组织77场模拟演练，累计出动消防车205台次、消防指战员2000余人次，参演职工8000余人次。同时，把警力部署到火灾高发时段和部位，发现火情迅速处置，2012年扑灭港内外突发火情21起，一般火灾事故5起，有效提升港口应对突发火灾能力，保持港口24年无重大火灾。交通方面：强化源头管理，审验进港车辆6.5万台，检验流动机械203台，危险品运输车辆265台。强化路面管控，固定岗执勤、流动岗巡查相结合的动态管控交通秩序，开展60余次集中整治，查处交通违法行为3626起，在重要作业通道24小时疏导。强化宣传教育，组织25场次“五进”宣传活动，受教育1500余人。强化事故预防，2012年事故报警84起，其中财产损失事故78起，伤人事故6起，交通事故报警同比减少50.3%，财产损失事故同比减少52.1%，伤人事故同比减少25%，未发生交通死亡事故。

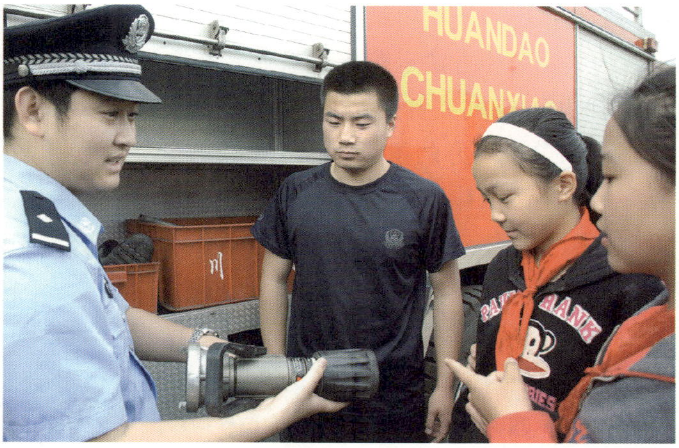

5月23日，公安局开展“消防知识进校园”活动

6月28日，公安局干警在集装箱码头进行防恐演练

增强反恐防范水平，完成重点专项安保工作。进一步增强港口履约反恐水平，新增8个视频监控点，修缮3300米港界围墙，组织开展河北省2012年度大型综合港口设施保安实战演习。切实加强专项保卫组织领导，确保全国“两会”、暑期安保、“十八大”期间港口安全稳定，圆满完成第二届秦皇岛煤炭交易商洽谈会、第七届世界女子拳击锦标赛等18次大型活动保卫任务。圆满完成党和国家领导人、省部级领导到秦皇岛港视察等32批2056人次警卫任务。

法律事务

【法律保障】 提供法律支撑，为企业发展保驾护航。一是办结集团公司及下属单位营业执照、事业单位法人证书及港口经营许可证等证件的集中年检工作，保证各类证件合法有效，同时根据营业执照登记事项的变化情况，及时组织办理工商变更登记，为集团公司合法运营奠定基础。二是2012 年共审查机关各部室承办的经济合同及下属单位承办的重大合同 130 份，从源头上防范了法律风险，理顺了集团公司内部合同管理体系。三是参与集团公司部分重大事项的处理，为集团公司各部门和下属单位提供法律咨询或出具书面法律意见书，充分发挥法律支撑职能，为企业发展保驾护航。四是协调处理集团公司有关案件，积极维护企业合法权益。五是向省国资委提交了企业法制建设总结材料，组织集团公司范围内持有法律顾问资格证的人员参加法律培训。

【助推企业改革】 参与和组织改革改制调研活动，助推企业内部体制调整。一是积极参与省国资委组织的企业改革、改制专题调研活动。开展“国企改制遗留问题摸底”“企业办社会情况”“国有企业改革重组上市工作进展情况”等调研活动，并形成工作报告。二是组织开展企业内部改革工作专题调研。对后勤分公司和港口医院的改革与发展问题进行专题调研，并形成相关调研报告。按照集团公司关于后勤分公司重组整合的总体思路，下发“后勤公司重组整合框架方案”。推进落实引航管理体制改革工作，与市港航局、秦皇岛港引航站正式签署交接协议，确定划转移交工作实施方案，人员、资产划转工作正稳步进行。三是妥善解决港口宾馆营业执照及名称变更、全面管理秦皇岛水运卫校、原机修厂注销及工程技术公司更名、安全教育培训中心资质升级、外代公司经营困难问题、秦皇岛海运煤炭交易市场管理体制改革等经营管理体制调整问题，分类起草编制各情况报告，经集团公司审议通过后实施。

人民武装

【国防教育】 2012 年，武装部坚持“平战结合”、服务发展，武装战备工作扎实开展。开展民兵政治教育和全民国防教育，通过组织参观国防教育基地、革命纪念馆、国防知识答卷，以及参加秦皇岛市全民国防教育日活动，干部职工的国防意识得到强化。

【民兵整组】 围绕中心任务，积极推动武装战备“建队伍、强素质、当先锋”工作，完成集团公司基干民兵、交通专业保障和人防专业队伍整组，对二分公司、港口机械公司等 5 个基层单位队伍整组、训练及资料完整性进行检查。按专业性质，结合生产运行，广泛开展“三队四兵”竞赛和训练活动，紧急出动武装战备队伍 2901 人次，动用机

7月31日，整组后的二分公司民兵营举行拉动训练活动仪式，向国旗行注目礼

械1567台次，在防汛抗洪、清扫积雪、大机维修、抢运化肥等急难险重任务中发挥了突击队作用。

【军民共建】 认真落实武器装备和交通战备吊装设备维护保养制度，先后2次对16处人防工程设施维护情况进行检查，保证人防工程设施安全。积极开展军民共建活动，组织召开座谈会28场次、军民联欢会7场次，组成慰问组27个，为驻军维修营房及走访慰问32家次，送去空调、水果、生活用品等折合人民币22.3万元，慰问优抚对象1640户、军残人员31名，送去慰问品折合人民币9.8万元，融洽了军地军民关系。

治安保卫

【团队建设】 2012年，安保中心紧紧围绕年度工作主线和工作重心，突出特色，创新举措，以“建一流班子、带一流团队、创一流业绩”为目标，结合实际，精心组织，注重实效，不断增强中心凝心聚力科学发展、和谐发展的活力和动力，队伍建设和业务工作呈现出蒸蒸日上的可喜局面。

2012年是安保中心“班组建设年”，中心通过开展班组建设活动，为职工搭建“提升技能水平、展示自身能力和抱负”的平台。活动伊始，中心成立“班组建设年”活动领导小组，经过认真研讨，反复推敲，推出《班组建设年实施意见》和《班组建设考评办法》。

安保中心组织职工观看《感动中国2011年度人物颁奖典礼》，引导职工加强学习、提升素质、珍惜岗位、提高技能，增强对班组建设重要性的认识和参与班组建设的主动性。《班组建设考评办法》依据中心《动态考核管理规定》制定。《班组建设考评办法》针对团结协作、值岗形象、安全设备设施、卫生定置、班组长民主评议、动态考核情况等公共内容进行综合评定，通过奖励优秀班组，调动全员参与热情，促进整体工作。按照《班组建设考评办法》，中心每月评选优秀班组和优秀班长并予以奖励，对连续两次排名末位的班组，则对班长予以撤换。

【品牌创建】 推进安保品牌建设，有效发挥职能作用，圆满完成年度各项任务。安保中心根据不同时期港区治安动态，不断完善口门管理措施，调整口门查验重点。进港方向重点把住“入口关”，出港方向严格坚持“两看一审”并完善双人签字、重要物资出港登记、出门证倒查核实等项工作制度和流程，同时强化重点时间段、敏感物资、

4月19日，安保中心组织值岗人员开展“走进港区了解生产，拓展知识服务港口”活动

重点车辆的查验。为增强防范工作的主动性和预见性，东、西港大队坚持定期对主要生产运输单位业务部门进行走访，了解港区重点物资的接卸、堆存情况，以及时调整工作部署。

2012年2月22日凌晨3时，西港大队四号口门甲班仔细查验出港集装箱车辆，发现其中一辆有疑点，当即与出货单位——新港湾集装箱公司核实，查实出门证系伪造。当班队员立即向公安机关报警并将涉案车辆进行控制，从而查获一起伪造出门证盗窃港内物资的案件，涉案黄豆48.4吨。

2012年，安保中心累计查验进出港车辆218万余台次，劝阻无证进港车辆5.5万余台次、闲杂人员4.1万余人次，协助公安机关破获案件320起，未发生一起大宗货物通过口门被盗案件。

紧密结合港区动态，充分发挥保安监控职能。保安监控室发挥技防优势，重点加强港区大型机械设备、翻车机房、变电室、中控室、煤炭堆场、仓储垛位等处的监控力度，并积极走访各生产作业单位，了解港口物资堆存情况，向各口门发布重点预警信息。保安监控共为公安机关提供案件线索1840条，协助清理港内钓鱼人员2358人次，视频发现煤炭自燃现象多起。

11月14日，安保中心保安监控室实时监控现场情况

【分流安置】 为确保2008年退役士兵分流安置期间人员平稳分流、岗位顺利交接，中心精心谋划，周密部署，扎实做好各项思想工作，确保特殊时期队伍稳定。一是充分发挥党组织战斗堡垒作用，深入进行职工队伍思想状况摸排，有针对性地加强疏导，确保职工思想稳定、认真履责、士气不减。二是充分利用《秦港卫士》报、短信平台等宣传阵地，加大港口形势教育和分流安置政策的宣传力度，引导职工正确对待分流安置，站好最后一班岗。三是强化廉洁教育和安全管理。在分流安置过程中，中心牢牢把握档案查阅、表彰奖励统计、个人动态考核统计、公示、填报志愿和录取等环节，做到统计数据准确透明和安置工作公平公正，从而顺利实现工作目标，保证了特殊时期职工队伍整体稳定和业务工作的正常开展。

党派团体

民主党派

【概况】 2012年,河北港口集团有限公司(简称集团公司)有民主党派组织6个:中国农工民主党、中国民主同盟、中国民主促进会、九三学社、中国国民党革命委员会、中国民主建国会,各民主党派人数共计24名。

【中国农工民主党河北港口集团支部】

2012年,中国农工民主党河北港口集团支部有集团公司职工6人。

【中国民主同盟秦皇岛港航支部】 中国民主同盟秦皇岛港航支部是交通部秦皇岛港和交通部天津航务工程局第五航务工程处民盟会员于1988年发起建立,2012年有集团公司职工5人。

【中国民主促进会秦皇岛港口支部】 2012年,中国民主促进会秦皇岛港口支部有集团公司职工1人。

【九三学社秦皇岛港支社】 2012年,九三学社秦皇岛港支社有集团公司职工5人。

【中国国民党革命委员会秦皇岛市市直二支部】 2012年,中国国民党革命委员会秦皇岛市市直二支部有集团公司职工4人。

【中国民主建国会秦皇岛海港区委、秦皇岛市市直二支部】 中国民主建国会在秦皇岛建有海港区委和市直二支部2个基层组织,2012年有集团公司职工3人。

学术团体

【科学技术协会】 2012年,科学技术协会积极响应国家、省、市科技大会精神,结合集团公司实际,参加“一站一室一中心”(河北省现代港口煤炭物流工程技术研究中心、大型港机技术状态检测实验室、博士后科研工作站)的巩固工作,积极参加“一院两基地”(河北省煤炭物流研究院、中国物流产学研基地、物流企业示范基地)科技创新平台建设。科研工作采取“项目负责人、项目后评价和产、学、研合作”3项措施,实践证明科研工作得到有效提高。2012年完成《港口煤炭运输标准》36个子项的编制、“输煤皮带机节能改造研究”(节能率达68.3%)、煤四期挡煤墙方案设计等16个课题的研发,取得良好的经济和社会效益。

【职工思想政治工作研究会】 2012年,集团公司职工思想政治工作研究会紧紧围绕企业改革发展中心,积极开展政研工作,有效地发挥“智囊团”“思想库”作用,为集团公司领导科学决策起到参谋、助手作用。

精心组织,学习宣传、贯彻落实党的十八大精神。印发《关于做好收听收看党的十八大及宣传环境布置工作的通知》,对前期宣传环境布置和收听收看进行安排部署。组织集团公司党委中心组集体学习,研究谋划2013年工作任务和措施。邀请中央宣讲团成员来集团公司作专题辅导报告。

协助集团公司宣传系统组织开展科学发展观和社会主义核心价值体系教育,宣传贯彻全国“两会”以及省委、省国资委等重要会议精神,邀请专家、学者对集团公司中层以上领导干部进行专题辅导。认真开展“创先争优”宣传工作，编发《“创先争优”简报》、上报《“创先争优”专报》各25期，编发《党组织中心组学习参考》9期。

集中开展“惠在何处、惠从何来”形势任务教育，筑牢凝心聚力、和谐发展的思想基础。编写了1万余字的宣讲材料，并会同组织部举办集团公司“惠在何处、惠从何来”形势报告会暨专题党课。

围绕集团公司重要会议精神和战略发展重点，加大理论指导和宣传力度。组织撰写“快中求强、稳中求进”“深化改革增活力，加强管理提效益”“发展企业、惠泽职工”等9篇特约评论员文章，在“集团公司瞭望”专栏发表“黄骅港综合港区公共基础设施回购欠款催收工作取得重大进展”、“建忠敬文化，聚企业合力”等文章，准确及时把集团公司的声音传递给广大干部职工。

6月12日，集团公司党委在南楼大会议室举办“领导干部大讲堂”

贯彻视觉形象标准，履行社会责任，进一步提升企业形象。在京石高速、京沈高速、京沪高速制作6块大型形象宣传牌，修改印制集团公司宣传折页5000份，在媒体、年鉴、杂志等进行企业形象宣传14次。出资10万元支持青龙县肖营子镇五指山村文明生态村建设，向7·21遭受洪涝灾害的保定市涞源县捐赠资金500万元，2012年集团公司参与扶贫济困投入资金680万元。

思想动态分析制度化，提供科学决策参考。集团公司党委制定《职工思想动态分析管理办法》，2012年编发3期集团公司《职工思想动态分析报告》，集团公司党委书记专门对《二季度以来职工思想动态分析报告》做出批示，职能部室根据职工思想动态流程规定，填写了7份职工思想动态分析问题处置表，分别转送给5个相关部门和单位，积极推进问题解决。

加强制度建设，积极开展理论研讨活动。印发《关于加强和改进新形势下职工思想政治工作的实施意见》。各级政研组织认真贯彻落实省第八次党代会精神和省国资委“发展提升年”要求，深入开展调查研究和职工思想动态分析工作，形成了以《加强对外宣传，促进企业发展》《坚定理想信念，奋力开拓进取，为建设经济强省、和谐河北做出新的更大贡献》《结合实际，突出特色，努力提升企业反腐倡廉建设水平》《季度职工思想动态分析报告》等为代表的一批优秀调研成果，并有56篇论文在市级以上报刊发表，进一步扩大企业在理论界和行业中的影响力。各基层政研组织共征集调研成果113篇，择优向集团公司政研会报送 85 篇，其中，集团公司中层以上领导人员撰写的文章 22 篇，专题课题组撰写 19 篇。集团公司政研会进行了优秀调研成果评比活动，并通报表彰。

【港口协会】 2012 年 11 月 22 日，秦皇岛港口协会召开第六届会员代表大会暨六届一次理事会，会议推举河北港口集团有限公司、秦皇岛港股份有限公司董事长邢录珍为名誉会长。

积极开展课题研究和咨询服务。协会秘书处根据港口面临的形势任务，确定“秦承高速公路开通后，给秦港带来的机遇及应对措施”研究课题。课题组深入调研集团公司、秦港股份等单位，走访河北省及承德、秦皇岛市的有关委办厅局、海关等部门，在承德市召开了该市主要大型进出口企业负责人座谈会，并形成调研报告报送有关领导和部室。

11月22日，港口协会召开第六届会员代表大会暨六届一次理事会会议

认真做好信息传播工作。针对企业 2012 年目标任务，协会在年度工作要点中，确定了 6 个方面信息交流反馈的重点；在信息会上，又将其细化为 7 大项、22 小项内容，使信息员明确撰写和报送信息的重点。7 月，协会召开 2012 年度信息工作会议，表彰优秀信息员 10 名。继续办好协会媒体秦皇岛港协信息、秦皇岛海运煤炭网港口协会网页。各分会信息员积极撰写信息，2012 年向协会报送信息 160 多篇。协会加大对基层信息的采用量，在秦皇岛港协信息开设“会员动态”栏目，刊登基层信息 72 篇。2012 年编写《秦皇岛港协信息》24 期、刊发信息 300 多篇、10 万余字。

深入开展行业交流活动。一是港口协会在河北省承德市承办了 2012 年北方地区港口（航）协会暨港航企业第九次联席会，会议围绕省、市港口（航）企业 2012 年以来生产运营发展情况和协会的主要工作情况进行了交流、研讨。二是协会参加了在江苏省徐州市召开的第二十届华东四省一市港口（港航）协会联席会。三是协会参加市工经联组织的赴辽宁东戴河经济开发区的学习考察活动。四是与友好协会山东省潍坊市港航协会保持密切联系，及时互通信息。这些活动加强了沿海、内地港口、企业之间的联谊和先进经验学习、交流。五是以申报省 AAAAA 级社会组织为动力，加强协会自身建设。按照省、市民政局的布置，港口协会认真开展自查工作，对照评估指标逐项逐条进行检查，整理申报材料 479 页。经省民政厅组织的评估专家小组实地考察和媒体公示后，港口协会通过评审，获省 AAAAA 级社会组织证牌。

【关心下一代工作委员会】 集团公司关心下一代工作委员会(简称“关工委”)关心下一代健康成长,注重搭建平台、组织引导,充分发挥“五老”队伍优势,运用多种形式,加强青年职工和青少年学生的思想道德教育、党的基本知识教育和革命传统教育。“五四”青年节到来之际,“关工委”和集团公司团委联合举办了老党员、老劳模和优秀青年两代人座谈会,会上老党员、老劳模以亲身经历叙说艰苦创业的历程以及对青年一代寄予的厚望,洋溢着老一辈革命同志对党的事业的赤诚之心,也体现了他们对关心下一代事业的关怀与热爱。为纪念建党 91 周年和弘扬西柏坡精神,“关工委”联合集团公司团委组织 34 名老党员和优秀团员代表赴西柏坡学习,加强青年职工革命传统教育,弘扬艰苦奋斗的创业精神、与时俱进的创新精神,立足本职岗位,为实现集团公司科学发展奠定坚实的思想基础。“六一”儿童节前夕,“关工委”组织部分职工与本市小学生及学龄前儿童举行联欢会,并赴秦皇岛市福利院和河北省围场县下伙房乡小学慰问,赠送学习及体育用品,让他们感受到党的关怀和温暖。

“六一”儿童节前夕,集团公司“关工委”、秦港股份团委前往扶贫点捐资助学

【其他协会】 2012 年,集团公司还设有河北省航海学会、中华医学会航海医学分会、反邪教协会、老年体协、文联、摄影协会、美术协会和书法协会等。

企业文化

综　述

【概况】 2012年，集团公司大力推进企业文化建设，构建和谐的发展环境，增强了广大职工的主人翁责任感和使命感。

坚持企业文化建设与经营管理相融合，注重培育和提炼集团公司核心理念，设计和建立理念、行为和视觉识别系统，规范职工行为和企业标识。2012年，集团公司组建后的第一部发展战略确立，全面系统地阐明了企业宗旨、核心价值观、战略目标和发展愿景，为集团公司发展、企业文化建设指明了方向。挖掘港口历史文化资源，推进以港口博物馆为重点的港口工业旅游开发。

充分发挥群团组织作用，大力开展职工素质工程，弘扬标兵精神，开展青年技术培训和创新创效竞赛、青年志愿奉献以及向青年岗位明星学习等活动，进一步增强生产经营和改革发展的活力。

努力建设和谐港口。着力使改革发展成果惠及广大职工，职工平均收入提高12%。设立特困职工帮扶基金会，全年帮扶困难职工40余人。积极向秦皇岛市政府反映兴港小区经济适用房的问题，努力维护职工权益。积极化解信访积案，尽最大努力解决合理诉求。深化平安港口建设，有力震慑了不法分子，保证在港货物安全。

集团公司荣获2012年度“全国企业文化建设优秀单位”“河北十大和谐企业”“河北港口杯”省国资委系统企业之歌大赛一等奖第一名和特别贡献奖；秦港股份荣获“全国热心助学先进单位”“第二届全国交通企(事)业法治先进单位”；2012年有1人被授予“全国五一劳动奖章”，5人被授予“秦皇岛市劳动模范”，1个集体被授予“全国工人先锋号”。

3月7日，集团公司召开“弘扬雷锋精神、立足岗位奉献”报告会

企业核心理念

【发展愿景】 世界一流的干散货码头业务和国内领先的港口产业集群经营人；集资本运营商、资源开发商、码头运营商和综合物流服务商为一体的大型综合性卓越集团公司。

【企业宗旨】 推动区域繁荣，追求企业卓越，成就个人发展。

【企业精神】 忠诚奉献，敬业爱岗，团结奋进，争创一流。

【企业使命】 盛德大业，惠世报国。

【企业价值观】 为国家做贡献，为企业求发展，为职工谋利益。

文明创建

【文化培育】 2012 年，集团公司深入开展“学先进、树典型、创品牌、建文明服务型港口企业”活动，企业文化和精神文明建设有了新进展。

文化培育和文明创建并重，职工精神面貌发生可喜变化。组织开展“企业文化月”活动，编印《企业文化手册》精装本 2000 册、口袋书 20000 册，编写印发《河北港口集团核心理念宣讲材料》，对新招聘入职的 180 名大学毕业生进行了集团公司文化培训，基层单位和广大职工自觉践行理念、行为规范的意识不断增强。组织开展“弘扬雷锋精神、立足岗位奉献”和“向郭娜陆地航空班学习、创建文明服务型港口企业”主题实践活动，召开集团公司“弘扬雷锋精神、立足岗位奉献”报告会，邀请全国学雷锋先进人物龙凡、李素丽、孙桂琴等作报告。《河北港口新闻》开辟“学先进、树新风、创品牌”专栏，宣传集团公司职工先进典型事迹。深入开展法制宣传教育，印发“六五”普法规划，组织普法小教员培训，购买发放《中华人民共和国刑法》《中华人民共和国治安管理处罚法》及案例分析参考等学习材料 780 册，组织职工学习。省国资委展播了集团公司企业文化理念和集团公司职工——秦皇岛市道德模范吴铁柱 20 年如一日照顾瘫痪妻子的电视宣传片。

【形象建设】 贯彻视觉形象标准，履行社会责任，企业形象进一步提升。先后 2 次检查秦皇岛港东、西港区宣传文化环境，发现并整改问题 45 个。邯郸国际陆港、沧州渤海港务公司以及港口工程公司、港口机械

7月16日，职工彩排文艺节目《江海卫士》

11月28日，在“河北港口杯”省国资委系统企业之歌大赛中，集团公司荣获大赛一等奖第一名和特别贡献奖

企业文化展板

公司、方圆监理公司等单位驻外项目部均规范使用集团公司标识，企业形象更加鲜明统一。以提升集团公司社会知名度和形象为目的，在京石高速、京沈高速、京沪高速制作6块大型宣传牌，修改印制集团公司宣传折页5000份，在媒体、年鉴、杂志等进行企业形象宣传14次。

着眼展示集团公司百年历史文化，港口博物馆一期工程投入资金200余万元，年内已基本建成，初步具备参观条件，成为爱国主义教育基地和港口历史文化展示窗口。

主流文化

【忠敬文化】 忠敬文化是社会主义社会主流文化在企业文化方面的反映，是集团公司精神的精粹提炼。集团公司企业文化手册释义："忠"是指集团精神的第一句"忠诚奉献"，忠于国家，忠于企业，忠于职守，正确处理国家、企业和个人的利益关系，胸怀大局，感恩报效，诚心诚意，甘于奉献；"敬"是指集团精神的第二句"敬业爱岗"，专心致志于事业，恭恭敬敬待人处事，真心热爱本职岗位，坚持"港兴我荣、港衰我耻，港强我富、港弱我贫"的荣辱观，干主人事，尽主人责。

忠敬文化是企业精神在新时代产生和发展的一种文化现象，承传秦皇岛港百年文化底蕴，深深打上"特别能战斗"的秦港精神的烙印。忠敬文化是集团公司文化建设的重点，已然根植在蓝土地，体现在企业活动和职工职业行为之中。

2012年，集团公司党委和集团公司积极推进忠敬文化建设，深入开展"企业文化月"活动，在集团公司年度《政治工作报

10月1日，集团公司举行升旗仪式

告》中重点强调忠敬文化建设。2012 年 6 月 15 日《河北港口新闻》刊登特约评论员文章“建忠敬文化，聚企业合力”，同多篇政研成果和论文一道，从发展源流、和谐发展、现实意义、思想教化、文化氛围以及用共创共享理念打牢忠敬文化的物质基础等方面多角度、多层次阐述集团公司忠敬文化建设内涵。

【廉洁文化】 积极推进廉洁文化建设。2012 年 9 月，集团公司组织开展了第二个廉洁文化专题推进月活动，对集团公司各单位廉洁文化设施建设工作推进情况进行督导调研。推荐评选了集团公司首批廉洁文化建设示范点，并组织各单位对照示范点找差距，查问题，强措施，推动集团公司廉洁文化建设工作整体水平不断提高。在《河北港口新闻》“倡廉时评”专栏刊发有关党风廉政建设评论文章 19 篇。利用承办全国地方国资委纪委书记研讨会的有利时机，邀请国务院国资委、全国各省国资委、部分中央企业领导观看集团公司反腐倡廉专场文艺演出，集中展示了集团公司反腐倡廉建设成果，进一步扩大集团公司廉洁文化建设的影响力。

1月18日，三分公司演出反映本单位纪检工作的节目《青天》

【文化体育】 职工运动会。成功举办集团公司第一届职工运动会，文化体育蓬勃开展。集团公司成立以来规模最大的综合性体育盛会历时长、项目全、参赛单位多，工会精心策划，统一调度，严密组织，各单位积极配合，参赛选手团结拼搏，检阅了集团公司体育运动成果，培养了全体职工团结协作精神，展示了集团公司朝气蓬勃、拼搏进取、勇争一流的精神风貌。

文化艺术活动。全国地方国资委纪委书记研讨会召开期间，集团公司工会精心组织一台反映时代特征、具有港口特色的文艺节目，充分展示了集团公司的良好形象，受到与会领导和各位代表的一致好评。按照省国资委要求，冠名承办了省国资委系统“企业之歌”大赛，并组队参加了大合唱比赛，荣获最高奖项。开展企业之歌征集评选活动，举办“凝心聚力量，献礼十八大”职工美术书法摄影展。为活跃职工生活，提升身体素质，广泛开展做广播体操活动。各基层工会也开展一系列有规模、有影响、聚人心的文化体育活动，使广大职工的精神生活更加丰富多彩，精神风貌更加昂扬向上。

基层特色文化

【概况】 源远流长的秦皇岛港企业文化历经百余年发展，衍生出“铁军文化”“油港文化”

“安保文化”等行业性较强的基层分支文化，内容丰富生动、各具特色。

6月10日，集团公司第一届运动会开幕式集体舞表演

【铁军文化】 铁运分公司多年来坚持把企业文化建设与管理工作有机融合，突出以人为本管理，打造新型“铁军”队伍，形成基层特色文化，先后获得全国交通系统“企业文化建设创新实践奖”“企业文化建设优秀单位”。

注重方法，确立企业文化建设工作思路。铁运分公司企业文化建设按照理念、行为、视觉三个系统要素要求，在系统导入上采取了八个步骤，全面推进企业文化建设。一是明确指导思想，确定企业文化建设目标。二是成立专门机构，开展独立自主的企业文化建设工作。三是广泛宣讲企业文化建设的目的、意义，向全体职工发出《请您来设计我们公司》的公开信，号召全体职工积极参与企业文化建设。四是组织观摩考察，借鉴先进经验。课题组在深入研究大量企业文化建设资料的基础上，远赴宁波北仑港、青岛港等优秀企业观摩考察，为理清公司企业文化建设工作思路提供理论基础。五是确定公司发展理念。根据港口铁路的性质、功能、作用和公司未来发展战略，确定公司目标、宗旨、精神、作风、座右铭、价值观等16条理念，最终汇聚成“以人为本，打造铁军”的公司经营主理念。六是重视视觉设计，聘请专家加盟。确定公司标识、司旗、《铁运之歌》，统一使用公司专用办公用品。七是强化行为设计，规范职工行为。健全和完善规章制度，对600余项规章制度进行全面清理，形成13类235项有效运行的规章制度。八是先后推出《职工手册》、《视觉识别手册》及《铁军之路》、《铁军雄风》等一系列反映铁军文化的企业文化宣传材料。每年以公司一号文件的形式对企业文化建设进行全面部署，促进企业文化建设落地生根。

2012年伊始，铁运分公司开展“送春联下基层”活动

全面整合，培育富有集团公司特色的“铁军”文化。2012年，集团公司出台了《河北港口

集团发展战略》，铁运分公司认真做好与集团公司战略的全面对接融合。一是与集团公司理念系统的融合。通过全方位、全覆盖宣传教育，充分发挥学习的引领作用，使全体职工加深对企业精神、宗旨、核心价值观的系统学习理解，确保集团公司发展战略入脑入心入行。在此基础上，按照集团公司确定的企业发展愿景，提出公司战略目标，实现与港口发展的全面融合。二是与集团公司行为规范的融合。注意创新学习模式，开展灵活多样的行为规范学习活动。开展

10月10日，铁运分公司举办“铁运清风”职工书画摄影展

“我与理念同行”主题征文活动，举办“移动的秦港”演讲比赛，成立巡回宣讲组，深入到职工中宣讲，把集团公司理念价值成功转化为职工的思想认识和自觉行为，引导职工养成良好的职业道德和行为习惯，使职工的文明素质得到普遍提升。同时，认真抓好规范的落实，制定实施《工装管理规定》，两站机车包乘组人员实行列队上岗交接班，为内部行为规范的养成与落实起到示范和带动作用。三是与视觉识别系统的融合。按照集团公司《视觉识别系统使用规定》要求，加强视觉形象建设，加大环境治理宣传力度，制定印发《铁运公司宣传牌、标识管理规定》，进一步统一规范公司内部宣传标识、定置管理和色彩管理，开展安全视觉环境建设，推动企业文化互促互融，营造了“对外独树一帜”的企业形象。

以人为本，打造新型“铁军”队伍。铁运分公司坚持把从严治企与以人为本理念贯穿到各项管理之中，形成了以“严明纪律、严肃规章、严谨作风、严格考核”为代表的“四严”管理模式，做到了铁的要求、爱的管理，刚柔并济、融会贯通。一是建设一支过硬的党员骨干队伍。围绕班子建设和党员队伍建设，大力推进学习型组织建设，以民主评议的方式，对两级班子进行监督评议。深入开展亮牌示范、认责承诺、对标定位和星级党员责任区建设，引导党员做争创一流业绩的标兵，做弘扬“铁军”精神的排头兵。领导班子和党员骨干队伍，已成为港口铁路运输生产的坚实脊梁。二是把尊重人、培育人作为首要任务。按照“四个尊重”的要求，建立健全人才竞争机制、岗位激励机制，通过开展评选“十佳岗位标兵”“首席职工”等活动，为职工实现自身价值搭建施展才华的舞台，营造“学先进，赶先进，争先进”的浓厚氛围，带动并促进了各项工作的全面落实。

融入管理，增强企业核心竞争力。铁运分公司在企业文化建设中坚持做到“三个结合”，用文化建设引领公司发展，为企业做大做强提供精神动力和文化支撑。一是与重点工作相结合，形成以理念创新带动

铁运分公司机务段机车架修队电气班学习园地

管理创新、技术创新。2012年，为落实秦港股份关于提高东、西港区作业效率的指示精神，铁运分公司实现向上下游延伸和向公司内部延伸，努力压缩车点，充分发挥与二分公司、铁路秦东站的东港区一体化作业优势，全力以赴增强港铁运输能力，实现秦东煤炭运输总量的增长。铁运分公司还充分发挥自身对轨道线路整治技术优势，主动承接六分公司双轨2#取料机轨道梁大修任务，破解公司发展瓶颈，寻求港口铁路发展空间，全面提升公司综合竞争实力。二是与管理创新相结合。按照精细化管理要求，坚持向管理要效益，盘活闲置资产，整合现场资源，优化人员配置，调整生产结构；以学习推广冀中能源峰峰集团“新三矿”管理经验为契机，对照标准找差距，理顺关系抓制度，明确责任抓流程。三是与安全生产相结合。加快创建安全生产标准化二级企业步伐，加大“三项制度”落实，推进隐患排查整改，将安全文化深深融入到生产运行中，构筑起“人、机、环境”三位一体的安全防线。

【油港安全文化】 加强安全文化建设，完善安全生产“三项制度”。2012年初，秦港股份一分公司层层签订安全生产承诺书，落实“一岗双责”，确保各级安全生产主体责任落实到位。加强安全文化建设，努力营造安全生产氛围，促使公司全体干部职工形成“工作前想安全、工作中做到安全、工作后总结安全”的良好态势，从“要我安全”到“我要安全”再到“我会安全”的积极转变，安全文化素养逐步养成。2012年进一步完善安全生产“三项制度”，修订《安全作业管理规定》《生产安全事故报告和调查处理办法》等11项规章制度，同时全面修订2008版《安全操作规程》，在制度层面进一步加强了管理。此外，公司还组织演讲比赛、安全答卷等群众性活动。通过开展丰富的安全教育培训活动，充实了职工的安全知识，提高了安全意识和能力，为进一步做好安全工作打下坚实的基础。

开展安全文化建设，营造良好的安全文化氛围。在集团公司范围内征集以安全生产为主题的安全警示教育短片、FLASH

9月28日，一分公司按照安全生产紧急预案，进行抢救伤患演练

动漫和影视文艺小品等形式的安全文艺作品，充分利用电视台、《河北港口新闻》、网络等媒体平台宣传安全生产工作，大力营造安全文化氛围；开展“安全文化下班组”活动，购买万本安全生产书籍，下发到公司每个班组，要求每位职工精读一本安全书籍，丰富职工安全生产再教育学习内容，通过自主学习，使职工获得新的安全生产知识，提升安全生产操作水平。

2012年，一分公司春节团拜会上演出“恭喜安康，大展宏图”节目

【安保文化】 突出重点、特色鲜明，构建安保企业文化。2012 年，安保中心结合队伍建设和业务工作实际，以“打造港口履约安保和港区保安一流专业队伍”为愿景，有计划、有重点地采取多项措施，为推进安保文化建设、突出安保“四个品牌”营造良好氛围。

安保中心成立时间不长，是一支文化新军。中心针对青年职工缺乏人生规划、社会阅历浅，但思想活跃、接受新知识快等实际，寓教于文，组织党员职工分批次学习《百家讲坛——我读经典》系列讲座，将央视《百家讲坛》栏目解读历史、指导人生、雅俗共赏的特点与青工的精神需求相结合，用通俗易懂的形式，领略师者风范，聆听先哲智慧，陶冶道德情操，获得人生启迪。与此同时，中心还联系高等院校，鼓励职工参加学历教育，为适应本职岗位、服务港口中心工作储备相关知识。

2012年，安保中心深化“文明值岗，微笑服务”活动。图为执勤人员检查车辆进港证件

中心结合青工特点，谋划开展“走进港区了解生产、拓展知识、服务港口”活动，力求通过这一平台，增进职工对港口基本情况和形势任务的熟悉、掌握，引导职工热爱港口、珍惜岗位，切实增强归属感、荣誉感和使命感，自觉提高业务技能，努力提升服务水平，巩固树立品牌形象。

中心在贯彻企业文化核心理念的基础上，组织专人征集、提炼、撰写安保特色文化手册，并将纪律规定、礼仪规范、基本权益等内容一同汇编成册，力求将安保特色文化理念融入班组建设，统一职工的价值观，增强职工的认同感，充分调动职工工作积极性和主动性，为提高职工主人翁意识和责任感营造良好氛围。

安保中心举办2012年春节团拜会，职工演唱“青春安保”

在集团公司第一届运动会上，中心全体运动员以团结协作的精神和敢打敢拼的坚强意志，顺利闯入团体前六名。为鼓舞士气，保持斗志，中心顺势开展了“弘扬团队精神，奉献安保事业”主题活动，引导全体党员、职工牢固树立大局意识和团队精神，在安保工作中发扬顽强拼搏、唯标誓夺的体育精神，为保障在港物资安全，服务港口生产经营再立新功。

中心相继自主开展了“今天你微笑了吗？”“我的口门我作主”“党员一帮一”“金牌班组长评选”等各具特色的活动，贴近基层职工，贴近工作实际，基层班组的执行力、凝聚力进一步加强，工作效率、服务质量明显提升。

针对各口门特点，利用周例会对全员进行思想动员，强调“创先争优”和企业文化建设的重要性和必要性。认真组织职工学习《职工行为规范》、服务港口经济、服务职工群众的“十项措施”“七项统一”等有关规定；对职工进行文明用语的引导和推广使用，并进行严格的文明行为养成训练，从而提高了职工文明素质。

港口职工

河北港口年鉴 2013

HEBEI GANGKOU NIANJIAN 2013

职工队伍

【概况】 2012年职工人数16648人，与2010年和2011年相比呈递减趋势。具有大专以上学历的职工人数逐年递增，2012年为8167人，占职工总数的48%。

2012年集团公司职工情况一览表

表25

类　别	本　部	集团公司
从业人员人数	125	16648
在册职工人数	125	16753
在岗职工人数	125	16648
离退休总人数		6946
年末不在岗职工人数		105

2012年集团公司职工学历情况一览表

表26

学　历	本　部	集团公司
硕士及以上	34	357
本科	69	2628
专科	21	4182
中专及以下	1	9529
合计	125	16696

职工教育

【概况】 2012年，职工教育培训中心认真贯彻集团公司年度工作部署，坚持科学发展观，围绕调结构、转方式、促发展这条主线，紧贴港口培训需求，积极探索创新培训模式和机制，大力开展职工培训，推进各项工作，取得良好成效。

2012年集团公司下达利润指标是-1461万元，中心实现利润-1403万元。实现培训收入465万元，其中关联交易349万元、其他收入116万元，人均创收4.5万元。成本费用支出1854万元，比承包指标减亏57万元。培训职工10324人次，为年计划的143%，中心组织实施的培训再次突破万人大关。其中安全培训6025人次，技能鉴定考前培训1723人次，适应性岗位培训2548人次。圆满完成安全、节能、环保等各项工作指标，获评河北省“安全生产培训工作先进单位”和集团公司“安全管理标准化先进单位”“社保工作先进单位”。

9月11日，教育培训中心教师在实验室指导电工学员实际操作

【资格培训】 按照《中华人民共和国安全生产法》等有关法律法规要求，组织集团公司企业负责人、安全管理人员取证、复审培训；按照国家和行业持证上岗的规定，对高低压电工、电焊工、起重指挥和司索工等10多个工种的特种作业人员进行了取证、复审培训和实操考核。为落实好省港航局的要求，努力开拓培训市场，为省内其他港口企业培训职工1500多人，创收上百万元。高仿真设备投入实操培训，连续3年为黄骅港综合港区培训门机、场桥、岸桥司机160人，取得良好的经济效益，保证了集团公司生产经营发展的需要。为落实集团公司加强自主维修、提高港口设备维修人员技术能力的要求，继对84名机修工和电焊工进行为期2个月转岗技能培训之后，又开办了160名职工参加的起重指挥工、焊工培训。为使培训紧贴港口生产，中心多次召开任课教师专题会，下发近千份培训需求调查表，制定《维修工培训项目工作方案》，与一线技术人员共同探讨实操培训项目和授课内容，确保学员实操培训取得实效。此外，还对532名专业技术人员、291名班组长、188名新入职大学生和150名退役士兵进行管理知识、继续教育等适应性岗位培训。

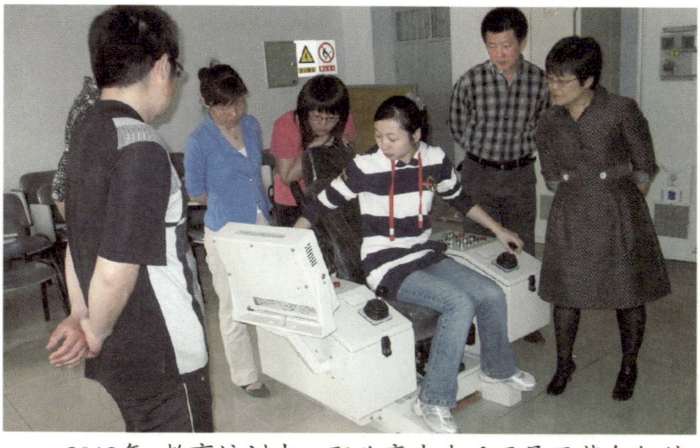
2012年，教育培训中心职业高中先后开展了装卸机械等27个项目4047人次培训。图为学员进行模拟机训练

【综合工作】 以服务集团公司、服务基层、服务职工为己任，创新思路，谋求发展。一是通过召开年度工作会议、职代会，传达贯彻集团公司重要会议精神，坚持教育培训为集团公司发展战略服务的工作定位，明确发展港口专业方向，做强港口所需专业项目，打造集团公司专业培训品牌，努力实现自身的发展壮大。二是以开展安全培训、资质升级和职业资格培训机构认定工作为契机，大力加强软硬件建设，完善安全培训展室，建设计算机考试室。建立培训评估体系，健全各项规章制度，科学规范基础工作。在集团公司领导和相关部室大力支持下，在中心各科室和学校的积极配合

努力下，创造条件，顺利通过职业资格培训机构认定。职业技能鉴定站被市民政局评为AAAAA级中国社会组织。提升安全培训资质，对照国家标准，做了大量具体工作，一次申报并通过验收，取得国家二级安全培训资质。三是实施教师技能素质工程，通过举办企业培训师系列培训、聘请生产一线技术员来校讲学、下现场实习、召开外出培训教师学习汇报会、选派教学骨干外出研修等多种形式，为广大教师提升能力搭建平台。2012年选派68名教师外出学习，组织8位教师参加了国家安全注册工程师考试，有6位教师一次性通过。选派3位教师代表秦皇岛市参加省安全培训讲课和知识竞赛，全部获奖。为倡导教师开新课、多讲课、讲好课，在奖金发放和评先、疗养等方面向教师倾斜，有效调动了教师学习工作积极性。四是加强教育培训政策和教学研究，改善一线教学力量，关心教师职业生涯成长，组织全员进行教学能力问卷调查，对培训项目整合与开发、教材编写、教师职业生涯培养等问题进行分析，寻求解决方案。形成依靠企业推进产教结合、开展职业教育、技能人才培养等多篇有参考价值的调研报告。五是按照集团公司精细化管理工作要求，制定目标和措施，力求各项管理工作步入系统化、程序化。修订中心各部门工作职责、工作标准及岗位说明书；针对中心实操训练和人员密集型场所安全管理的难点和重点，制定应急疏散方案，并组织演练，开展全员安全合理化建议

11月9日，教育培训中心举办“卡拉OK”比赛

活动；制定、实施实训岗位安全操作规程；完善技能鉴定各项规章制度及工作流程；制定教学教材、培训项目和培训评估管理办法；实施集体备课和试讲，中心领导、教研室负责人深入培训课堂听课评课，督导授课质量；创新培训内容和形式，改变过去坐等培训的观念，主动作为，召开座谈会，与受培单位共同商议培训课程。采取重复授课、送课到基层等方式，缓解工学矛盾，既坚持培训全过程的精细化管理，又提升了培训质量，实现双赢。六是定准方向，努力作为，整合资源，提高效率。中心对职工进行形势任务教育，内部加大绩效工资二次分配力度；实行岗位目标责任制，体现激励原则。引导大家增强服务意识，先后为二分公司、九分公司、铁运分公司、华正煤检行、港口工程公司和公安局等单位设计开发订单式培训。协助集团公司开展领导干部大讲堂、党校培训，协助工会完成计算机培训、职工技能竞赛等工作，得到多方的认可好评。七是认真做好退休教师待遇查档核实工作。按照上级要求，组织有关同志对中心107名退休教师的个人档案中的相关

2012年，教育培训中心结合港口需要，进行计算机理论和实操培训及考试

信息进行查阅、登统、汇总、上报。本着实事求是原则，针对出现的诸多问题，积极与集团公司主管部室、市主管部门沟通协调，努力把好事办好。八是通过全员参与、优化管理、实现降本增效。整合内部资源配置，提高设备使用率，保证教育培训高效运转。分解能源指标，监控能源消耗情况，加大检查考核整改力度，有效堵塞漏洞。充分利用自身优势，组织教师对办公设备、教学设备开展自修，既提高教师的专业技能，又节约了资金。严格财务制度，逐步强化经营理念。统筹中心内部资金管理，降低成本，提高资金使用效率。

职工薪酬

【薪酬制度】 2012 年，集团公司继续推进薪酬改革工作。薪酬改革小组对薪酬管理相关制度进行多次讨论、修改，在征求了机关各部室及各基层单位意见建议的基础上，经过反复修订，基本形成《集团员工薪酬管理办法》（讨论稿）、《员工职位体系管理办法》（讨论稿）。其间，对新办法中涉及到的数据进行详细测算、分析，对薪酬改革中分配制度改革可能涉及到的社会稳定环节、因素以及潜在风险进行了评估，确保薪酬结构在工资总额允许额度内分配更加合理，提高薪酬的激励作用。

【薪酬管理】 工资总额调控。依照省国资委出资企业工资总额调控管理的相关要求，结合集团公司具体情况，完成了 2011 年工资总额清算、2012 年工效挂钩方案的上报工作。通过对港口企业相关数据的分析，按照省人力资源和社会保障厅的要求，代省人社厅提出 2012 年全省港口行业工资指导线，得到省人社厅确认后下发全省参照执行。依据集团公司生产经营情况，提出集团公司 2013 年工资总额增长目标。

领导人员薪酬调整和兑现。针对企业负责人薪酬，认真研究相关政策，积极与省国资委考核分配处联系沟通，做好集团公司领导人员 2011 年薪酬兑现准备工作。根据集团公司年度工作安排，完成集团公司所属中层班子成员 2011 年年薪测算工作，指导各单位完成 2011 年年薪兑现及 2012 年预付薪酬标准的调整工作。同时，为加强集团公司对投资参股、控股公司委派人员的薪酬管理，实现委派人员薪酬的统收统付，下发《河北港口集团有限公司委派人员管理办法（试行）》。

职工保险

【概况】 2012 年，集团公司在养老、医疗、工伤、生育、失业五大基本社会保险以及离休人员（含新中国成立前参加工作的退休老工人）医疗费相继参加社会统筹的基础上，又建立了在职职工企业年金、企业补充医疗保险、离退休人员补充养老保险以及伤亡职工一次性经济补偿制度等多层次社会保障体系。2012年，集团公司征收和上缴社会保险费5.1756亿元。

【养老保险】 2012年，集团公司参保人数为16790人，按照基本养老保险有关规定，征缴基本养老保险费3.50亿元。

【医疗保险】 2012年，集团公司征缴基本医疗保险费1.10亿元；缴纳离休干部和建国前老工人医疗统筹费3220万元。集团公司为所有参保职工（包括退休人员）继续投保了大额团体补充医疗保险。补充医疗保险主要采取实报实销方式，全年支付补充医疗保险补助1689万元，办理补助人次为37100人次，其中，门诊医疗费补助389.1万元，门诊慢性病医疗费补助325.7万元；住院医疗费补助911.2万元，支付一次性医疗补助63万元。

【失业保险】 2012年，集团公司参保人数为16524人，按照失业保险有关规定，征缴失业保险费3597.78万元。

【工伤保险】 2012年，集团公司参保人数为16565人，集团公司圆满完成工伤保险社会统筹工作，缴纳工伤保险费1366.94万元。

【生育保险】 2012年，集团公司积极保障和维护广大生育职工的切身利益和合法权益，圆满完成职工生育保险社会统筹工作，缴纳生育保险费693.58万元。

集团公司2012年度社会保险费缴纳及参保情况表

表27 单位：万元

项　目	缴纳及参保情况			
	2012年末参保人数	单位缴纳	个人缴纳	合　计
基本养老保险	16790	25482.65	9528	35010.65
基本医疗保险	23427	8775.32	2311.93	11087.25
失业保险	16524	2433.76	1164.02	3597.78
工伤保险	16565	1366.94	—	1366.94
生育保险	16758	693.58	—	693.58
合　计	—	38752.25	13003.95	51756.2

企业年金

【概况】 2012 年,集团公司提取企业年金 7180.31 万元,其中单位缴费 5894.80 万元,个人缴费 1285.51 万元。截至 2012 年 12 月 31 日,累计缴费(本金)6.30 亿元,资产净值已达 6.57 亿元,累计投资净收益 1.09 亿元,累计投资净收益率为 17.29%。账户总数为 17011 户,支付企业年金待遇 3868 人次,累计支付金额 8206.42 万元。2012 年符合领取企业年金条件的职工平均可以领取企业年金 5.3 万元。

2012 年,各家投管人相对 2011 年的收益状况均有很大的改观,对年金资产的安全和增值责任意识有所加强。2012 年实现投资净收益 3176.49 万元,平均投资净收益率为 5.59%。

医疗疗养

【职工医疗】 职工就医主要在秦皇岛港口医院,也可到秦皇岛市其他医院及社区卫生站就医。2012 年,港口医院门诊量 200349 人次;收住院 4596 人次;抢救危重症 637 人次,手术总例数 546 例,床位使用率 69.4%;抢救成功率 94%。

【保障体系】

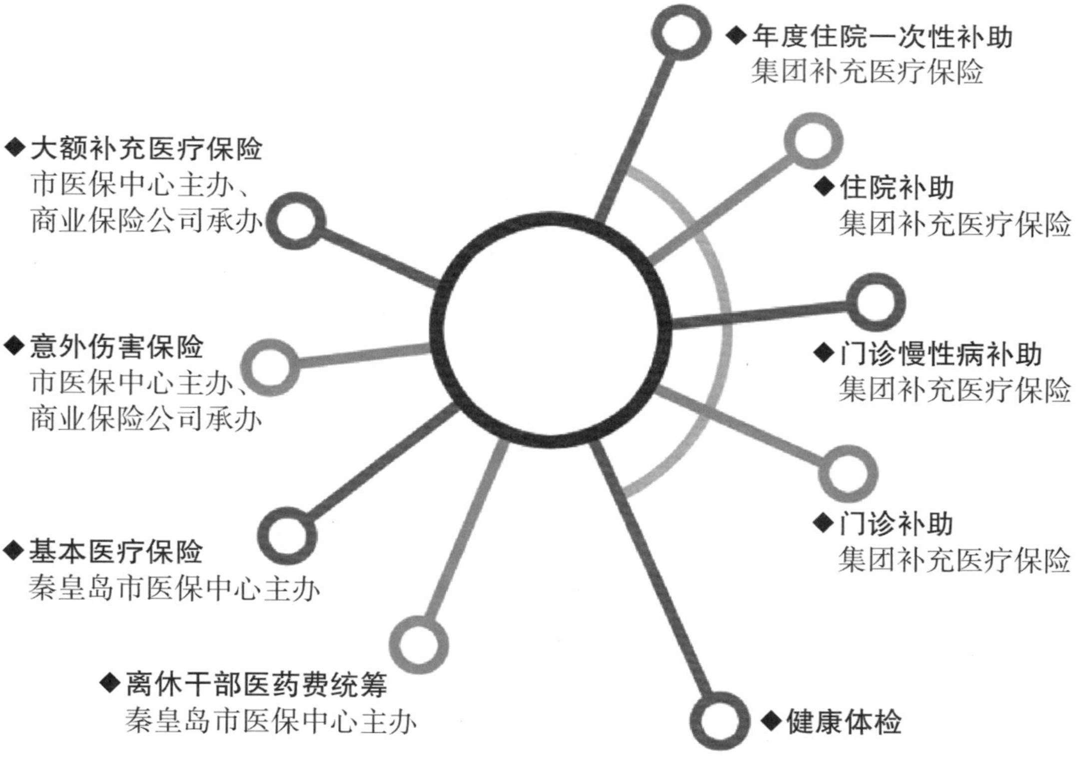

图 2　河北港口集团医疗保障体系

【职工疗养】 2012年，集团公司工会继续实行"职工自由出游"疗养形式，1500多名职工参加了荣誉疗养。

离退休职工

【概况】 2012年，集团公司离退休人员总数为6946人，其中，离休干部143人，退休干部1973人，新中国成立前老工人148人，退休工人4682人。离退休干部党支部15个，离退休干部党员1389人。

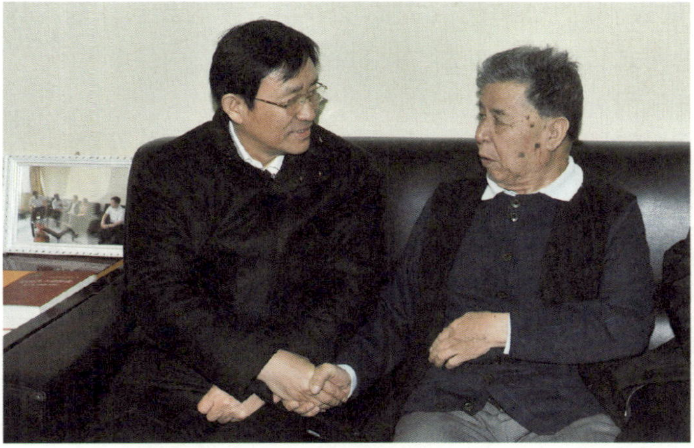

1月19日，集团公司领导到港口医院探望慰问住院治疗的离休老干部

离退休职工管理中心以"学雷锋、树新风、倡善行、促稳定"实践活动为主题，以"喜迎十八大、讲党课、保稳定，促党建工作提升"活动为载体，紧紧围绕"管理、服务、稳定"工作主线，认真落实老干部政治和生活待遇，努力丰富老干部的精神文化生活，着力解决改革发展中离退休服务管理工作遇到的重点、热点、难点问题。较好地完成离退休职工服务管理工作，实现服务满意率95%以上的年度工作目标。在组织建设、思想建设、精神文明建设、廉政建设、职工队伍建设和关心下一代工作等方面取得显著成绩，获省委组织部和省委老干部局授予的"离退休干部工作先进单位"和省国资委系统"先进离退休干部党组织"称号。

【待遇落实】 认真落实离退休干部的政治待遇和生活待遇，共享改革发展成果。中心坚持以做好离退休干部服务工作为根本，从老同志的实际需要出发，不断扩大老同志们的受益面和参与面，保障他们的精神、物质、文化需求，提高晚年生活质量，共享改革发展成果。在集团公司高度重视下，老干部政治和生活待遇得到全面落实。

政治上关心爱护离退休干部职工。一是根据中心工作安排进度，圆满完成各项工作。春节前夕，组织召开"迎春团拜会"，集中邀请离退休职

6月10日，集团公司首届运动会上退休职工表演扇舞

工300多人参加；春节、五一劳动节、八一建军节、中秋节、国庆节等重大节日先后组织座谈会，走访慰问1000余人次，送去了组织的关怀；“七一”前夕，离退休干部党支部以支部大会、座谈会、茶话会等形式举行庆祝活动，中心对60名特困老党员进行慰问，把党组织的温暖送到老同志心坎上。二是切实加强老干部思想政治工作。投入20多万元为每位老干部征订《老人世界》杂志和《人民日报》等多种报刊；每季度以党支部会议的形式向老同志传达上级重要会议精神和定期通报国内外政治形势及港口情况，使他们了解党的方针政策，认清国际国内形势，在政治上同党中央保持高度一致，在行动上支持集团公司各项改革举措。三是坚持生病住院的探望、有情况的必访和去世送葬等制度。中心工作人员经常牺牲休息日、节假日帮助职工家属处理老职工后事，2012年为100多名老同志办理了丧事；重点做好生病住院、有困难的老同志探望工作，对离退休老同志给予更多的精神慰藉和物质帮助；高度重视和妥善处理老同志的信访问题，切实解决改革发展中离退休职工关注的重点、热点、难点问题，有效保证离退休职工队伍的稳定。

大力落实离退休职工生活待遇。2012年，在时间紧任务重的情况下，克服各种困难，按时完成了6282名退休人员调整养老金的测算和报批，调整后人均基本养老金2337.78元，人均增长210.83元。为离休干部和新中国成立前参加工作的老工人上缴医疗保险统筹费用3220万元，为离退休人员发放健康健身活动费、取暖补贴、暑期补贴、年终一次性补贴、节日补贴、护理费、荣誉津贴等统筹外补贴2000余万元，为离退休职工遗属发放生活困难补助354万元。在办理离退休人员门诊慢性病申报工作中提供良好服务。通过大量耐心细致的说服教育，稳定了退休工伤人员思想情绪。投入60万元完成了一年一度的离退休职工体检工作，参检6000余人次。

【离退生活】 坚持将政治性、思想性、科学性、知识性和趣味性有机结合起来，从有益于离退休职工身心健康出发，组织开展丰富多彩、积极向上的文体活动。组织离休干部赴承德疗养、退休人员到成都、西安、张家界等地参观考察，组织年龄偏高人员就近到滦州古城、燕塞湖一日游等活动，深受欢迎，4000余名老同志踊跃参加。充分发挥活动站阵地作用，春节团拜、元宵节游园、春游、门球、台球、健步走等大型活动年年搞；健身操、戏曲、棋牌等各

7月6日，离退休中心和老年体协在港口灯光球场组织退休职工进行健身球操交流展示活动

类室内活动月月有。

【老年大学】 结合离退休职工精神文化生活需要,积极推进老年大学工作持续、健康发展。制定老年大学工作计划和长远规划,健全组织机构,保障活动经费,规范各项工作,提高了管理效能。紧紧围绕“增长知识、丰富生活、陶冶情操、欢度晚年”办学宗旨,不断创新教育模式,共开设13个专业、16科课程、20个教学班,学员人数达750人,深受老同志喜爱和好评。老年大学书法、绘画、摄影班学员踊跃参加秦皇岛市、集团公司“迎接党的十八大书法、绘画、摄影、工艺美术作品展”,作品多达150多幅,获奖作品40余幅。老年大学器乐队、舞蹈队排练的节目走进社区,树立了港口良好社会形象。老年大学为推动老年教育工作做了大量卓有成效的工作,2012年,被省委组织部、省委老干部局、省社保厅授予“老干部工作先进集体”称号。

秦港老年大学开门办学,特邀市摄影协会主席狄巨宽(前一)等名家为学员授课

老年大学摄影班2012年仲秋红叶谷采风摄影作品“如诗如画”

【服务管理】 提升管理,强化服务,加强离退休中心职工队伍建设。深入学习贯彻中共十八大精神,以科学发展观为指引,积极开展职工思想政治工作,认真抓好教育培训,按照集团公司深入开展“喜迎十八大、双百双促”主题实践活动的要求,以提高政治业务素质和能力水平为着力点,不断加强职工队伍建设,开创离退休工作新局面。一是根据集团公司改革发展变化和中心定岗定编,通过公开招聘和选调的方式在集团公司范围内择优聘用了1名综合管理人员和8名退休工人活动站站长、2名干部活动站通讯员,充实离退休工作队伍,完善中心内部机构和人员设置。二是制定、完善管理制度,理顺工作职责,规范工作流程,畅通服务渠道,转变工作作风,认真贯彻落实老干部工作方针政策，不断加强职工思想建设和业务素质建设，提高服务质量和服务水平。三是进一步加强新形势下基层党组织建设、干部作风建设。深入基层联系群众，通过解决老同志的热点、难点问题，架起集团公司与离退休职工良好沟通的桥梁。

“离退休职工自我管理委员会”作用明显。随着离退休职工人数不断增多，不同需求也不断增多，在职工作人员不足，管理服务工作难度加大。离退休职工中许多人身体尚好，有较高的工作热情，愿意为中心离退休服务管理工作发光发热；这些老同志有一定威望，群众工作经验丰富，通过他们去做老同志的工作，不存在思想感情上的障碍，容易沟通、交流和化解矛盾，可以很好地协助中心工作人员开展工作。为充分保护好离退休老同志的积极性，中心根据老同志的专长、志趣和身体情况，本着自愿量力的原则，采取多种形式，充分发挥老同志在活动站日常活动和老年大学教学工作中的重要作用，使老同志自我管理、自我服务工作健康有序地开展。

人物与荣誉

人　物

2012年通过高级专业技术职务、高级技师任职资格评审人员分别为63人和1人。

【高级技术职务】

2012年度高级专业技术职务任职资格评审通过人员一览表

表28

序号	单位	姓名	资格名称	资格时间	资格文号
1	公安局	王晓光	高级工程师	2012-10-18	厅人劳字〔2013〕9号
2	教育中心	周君梅	技校高级讲师	2012-12-7	冀职改办字〔2012〕188号
3	教育中心	李　欣	技校高级讲师	2012-12-7	冀职改办字〔2012〕188号
4	杂货分公司	陈　楠	高级经济师	2012-12-9	冀职改办字〔2012〕154号
5	流机分公司	温　健	高级经济师	2012-12-9	冀职改办字〔2012〕154号
6	电力分公司	张　军	高级经济师	2012-12-9	冀职改办字〔2012〕154号
7	中理公司	张松峰	高级经济师	2012-12-9	冀职改办字〔2012〕154号
8	秦港股份人力资源部	王晓东	高级经济师	2012-12-9	冀职改办字〔2012〕154号
9	秦港股份人力资源部	陈　洁	高级经济师	2012-12-9	冀职改办字〔2012〕154号
10	秦港股份生产业务部	邢绍华	高级经济师	2012-12-9	冀职改办字〔2012〕154号
11	秦港股份生产业务部	郑睿涵	高级经济师	2012-12-9	冀职改办字〔2012〕154号
12	秦港股份生产业务部	丁　琦	高级经济师	2012-12-9	冀职改办字〔2012〕154号
13	通信分公司	宋绍娉	高级经济师	2012-12-9	冀职改办字〔2012〕154号
14	办公室	黄　岩	高级经济师	2012-12-9	冀职改办字〔2012〕154号
15	人力资源部	武冰洁	高级经济师	2012-12-9	冀职改办字〔2012〕154号
16	人力资源部	李　红	高级经济师	2012-12-9	冀职改办字〔2012〕154号
17	战略发展部	朱容正	高级经济师	2012-12-9	冀职改办字〔2012〕154号
18	结算中心	王金珠	高级会计师	2012-12-9	冀职改办字〔2012〕214号
19	教育中心	于　红	中学高级教师	2012-12-13	冀职改办字〔2012〕223号
20	一分公司	陈盛波	高级工程师	2012-12-20	冀职改办字〔2012〕187号
21	二分公司	文　清	高级工程师	2012-12-20	冀职改办字〔2012〕187号
22	杂货分公司	张建武	高级工程师	2012-12-20	冀职改办字〔2012〕187号

续表28

序号	单位	姓名	资格名称	资格时间	资格文号
23	杂货分公司	卜会峰	高级工程师	2012-12-20	冀职改办字〔2012〕187号
24	杂货分公司	陈鸿庆	高级工程师	2012-12-20	冀职改办字〔2012〕187号
25	杂货分公司	蔡中友	高级工程师	2012-12-20	冀职改办字〔2012〕187号
26	六分公司	叶景倩	高级工程师	2012-12-20	冀职改办字〔2012〕187号
27	七分公司	龚　涛	高级工程师	2012-12-20	冀职改办字〔2012〕187号
28	九分公司	魏中利	高级工程师	2012-12-20	冀职改办字〔2012〕187号
29	九分公司	张金丰	高级工程师	2012-12-20	冀职改办字〔2012〕187号
30	流机分公司	马　鹏	高级工程师	2012-12-20	冀职改办字〔2012〕187号
31	流机分公司	陈　准	高级工程师	2012-12-20	冀职改办字〔2012〕187号
32	流机分公司	王霁虹	高级工程师	2012-12-20	冀职改办字〔2012〕187号
33	电力分公司	陈　祺	高级工程师	2012-12-20	冀职改办字〔2012〕187号
34	技术中心	樊永春	高级工程师	2012-12-20	冀职改办字〔2012〕187号
35	投资发展部	王蕴华	高级工程师	2012-12-20	冀职改办字〔2012〕187号
36	港口机械公司	徐阳生	高级工程师	2012-12-20	冀职改办字〔2012〕187号
37	港口机械公司	郭金良	高级工程师	2012-12-20	冀职改办字〔2012〕187号
38	港口机械公司	唐　健	高级工程师	2012-12-20	冀职改办字〔2012〕187号
39	水暖分公司	康　强	高级工程师	2012-12-20	冀职改办字〔2012〕187号
40	东方石油公司	刘建和	高级工程师	2012-12-20	冀职改办字〔2012〕187号
41	战略发展部	张晓丽	高级工程师	2012-12-20	冀职改办字〔2012〕187号
42	港口医院	尚国爱	副主任护师	2012-12-23	冀职改办字〔2012〕201号
43	二分公司	莫皖丽	高级政工师	2012-12-26	冀职改办字〔2012〕206号
44	二分公司	庄　稼	高级政工师	2012-12-26	冀职改办字〔2012〕206号
45	二分公司	胡朝晖	高级政工师	2012-12-26	冀职改办字〔2012〕206号
46	三分公司	温　雷	高级政工师	2012-12-26	冀职改办字〔2012〕206号
47	六分公司	渠　颖	高级政工师	2012-12-26	冀职改办字〔2012〕206号

续表28

序号	单位	姓名	资格名称	资格时间	资格文号
47	六分公司	渠　颖	高级政工师	2012-12-26	冀职改办字〔2012〕206号
48	六分公司	蔡　壮	高级政工师	2012-12-26	冀职改办字〔2012〕206号
49	九分公司	邢　健	高级政工师	2012-12-26	冀职改办字〔2012〕206号
50	铁运分公司	徐兰丰	高级政工师	2012-12-26	冀职改办字〔2012〕206号
51	流机分公司	王英剑	高级政工师	2012-12-26	冀职改办字〔2012〕206号
52	秦港股份纪委监察部	郑国强	高级政工师	2012-12-26	冀职改办字〔2012〕206号
53	秦港股份工会	吴线红	高级政工师	2012-12-26	冀职改办字〔2012〕206号
54	港口工程公司	陈荣祥	高级政工师	2012-12-26	冀职改办字〔2012〕206号
55	港口医院	庄　薇	高级政工师	2012-12-26	冀职改办字〔2012〕206号
56	党委工作部	王海安	高级政工师	2012-12-26	冀职改办字〔2012〕206号
57	党委工作部	焦　红	高级政工师	2012-12-26	冀职改办字〔2012〕206号
58	教育中心	胡　斌	中专高级讲师	2012-12-31	冀职改办字〔2012〕224号
59	水运卫校	许娇香	中专高级讲师	2012-12-31	冀职改办字〔2012〕224号
60	水运卫校	田方喆	中专高级讲师	2012-12-31	冀职改办字〔2012〕224号
61	战略发展部	王雅山	正高级工程师	2012-12-30	冀职改办字〔2013〕19号
62	秦港股份办公室	马喜平	正高级经济师	2012-12-30	冀职改办字〔2013〕20号
63	秦港股份财务部	解　辉	正高级会计师	2012-12-30	冀职改办字〔2013〕20号

【高级技师】

2012年度高级技师任职资格评审通过人员表

表29

序号	单　位	姓名	工种	资格名称	资格文号
1	沧州渤海港务公司	李爱军	维修电工	高级技师	河北港口工考办字〔2013〕4号

荣 誉

2012年度获评全国和省、部级荣誉的先进集体11个，先进个人4人次。

【集体荣誉】

2012年度集团获省、部级及以上集体荣誉称号一览表

表30

序号	荣誉称号	授奖单位	获奖单位
1	全国工人先锋号	中华全国总工会	秦港股份七分公司卸车部
2	全国工人先锋号	中华全国总工会	秦港股份一分公司输油队
3	全国“双爱双评”先进企业	中华全国总工会 中华全国工商联合会	鸿港公司
4	全国企业文化建设优秀单位	中国企业文化研究会	集团公司
5	第二届全国交通企(事)业法治先进单位	交通行业优秀管理成果评审委员会 中国交通企业管理协会	秦港股份
6	全国热心助学先进单位	中国关心下一代工作委员会 教育发展中心	秦港股份
7	河北省五四红旗团支部标兵	共青团河北省委	秦港股份二分公司装船一队团支部
8	河北省青年文明号	共青团河北省委 河北省人民政府国有资产监督管理委员会	秦港公安局消防支队二中队
9	河北省青年文明号	共青团河北省委 河北省人民政府国有资产监督管理委员会	秦港股份九分公司装船部
10	河北省青年文明号	共青团河北省委 河北省人民政府国有资产监督管理委员会	后勤分公司第四幼儿园
11	河北省青年安全生产示范岗	共青团河北省委 河北省安全生产监督管理局	秦港股份六分公司卸车队机修大班

【个人荣誉】

2012年度集团获省、部级及以上个人荣誉称号一览表

表31

序号	荣誉称号	授奖单位	获奖个人
1	全国五一劳动奖章	中华全国总工会	李伏玉
2	全国反假币工作先进个人	国务院反假货币工作联席会议	边贺春

文件选编

中共河北港口集团有限公司委员会
河北港口集团有限公司
关于贯彻落实“三重一大”决策制度的实施办法(试行)

河北港口党字〔2012〕7号

第一章 总 则

第一条 为进一步规范决策行为，提高决策水平，防范决策风险，保证集团公司科学发展，切实加强集团公司反腐倡廉建设，进一步促进领导人员廉洁从业，依据中共中央办公厅、国务院办公厅《关于进一步推进国有企业贯彻落实“三重一大”决策制度的意见》《中国共产党党内监督条例（试行）》《国有企业领导人员廉洁从业若干规定》等法规、制度，以及中共河北省委、省政府、省国资委党委有关要求和集团公司《章程》等规定，就集团公司贯彻落实“三重一大”决策制度制定本实施办法。

第二条 “三重一大”事项的决策必须坚持以邓小平理论和“三个代表”重要思想为指导，深入贯彻落实科学发展观，根据《建立健全惩治和预防腐败体系2008—2012年工作规划》部署、落实《国有企业领导人员廉洁从业若干规定》要求，以明确决策范围、规范决策程序、强化监督检查和责任追究为重点，进一步推进“三重一大”决策制度的贯彻落实。

第三条 “三重一大”事项的决策必须遵循以下原则：

（一）坚持依法决策原则。健全议事规则，明确决策规则和程序，遵守国家法律法规、党内法规、有关政策和企业有关规定，保证决策内容和程序合法合规。

（二）坚持依权限决策原则。集团公司各级党委常委会(党委)、董事会、党政联席会等决策机构必须依照各自的职责、权限和议事规则决定“三重一大”事项。

（三）坚持民主决策原则。“三重一大”决策事项必须经领导班子集体讨论决定，充分发扬民主，广泛听取意见，按照少数服从多数的原则做出决定，保证决策的民主性，防止个人和少数人专断。

（四）坚持科学决策原则。以科学发展观为指导，解放思想，实事求是，务实高效，完善群众参与、专家咨询、调研论证和集体决策相结合的决策机制，重点强化决策调研、论证、程序、执行、监督等关键环节，有效防范决策风险，保证决策科学性，避免决策失误。

第四条 本办法适用于集团公司及其所属各单位。集团公司向各级控股企业、参股企业委派的领导人员参与所在单位“三重一大”事项决策，应按照集团公司及集团公司出资人的决策意见提出提案、发表意见、行使表决权。

第二章　决策范围

第一节　重大决策事项

第五条　重大决策事项，是指依照《中华人民共和国公司法》《中华人民共和国企业国有资产法》以及其他有关法律法规和党内法规规定的应当由董事会、职工代表大会、党委常委会、党政联席会等决定的事项。

集团公司重大决策事项主要包括如下内容：

（一）贯彻执行党和国家的路线方针政策、法律法规和上级重要决定的重大措施；

（二）重大战略决策事项，包括企业的发展方向、经营方针、发展战略、中长期发展规划及实施方案等；

（三）重大生产经营管理事项，包括：

1. 财务预算、财务决算；

2. 资本预算，包括固定资产投资计划和建设项目前期工作费用预算、对外投资预算等；

3. 业务预算，包括年度吞吐量计划、生产经营计划；

4. 筹资预算，包括长短期借款、发行债券以及借款、债券还本付息预算；

5. 年度固定资产修理计划；

6. 内部管理机构设置、机构调整、人员编制及领导人员配置方案；

7. 制定或修改公司章程；

8. 基本管理制度的制定、修订及废除；

9. 业绩考核；

10. 企业年度工作报告；

11. 企业重大改革方案；

12. 涉及企业安全稳定的重大问题、重大安全、质量责任事故的责任追究等；

13. 涉及标的额100万元以上或其他对公司生产经营影响重大的诉讼；

14. 从事高风险经营。

（四）重大资产管理事项，包括：

1. 国有资产转让；

2. 与自然人、法人或者其他组织进行的资产托管、承包、租赁、买卖或者置换活动；

3. 资产调整、资产损失认定；

4. 债务重组，以非货币资产偿还债务，以非货币资产抵债；

5. 收购非国有单位的资产；

6. 土地、房屋等资产的购置、出售和转让等处置事项。

（五）重大产权管理事项，包括：

1. 企业变动产权登记，包括企业改变名称、企业国有资本额发生增减变动、企业国有资本出资人发生变动等；

2. 产权交易、转让；

3. 企业增加和减少注册资本；

4. 股权转让，非上市公司国有股东股权比例变动；

5. 接受其他单位以非货币资产出资等。

（六）重大资本运营管理事项，包括：

1. 利润分配方案和弥补亏损方案；

2. 企业改制，包括国有独资公司改为国有资本控股公司或者非国有资本控股公司，国有资本控股公司改为非国有资本控股公司等，改制后不再设置国有股权；

3. 发行公司债券；

4. 企业合并、分立、清算、变更公司形式，兼并重组；

5. 企业注销产权、解散、破产；

6. 对外投资(含国内、国外、境外的收购兼并、合资合作、对权属企业追加投资等行为),包括:以货币资产或实物资产对外投资;无形资产投资(商誉、商标、专利权、专有技术等);金融投资(含证券、期货、委托理财)等。

(七)事关职工利益的重大问题,包括:

1. 劳动用工方案、分流安置方案、集体合同草案;

2. 薪酬调整方案、工资集体协议草案;

3. 劳动安全卫生和劳动保护措施;

4. 职工福利基金、公益金使用方案及有关职工生活福利的重大事项。

(八)党建和思想政治工作重大事项,包括;

1. 党的思想建设、组织建设、作风建设、制度建设、反腐倡廉建设中的重要决定和重要部署等;

2. 思想政治工作、精神文明建设、企业文化建设、职代会和群团工作方面的重要举措等;

3. 党群部门干部管理制度及其他党群工作内容等;

4. 党代会的议程、议题、报告、决议等有关事宜;

5. 党内重大违纪案件的处理。

(九)企业维护稳定及防恐工作重大事项。

(十)集团命名和表彰的各类先进集体、先进个人的评定与奖励,确定市级以上先进集体、先进个人的推荐人选。

(十一)对集团公司有全局性、方向性、战略性的其他重要问题。

第二节 重要人事任免事项

第六条 重要人事任免事项,是指集团公司管理的领导人员以及向全资、控股企业、参股企业委派的领导人员的职务调整等事项。

集团公司重要人事任免事项主要包括:

(一)领导人员选拔标准的制定、任用的提名;

(二)对集团公司直接任免的领导人员考察、考核、任免、聘用、解除聘用;

(三)对集团公司决定任免的领导人员考察、考核、任免、推荐;

(四)对集团公司实行任前备案管理的领导人员的沟通、备案;

(五)向全资、控股、参股企业股东代表的授权(一年以上)委托,全资、控股、参股企业董事、监事、总经理和财务负责人等高级经营管理人员的推荐或委派;

(六)领导人员后备人选的确定;

(七)向上级机关提出本单位领导班子成员等由上级机关管理的领导人员的推荐任职和建议免职;

(八)高级技术、管理和技能专家的聘任;

(九)给予负责管理的领导人员党纪处分、政纪处分等;

(十)集团公司其他重要人事任免等事项。

第三节 重大项目安排事项

第七条 重大项目安排事项,是指对企业资产规模、资本结构、盈利能力以及生产装备、技术状况等产生重要影响的项目的设立和安排。

集团公司重大项目安排事项主要包括：

（一）单项投资金额500万元及以上的资产投资项目，涉及：单项投资金额500万元及以上重要工程建设、技术改造、技术引进、设备购置、信息化建设、科研等项目；实施项目需开展的与项目相关的合同估算价在20万元及以上的勘察、设计、监理、科研、信息化、工程造价咨询等服务的采购项目；单项投资金额5000万元及以上的招标项目的招标代理机构比选确定。

（二）未超概算的工程建设项目中的工程变更，单项工程变更金额300万元及以上的、或单项合同的工程变更累计金额500万元及以上的。

（三）计划外固定资产投资项目及调整计划额度超计划投资。

（四）单项合同金额超过500万元（含500万元）或年计划采购量累计超过1000万元（含1000万元）的大宗配件类、原材料等大宗物资采购项目。

（五）达到集团公司规定的招标范围和规模标准，因特殊原因不按集团公司招标活动管理规定执行的项目。

（六）房地产开发项目，包括房地产项目立项、开发、出租、承包、转让、变现。

（七）融资项目，包括根据发展需要，在国家政策法规范围内的发行债券股权融资；期权、期货等金融衍生业务等。

（八）担保项目，包括为所属全资、控股子公司或其他企业借款提供担保；与外部单位建立互为担保事项及其他担保项目。

（九）单台件价值原值500万元及以上的设备等固定资产处置开发、出租、承包、转让、变现。

（十）涉外合同、担保合同和股权投资合同等合同的签订，以及标的金额在500万元及以上的资产投资等项目合同的签订。

（十一）国际合作项目。

（十二）企业资产保险项目。

（十三）聘请或更换外部审计机构。

（十四）其他重大项目。

第四节　大额度资金运作事项

第八条　大额度资金运作事项，是指超过由企业或者履行出资人职责的机构所规定的企业领导人员有权调动、使用的资金限额的资金调动和使用。

集团公司大额度资金运作事项主要包括：

（一）对外投融资借款、担保，贷款计划；

（二）年度预算内大额度资金调动和使用，包括固定资产投资、大宗物资及大宗服务项目采购涉及的资金等；

（三）超预算、预算外的资金调动和使用，包括财务预算中未列出具体项目或不可预见的临时性特殊支出、大额度机动资金、借款等；

（四）对外捐赠、赞助；

（五）委托理财；

（六）集团公司其他大额度资金的调动和使用事项。

第三章　决策主体

第九条　“三重一大”事项由董事会、职工代表大会、党委常委会、党政联席会等决策机构经集体研究做出决定。

党委要充分发挥政治核心作用，积极参与企业“三重一大”事项的讨论、研究和决策，保证和监督党的路线方针政策在企业的贯彻执行。

进入董事会的党委成员，应当贯彻党委的意见或决定。研究决定企业改制以及经营管理方面的重大问题、涉及面广、涉及职工切身利益的重大事项、制定重要的规章制度，应当听取企业工会的意见，并通过职工代表大会或者其他形式听取职工群众的意见和建议。

需报请上级机关审批或核准的“三重一大”事项，应按规定履行报批程序并经批复后方可开展后续工作。

经董事会授权，经理班子决策“三重一大”事项的，按照本实施办法执行。

第十条　集团公司“三重一大”事项集体决策主体如下：

（一）第五条所列集团公司重大决策事项的决策主体：

第五条第（一）款涉及项目主要由董事会、党委常委会、党政联席会等进行决策。

第五条第（二）、（四）、（五）、（六）、（七）款涉及项目主要由董事会等进行决策。

第五条第（三）款除第9项应由董事会、党委常委会等进行决策外，本款其他项目由董事会等进行决策。

第五条第（八）款涉及项目主要由党委常委会等进行决策。

第五条第（九）款涉及项目主要由党政联席会等进行决策。

第五条第（十）款涉及项目主要由党委常委会、党政联席会等进行决策。

（二）第六条所列集团公司重要人事任免事项主要由党委常委会、董事会进行决策。

第七条所列集团公司重大项目安排事项、第八条所列集团公司大额度资金运作事项主要由董事会等进行决策。

对第七条、第八条所列重大项目安排事项、大额度资金运作等事项，必要时采取将有关事项进行汇总定期提交决策机构研究决策方式实施，但相关法律法规、制度有明确规定的项目除外。

第四章　决策的基本程序

第一节　决策准备

第十一条　可行性研究。企业重大决策、重大项目安排和大额度资金运作事项，在决策前，应对所涉及的事项认真调查，进行可行性研究和论证。必要时应当聘请有相应资质的科研机构、有关专家进行咨询或参与评估、论证。

重要人事任免应当严格按照《党政领导干部选拔任用工作条例》及集团公司《领导人员管理暂行办法》《关于领导人员任免工作程序的规定》等有关规定确定人选，并由组织人事等部门组成考察组，对确定人选进行考察，没有经过组织考察的干部人选不得上会。

在履行决策准备程序时，涉及专业性、技术性、法律性较强的“三重一大”具体事项，国家法律法规对此已有明确程序性规定的，从其规定。

第十二条　廉政风险评估。在可行性研究的基础上，结合反腐倡廉建设及权力运行监控机制建设有关要求，对决策事项组织实施过程中可能产生腐败问题的潜在危险及其危害程度进行全面分析评估，深入细致地查找廉政风险点，有针对性地提出预防和化解对策，做到存利去弊，预防在先。

第十三条　法律审查。对于涉及法律方面的决策事项，在提交会议决策前，应进行合法性审查。主要审查是否与法律法规相抵触，是否与现行政策规定相协调，是否存在法律风险，是否存在其他不适当等问题。企业法律部门在进行合法性审查后，应及时提出审查意见。

第十四条　稳定风险评估。对于涉及企业改制重组、产权转让、关闭破产、厂办大集体改革、分离企业办社会职能等重大事项改革时，要对重大事项在制定、公布、执行过程可能发生危害企业和社会稳定的诸环节、因素进行风险评估。具体按照《河北港口集团有限公司企业改革重大事项社会稳定风险评估机制方案》执行。

第十五条　征求各方意见。“三重一大”事项提交会议集体决策前，应广泛征求和吸纳各方面的意见和建议。

重大投资和工程建设项目，应当事先充分听取有关专家的意见。重要人事任免应当事先征求同级纪检监察部门的意见，并保证其有必要的时间履行程序。

第十六条　事先沟通与党组织参与。董事会研究决定“三重一大”事项，要事先与党委沟通，听取党委的意见。

第十七条　列为议题。企业“三重一大”事项，由企业领导直接提出或由机关部室、所属单位提出，经分管领导审核，报主要领导列为议题。

已确定提交的决策事项，应按照程序和要求做好准备工作，不履行或没有完成准备程序的，凡属政策性文件和涉及面较广的议题会前未做好协调工作的，不得提交会议进行决策。

第十八条　准备材料。决定提交会议审议的事项应当提交决策材料。决策材料包括议题材料和科学论证材料。议题材料包括决策备选方案及说明材料；科学论证材料包括调查报告、论证评估报告、合法性审查意见、廉政风险评估报告等。

第十九条　提前告知。除紧急情况外，决策事项应在会议召开前2～3天告知所有参与决策人员，并为所有参与决策人员提供有关书面材料。必要时，可事前听取反馈意见。参加决策人员应事先熟悉材料，认真准备。

第二节　决策

第二十条　集体决策的事项必须严格按照会前确定的议题进行，没有列入议题的“三重一大”决策事项不得临时动议。

第二十一条　集体研究决策。董事会、党委常委会、党政联席会均应以会议形式，对职责权限内的“三重一大”事项作出集体决策。不得以会前酝酿、个别征求意见、传阅会签和碰头会等其他形式代替会议决定。除企业章程另有规定外，会议须有2/3以上应参会人员出席方可召开。

第二十二条　会议讨论。会议应当安排足够时间进行讨论。与会人员要充分讨论，参加会议人员应充分发表意见，表明态度;主要负责人应当最后发表结论性意见。

第二十三条　集体决策事项，应坚持少数服从多数的原则。出席会议的正式成员有表决权。

在讨论重要人事任免时,应参会人员因故不能参加会议的，可以书面形式委托其他班子成员代其发表意见。研究涉及本人及家属的议题时，有关人员应当主动回避。

第二十四条　会议应采取口头、举手、无记名或记名投票等方式对决策事项进行表决,除企业章程另有规定外,须有过半数应参会人员同意方能形成决定。

若讨论中意见分歧较大或发现重大问题尚未调查清楚的，一般应待进一步调查研究后再作决定。

第二十五条　遇有重大突发事件和不可抗力等紧急情况来不及集体决策的,有关领导可临机处置，但一般应在事后3天内向班子集体报告,并对决策事项负责,董事会、党委常委会应当在事后按程序予以追认。

第二十六条　对涉及面较广、试验性较强的决策事项，应在局部范围内先行试点,以检验决策的可行性,取得经验后再推广实施。对具有较强前瞻性的重大改革措施,一般也应按照集体决策程序确定试行,经实践检验并进一步修正后，再正式决策实施。

第二十七条　备案备查。决策会议必须做好记录,形成会议纪要或文件。

会议决定的事项、过程、参与人及其意见、结论等内容,应当完整、详细记录,并按照有关规定形成档案,存档备查。

会议记录内容包括:

(一)会议举行的时间、地点、主持人、出席人员、缺席人员、列席单位及人员、特邀专家、记录人等基本情况;

(二)决策事项以及议题;

(三)审议过程及会议组成人员本人的意见和表态;

(四)主要分歧意见;

(五)会议最终决定。

第二十八条　与会人员须在会议记录上签字，同时必须严格遵守保密规定和会议纪律，不准泄露会议未决定或决定暂不对外公开事项以及会议材料及讨论情况。

第五章　决策报告与执行

第二十九条　各级党组织要团结带领全体党员和广大职工群众,推动决策的实施,并对实施中发现的与党和国家方针政策、法律法规不符或脱离实际的情况及时提出意见,如得不到纠正,应当向上级反映。

第三十条　经审定和批准的决策事项，由领导班子成员按照职责分工认真组织和实施,并明确落实部门和责任人。需经职工代表大会讨论通过的，应当经职工代表讨论通过后实施。

第三十一条　党政主要负责人为本单位实施本办法的主要责任人,应自觉遵守、严格执行,坚持维护制度,自觉接受各方面的监督,坚决杜绝违反决策制度行为的发生。

参与决策的个人对集体决策有不同意见,可以保留或者向上级反映,但在没有做出新的集体决策之前，任何单位和个人不得擅自变更或者拒绝执行已做出的决策。

对因不可抗力或者决策依据、客观条件发生重大变化导致决策难以实施，需对决策内容作重大调整，应当重新按规定履行决策程序。

第三十二条　集团公司办公室（党委办公室、董事会办公室）为集团公司督办工作的主管部门。

集团公司办公室（党委办公室、董事会办公室）协助集团公司党委常委会和集团公司对“三重一大”事项决策执行情况进行督促检查。负责分解任务，明确责任部门、单位及完成时限，并对决策的实施过程进行督办，督促有关责任部门、单位按照工作目标和时限要求完成决策执行任务。

涉及重要人事任免的，由组织人事部门负责落实。

第三十三条　负责执行决策的部门、单位应当制定决策实施方案，明确领导责任及具体承办机构和责任人，确保落实决策的工作质量和进度，不得推诿和拖延。

第三十四条　各级单位要根据自身实际，结合推进权力运行监控机制建设，进一步细化决策程序和操作流程，完善议事规则，搞好董事会、经理办公会、职工代表大会、党委常委会、专业咨询机构之间的决策程序衔接。

第三十五条　逐步建立对决策的考核评价和后评估制度，健全决策失误纠错改正机制和责任追究制度。

第三十六条　进一步完善财务管理、资产管理、物资采购、工程建设、设备购置、技术改造、维大修、产权交易和选人用人等方面的配套制度，把权力运行纳入制度化、规范化、程序化轨道，确保“三重一大”决策落实到位。

要充分运用现代信息技术手段，使决策和执行过程规范化、流程化，创造性地抓好贯彻落实。

第六章　监督检查

第三十七条　从实际出发，建立完善党内外结合、全员参与的内部监督制约体系，切实加强对“三重一大”决策制度执行情况的监督，提高制度执行力。

各级党组织要团结带领全体党员和广大职工群众加强对决策过程和执行过程的监督，发现与党和国家方针政策、法律法规不符或脱离实际的情况及时提出意见，如得不到纠正，要向上级反映。

第三十八条　不断健全党内民主制度，强化班子成员之间的监督。领导人员要把执行“三重一大”决策制度情况，作为民主生活会对照检查和述职述廉的重要内容，自觉接受各方面的监督。

第三十九条　建立健全纪检监察组织，完善其有效履行职责的体制机制，充分发挥专门监督部门对贯彻实施“三重一大”决策制度的监督作用。

第四十条　纪检监察组织要把“三重一大”决策制度执行情况作为党风建设和反腐倡廉责任制考核、惩治和预防腐败体系建设检查等工作的重要内容，并适时组织开展监督检查，及时发现并处理违反决策制度的行为。

第四十一条　纪检监察组织依照《国有企业领导人员廉洁从业若干规定》的规定和本级单位干部管理权限，结合年度考核对领导人员执行“三重一大”决策制度情况进行监督检查、做出评估，并向企业党组织和上级纪检监察部门报告时，应将企业领导人员执行“三重一大”决策制度的情况作为重点内容。

第四十二条　组织人事部门和审计部门要将贯彻落实“三重一大”决策制度情况作为本级管理的领导人员考察、考核的重要内容以及任免、经济责任履行情况审计评价的重要依据。

第四十三条　进一步落实职代会职权，健全职工董事、职工监事等制度，大力推进企务公开，除国家法律和有关政策规定应保密的事项和企业科技、商业秘密外，所有“三重一大”事项的决策和执行，都要在适当范围公开，增强民主监督实效。

第七章　责任追究

第四十四条　凡违反“三重一大”决策制度，属下列情形之一，给企业造成经济损失或不良影响和后果的，要严肃追究有关人员的责任，切实维护制度的严肃性和权威性，促进决策制度的贯彻落实。

（一）违背集体决策原则，个人或少数人擅自决定重大问题的；

（二）不履行或不正确履行集体决策程序，不执行或擅自改变集体决定的；

（三）化整为零使用大额度资金的；

（四）违反规定选拔任用干部的；

（五）因特殊原因，未经集体讨论决定而个人决策，事后又不报告的；

（六）未作深入调查研究、未向领导集体提供真实信息而造成决策失误的；

（七）执行不力或错误执行影响决策实施效力的；

（八）执行决策后发生可能造成损失或影响，能够挽回而不采取积极措施予以纠错改正的；

（九）在保密期间泄露集体决策内容或将保密材料向外泄露的；

（十）其他违反决策制度规定的行为。

责任追究要按照权力与责任相统一的原则，查明实情，分清集体责任和个人责任，直接责任、主要领导责任和重要领导责任。集体决策违反决策制度，给企业造成损失或不良影响和后果的，领导班子主要负责人应当承担直接责任，参与决策的其他班子成员应当承担相应责任。参加决策人员经证明在会议表决时曾表明异议并在会议记录中有明确记载的，可免除相应责任。

责任追究要依照《国有企业领导人员廉洁从业若干规定》和相关法律法规，视情节轻重，给予相应处理。违反规定获取的不正当经济利益，应当责令清退；给企业造成经济损失的，应当承担赔偿责任。

第八章　附　则

第四十五条　各级单位应按照有关法律、法规、本实施办法以及上级单位有关制度、规定，根据决策事项的性质、重要程度及影响，进一步理清本单位“三重一大”决策事项范围，量化重大项目安排和大额度资金运作事项标准，列出具体的决策事项目录，明确各决策事项的决策主体，界定各决策主体的职责和权限，制定具有操作性的实施办法或细则。

第四十六条　上级单位对下级单位制定的贯彻落实“三重一大”事项决策制度实施办法或细则进行审查，予以批准的，在批准后监督其实施。

经检查发现有关单位制定的“三重一大”事项范围不够全面科学、决策程序不严密、责任追究措施不完善或“三重一大”决策制度未落实的，由其上级管理单位督促其整改。

第四十七条　本办法由集团公司办公室（党委办公室、董事会办公室）会同集团公司纪委监察部商有关部门负责解释。

第四十八条　本办法自印发之日起施行。

（2012年1月12日）

河北港口集团有限公司招投标活动实施办法(试行)

河北港口政字〔2012〕191号

第一章　总　则

第一条　为加强河北港口集团有限公司(以下简称集团公司)招投标管理工作,规范招投标活动,保障集团公司的合法权益,根据《中华人民共和国招标投标法》、《中华人民共和国招标投标法实施条例》和《河北省实施〈中华人民共和国招标投标法〉办法》等有关法律、法规的规定,结合《河北港口集团有限公司关于贯彻落实"三重一大"决策制度的实施办法》及集团公司实际,制订本办法。

第二条　本办法适用集团公司范围:集团公司各部门、全资子公司、集团公司(含股份公司)的控股子公司的工程建设项目(包括项目的前期工作、勘察、设计、施工、监理、咨询、技术改造项目、信息化建设、科研项目、资产维大修项目等)、设备更新、购置项目及经营权选择等的招投标活动。

物资采购由物资供应中心另行制定实施办法。

第三条　招投标活动必须遵守国家有关法律、法规以及集团公司的有关规定,遵循公开、公平、公正和诚实信用的原则。

第四条　招投标活动应接受公司内部监察部门的监督,依法必须招标的项目同时必须接受政府主管部门的监督。

第二章　组织机构及职责

第五条　集团公司成立招投标领导小组,招投标领导小组的主要职责是:

(一)贯彻执行国家及省有关招标投标法律、法规和政策性规定;

(二)负责修订集团公司招投标活动实施办法;

(三)负责对集团公司范围内的重大项目招投标事宜的决策;

(四)负责对相关职能部门提出工作要求。

第六条　集团公司招投标办公室是集团公司招投标工作的主管部门,其主要职责是:

(一)贯彻落实国家及省有关招标投标法律、法规和政策性规定;

(二)负责提出制定、修订集团公司招投标活动实施办法的建议,并承办制定、修订等工作;

(三)负责与政府主管部门的沟通与协调,接受政府主管部门的检查指导;

(四)跟踪工程建设项目前期进展情况,参与工程建设项目施工图的设计审查,会同项目实施单位拟定招标计划;

(五)负责组织实施集团公司范围内的具体招投标工作;

(六)促进集团公司工程建设项目诚信体系建设,建立招投标活动不良行为记录档案,并接受上级主管部门检查指导;

(七)负责招投标资料归纳整理并移交项目实施单位归档;

(八)会同监察部门对违反规定不通

过招标而擅自签订合同的行为进行责任追究；

（九）负责集团公司招投标领导小组授权的其他招投标事宜。

第七条　项目实施单位的主要职责：

（一）贯彻执行国家及省有关招标投标的法律、法规和政策性规定，执行集团公司招投标活动管理规定；

（二）负责制定本单位工程建设项目实施的招标计划；

（三）配合集团公司招投标办公室组织编制招标文件或技术规格书等有关工作；

（四）负责提供招投标所需的文件、图纸等相关资料；

（五）负责与中标单位签订合同及招投标资料的归档管理；

（六）完成集团公司招投标办公室要求的其他招投标工作。

第八条　大型综合工程建设项目，根据实际情况必要时由集团公司招投标办公室负责，与项目实施单位指定人员组成项目招投标工作组，在集团公司招投标办公室的统一协调领导下，组织实施项目招投标工作。

第三章　招标范围和规模标准

第九条　集团公司范围内项目，达到下列标准之一的，必须进行招标：

（一）施工单项合同估算价在150万元人民币以上的；

（二）设备、材料等货物的采购，单项合同估算价在50万元人民币以上的；

（三）项目的前期工作、勘察、设计、监理、咨询等服务的采购，单项合同估算价在30万元人民币以上的；

（四）单项合同估算价低于第（一）、（二）、（三）项规定的标准，但总投资额在500万元人民币以上的；

（五）年经营额在1000万元人民币以上的道路、供水、电力、生产服务等经营权的选择。

国家法律、法规以及省、市和集团公司相关制度规定的其他必须进行招标的项目。

第十条　招标范围和规模标准必须严格执行，任何单位和个人不得将必须进行招标的项目化整为零或以其他形式规避招标。

第十一条　本办法第九条规定之外的项目，由项目实施单位参照本办法及其他有关规定执行。

第四章　招　标

第十二条　按照国家有关规定需要履行项目审批、核准手续的依法必须进行招标的项目，其招标范围、招标方式、招标组织形式应当报项目审批、核准部门审批、核准。

第十三条　招标分为公开招标和邀请招标。

公开招标，是指招标人以招标公告的方式邀请不特定的法人或者其他组织投标。

邀请招标，是指招标人以投标邀请书的方式邀请特定法人或者其他组织投标。

第十四条　公开招标的项目，应当依照《中华人民共和国招标投标法》和《中华人民共和国招标投标法实施条例》的规定发布招标公告、编制招标文件。

招标人采用资格预审办法对潜在投标人进行资格审查的，应当发布资格预审公告、编制资格预审文件。

依法必须进行招标的项目的资格预审公告和招标公告，应当在政府主管部门依法指定的媒介发布。

第十五条　采用邀请招标方式的，应当向三个以上具备承担招标项目的能力、资信良好的特定法人或者其他组织发出投标邀请书。

第十六条　集团公司范围内项目，达到本办法第九条规定标准的，应当进行公开招标。

第十七条　集团公司范围内项目，符合下列情形之一的，经批准可以进行邀请招标：

（一）技术复杂、有特殊要求或者受自然环境限制，只有少量潜在投标人可供选择的；

（二）采用公开招标方式的费用占项目合同金额的比例过大；

（三）其他原因不适宜公开招标的。

第十八条　集团公司范围内项目，符合下列情形之一的，经批准可以不进行招标：

（一）需要采用不可替代的专利或者专有技术；

（二）采购人依法能够自行建设、生产或者提供；

（三）需要向原中标人采购工程、货物或者服务，否则将影响施工或者功能配套要求；

（四）涉及国家安全、国家秘密或者抢险、抢修、救灾而不适宜招标的；

（五）其他原因不适宜招标的。

第十九条　符合本办法第十七条、第十八条规定的项目，在招投标工作开始前，由项目实施单位出具书面申请，报集团公司招投标办公室审核，抄报监察部门备案。属于政府监管的招标项目，须经政府主管部门批准。

第二十条　按照国家法律、法规规定，属于政府监管的招投标项目，由集团公司招投标办公室依据有关规定自行组织招标，或以比选方式确定招标代理机构，或直接委托具有资质的招标代理机构组织招标，同时必须接受政府主管部门的监督。

第二十一条　招标项目需要划分标段时，划分标段应有利于降低造价、缩短工期、保证质量，有利于有效地控制项目管理和现场组织协调。

第二十二条　招标人可以根据招标项目本身的特点和需要，对潜在投标人进行资格预审，按规范编制资格预审文件。资格预审应当按照资格预审文件载明的标准和方法进行。

对潜在投标人进行资格预审，主要审查潜在投标人是否符合下列条件：

（一）具有签订合同的能力；

（二）具有履行合同的能力；

（三）没有处于被责令停业，投标资格被取消，财产被接管、冻结，破产状态；

（四）在最近三年内没有骗取中标和严重违约及重大工程质量问题；

（五）法律、法规规定的其他资格条件。

通过资格预审的申请人少于 3 个的，应当重新招标。

第二十三条　资格审查时，招标人不

得以不合理的条件限制、排斥潜在投标人或投标人，不得对潜在投标人或者投标人实施歧视待遇，不得以行政手段或者其他不合理方式限制投标人。

第二十四条　招标人应当根据招标项目的特点和需要按规范编制招标文件，招标文件应当包括投标人须知，投标文件格式，招标项目的技术标准和要求，评标办法，工程量清单，合同格式及主要条款等内容。

第二十五条　招标人可以对已发出的资格预审文件或者招标文件进行必要的澄清或修改。澄清或者修改的内容可能影响资格预审申请文件或者投标文件编制的，招标人应当在提交资格预审申请文件截止时间至少3日前，或者投标截止时间至少15日前，以书面形式通知所有获取资格预审文件或者招标文件的潜在投标人；不足3日或者15日的，招标人应当顺延提交资格预审申请文件或者投标文件的截止时间；如招标项目发生重大变动时，可依法重新招标。

第五章　开标、评标、中标和合同签订

第二十六条　开标应当在招标文件确定的提交投标文件截止时间的同一时间公开进行；开标地点应当为招标文件预先确定的地点。

第二十七条　投标文件有下列情形之一的，招标人不予受理：

（一）逾期送达的或者未送达指定地点的；

（二）未按招标文件要求密封的。

第二十八条　开标应由招标人或其委托的招标代理机构主持，邀请所有投标人以及监督人员参加。

第二十九条　开标时，由投标人或者其推选的代表当众检查投标文件的密封情况，经书面确认无异议后，由招标工作人员当场拆封，宣读投标人名称、投标价格和投标文件的其他主要内容。开标内容应当完整记录，投标人代表、招标人代表、监标人等有关人员在开标记录上签字确认，并存档备查。

第三十条　评标委员会由招标人或其委托的招标代理机构依法组建。

评标委员会成员由招标人代表以及有关技术、经济等方面的专家组成，成员人数为五人以上单数，其中技术、经济等方面的专家不得少于成员总数的三分之二。评标委员会成员名单在中标结果确定前应当保密。

第三十一条　有下列情形之一的，不得担任评标委员会的成员：

（一）投标人或者投标人主要负责人的近亲属；

（二）监督部门人员；

（三）与投标人有经济利益关系或其他利害关系，可能影响投标公正评审的；

（四）曾因在招标、评标以及其他与招投标有关活动中有违法违纪行为而受过行政处罚或刑事处罚的。

评标委员会成员有上述规定情形之一的，应当主动提出回避。

第三十二条　评标委员会成员应当按照招标文件规定的评标标准和方法，客观、公正的对投标文件提出评审意见。招标文件没有规定的评标标准和方法不得作为评

标的依据。

评标完成后，评标委员会应当向招标人提交书面评标报告和中标候选人名单。中标候选人应当不超过3个，并标明排序。

招标人应当确定排名第一的中标候选人为中标人。排名第一的中标候选人放弃中标、因不可抗力不能履行合同、不按照招标文件要求提交履约保证金，或者被查实存在影响中标结果的违法行为等情形，不符合中标条件的，招标人可以按照评标委员会提出的中标候选人名单排序依次确定其他中标候选人为中标人，也可以重新招标。

第三十三条　招标人应当采取必要的措施，保证评标在严格保密的情况下进行，任何单位和个人不得非法干预影响评标的过程和结果。

第三十四条　评标报告作为招标人定标的重要依据，应当如实记载包括但不限于以下内容：

（一）基本情况和数据表；

（二）评标委员会成员名单；

（三）开标记录；

（四）符合要求的投标一览表；

（五）废标情况说明；

（六）评标标准、评标方法或者评标因素一览表；

（七）经评审的价格或者评分比较一览表；

（八）经评审的投标人排序；

（九）推荐的中标候选人名单与签订合同前要处理的事宜；

（十）澄清、说明、补正事项纪要。

评标报告由评标委员会全体成员签字。对评标结论持有异议的评标委员会成员可以书面方式阐述其不同意见和理由。评标委员会成员拒绝在评标报告上签字且不陈述其不同意见和理由的，视为同意评标结论。评标委员会应当对此作出书面说明并记录在案。

监察人员应在评标报告上签名，确认对评标过程实施监督。

第三十五条　中标人的投标应当符合下列条件之一：

（一）能够最大限度地满足招标文件中规定的各项综合评价标准；

（二）能满足招标文件的实质性要求，并且经评审的投标价格最低，但是投标价格低于成本的除外。

评标委员会经过评审，认为所有投标都不符合招标文件要求的，可以否决所有投标。

依法必须进行招标的项目的所有投标被否决后，招标人应当依法重新进行招标。

第三十六条　中标人确定后，招标人应当向中标人发出中标通知书，同时将中标结果通知所有未中标的投标人。中标通知书对招标人和中标人具有法律约束力。

第三十七条　招标人和中标人应当自中标通知书发出之日起30日内，按照招标文件和中标人的投标文件订立书面合同。所订立的合同不得对招标文件和中标人的投标文件作实质性修改，招标人和中标人不得再行订立背离合同实质性内容的其他协议。合同的审查、签订、履行、存档应当符合集团公司相关规定。

第三十八条　招投标工作结束后，由项目实施单位和中标人签订合同；未经集团公司招投标办公室签发中标通知书，项目实施单位不得签订合同。

第三十九条　中标人应当按照合同履行义务、完成中标项目，中标人不得向他人转让中标项目，也不得将中标项目肢解后分别向他人转让。

中标人按照合同约定或者经招标人同意，可以将中标项目的部分非主体、非关键性工作分包给他人完成，接受分包的人应当具备相应的资格条件，并不得再次分包。

第四十条　招投标工作结束后，下列文件应当进行归档：

（一）招标方案及批复；

（二）招标公告或邀请函；

（三）资格审查文件（资格审查公告、审查报告）；

（四）招标文件及答疑文件；

（五）投标文件；

（六）评标报告；

（七）中标通知书；

（八）其他应当存档的招标投标文件。

第六章　招标监督

第四十一条　集团公司及其所属单位的监察部门是企业内部招投标活动的监督主体，配合政府主管部门对招投标活动实施企业内部监督，对企业监察对象实施监察，预防、纠正或查处招投标活动中的违规、违纪行为，保证集团公司招投标活动规范有序进行。

第四十二条　对于违反本办法规定，规避招标、弄虚作假、徇私舞弊、以权谋私、以岗谋私、索贿受贿等行为，给集团公司造成较大损失或严重不良影响的，经查实，追究有关责任人的党纪、政纪责任。

第七章　附　则

第四十三条　本办法中所称的“以上”均包括本数。

第四十四条　本办法自公布之日起施行，解释权归集团公司招投标办公室。

（2012年9月5日）

关于加强河北港口集团企业管理工作的实施方案

河北港口政字〔2012〕224号

根据河北省国资委《关于进一步加强监管企业管理工作的指导意见》(冀国资〔2012〕5号)文件精神,为推进管理创新,加快转变增长方式,全面提升集团公司整体管理水平,逐步实现企业管理规范化、精细化、现代化,结合集团公司实际,特制定本实施方案。

一、指导思想

以科学发展观为指导,以实现规范化、精细化、现代化为重点,以精细化理念、质量标准化体系建立和对标管理为载体,以信息化建设为支撑,推进管理创新,引导和激励各分子公司向管理要效益,切实解决管理中存在的突出问题和薄弱环节,消除短板,突破瓶颈,将持续改进覆盖到集团公司的各个领域和层面,带动集团公司整体管理水平的全面提升。

二、工作目标

运用科学规范的评价方法,探究企业管理中存在的突出问题和薄弱环节。通过健全制度、优化流程、规范管理等手段,建立一套相对完善的精细化管理制度和质量管理体系。加快管理方式由粗放型向集约化、精细化转变,巩固和提升集团公司在行业中的优势和龙头地位,为"实现集团公司由世界最大的散货港口运输企业向集码头运营商、资源开发商、资本运营商和综合物流商于一体的大型综合型卓越集团公司转变"的战略目标奠定坚实的管理基础。

三、工作原则

(一)坚持集团引导,各基层单位为实施主体的原则。明确集团与分(子)公司之间的职责分工,理顺管理构架,使各项工作有章可循,有效推动管理提升工作深入开展和有效落实。

(二)坚持系统管理,下管一级的工作原则。针对集团由诸多分(子)公司组成,产权关系不同,管理性质各异的现状,按照"层级管理,下管一级"的思路,组建管理提升领导小组和工作小组,明晰工作关系,理顺工作流程,进一步明确职责。集团公司与分(子)公司接口,各部门与下一层级对口部门接口,各司其职,形成相互沟通、层层传递的工作模式和责任机制,最终将管理提升工作延伸到各个领域。

(三)坚持动态管理与持续改进相结合的信息反馈原则。集团各分(子)公司成立工作小组,通过不断监督检查管理提升计划的执行情况,发现偏差,采取有效措施,调整生产经营活动,以达到预期目标。通过不断的反馈使企业管理模式随之更新和规范,保证各项管理工作的顺利进行。

四、重点工作

(一)夯实各项基础管理

1. 制度建设方面

推进集团现代企业制度下的制度建设和管理创新,将制度建设作为推进精细化管理的重要手段,健全与之配套的管理流程、岗位职责和工作标准。加强系统管理,规范内容设计，深化集团规章制度的归口管理工作，组织开展集团公司有关规章制度的制定、修订与实施工作，指导、检查集团所属分(子)公司管理制度建设情况。制定集团公司规章制度管理办法，建立制度文库，为制度管理规范化、系统化、透明化搭建信息共享平台。

2. 安全生产方面

落实安全生产主体责任，构建长效管理机制。完善集团管控模式和安全生产承诺体系，着重建立、健全集团公司安全生产“三项制度”，推进安全标准化工作。对集团公司安全管理工作现状进行全面调查，明确今后安全管理工作总体思路。对照国家有关安全生产法律、法规和政府主管部门工作要求，对已制定、下发的安全生产规章制度进行梳理，落实好安全生产“三项制度”补充、修订工作，从而逐项落实责任，力争年底前初步完成集团公司安全生产“三项制度”体系建设。

3. 节能降耗方面

落实节能管理责任制，优化生产工艺，把降低装卸生产单耗作为节能工作的重点来抓。实行节能目标完成情况季度通报制度与节能奖惩制度，将季度考核与奖惩挂钩，重奖重罚。通过加大对节能工作的宣传力度，提高全体职工的节能意识和开展节能工作的积极性。做好节能指标分解落实，加强能源统计分析和设备管理创新工作，合理组织生产，不断提高装卸效率，降低设备空载率。积极采用节能减排新技术，通过研究大型关键设备选型，优化新建项目整体布局和装卸工艺流程，进一步推进科技进步和技术改造，从源头上降低能源消耗水平，确保完成集团公司年度节能考核指标。

4. 招投标与标准化方面

加强招投标队伍建设，通过工作实践与业务培训等多种途径相结合的方式，提高管理人员业务水平与整体素质，切实为集团公司把好关，为项目实施单位服好务。夯实招投标管理基础，制定相关工作流程及工作标准，确保集团招投标工作有序进行。在已开展制定部门内部招投标档案管理规定、招投标活动不良行为记录档案等工作的同时，继续制定和完善集团公司计量、计量器具、标准化管理办法，为集团公司的计量和标准化工作打下坚实基础。

（二）完善组织管理

进一步完善和优化集团管理架构，压缩管理层级，提高管控效率，建立定位清晰、职责明确、精干高效、运转顺畅的管控体系。不断加强会议的组织管理，通过强化会议准备工作，实现提升会议质量、提高会议效率的目的。进一步加强董事会办公室工作，积极协助董事会完善和健全法人治理结构，探索行之有效的约束机制，积极发挥董事会各专业委员会作用，为董事会决策提供参谋。注重发挥党组织、工会和职代会的作用，确保党组织依据有关法律法规和公司章程参与企业重大决策，并对企业的经营管理活动进行监督。做好职工代表大会的组织工作，积极开展职代会职工提案的分发处理和督办，确保职工代表依法依规行使权力，为集团发展献计献策。

（三）强化战略管理

继续实施跨区域发展战略，进一步加大在沧州黄骅港及曹妃甸港区的投资力度，确保项目建设有序推进，巩固河北港口集团在省内“秦唐沧”三地经营的战略布局。继续优化投资结构，在保持港口主业投资力度的同时，注重各业务板块协同发展，通过加大投资促进各板块资质升级，进一步提升业务承揽能力。紧紧围绕科学发展这一主题和加快转变经济发展方式这一主线，结合集团自身发展需求，把现代物流服务业作为调结构转方式切入点，坚持谋划好项目、大项目，在转变经济增长方式中打造发展新优势。以完善投资环境、创新投融资模式、提高投资决策收益等为重点开展管理提升工作。

（四）进一步加强风险管理

进一步明确各部门、各岗位在风险管理各环节的角色定位和职责分工，实现全面风险管理与日常经营管理的有机结合。建立全面的风险预警、防范和化解机制，在企业重大决策特别是重大投资决策中，事先协调有关部门进行风险评价分析，并制定应对方案和化解措施。在制定企业发展战略的同时要充分考虑到未来不确定因素所产生的风险和相关的管理办法。着手制定党委工作规则、总经理工作规则、《招待费管理办法》等管理制度，使管理工作有章可循，更加规范，使董事会和风险管理职能部门的作用更加明显。进一步完善法人治理结构、明确权责和业务流程，通过建立风险评估机制来识别和应对企业遇到的经营风险，采取有效的控制措施将风险控制在可承受的范围内。组织有效的实施管理，通过良好的内部沟通平台加强企业横向、纵向的沟通效果，及时发现并解决存在的矛盾，保证管理过程中的意见统一、执行步调一致。建立安全、环保、信访等方面突发事件应急预案，以提高重大突发事件防范和处置能力。成立独立的监察部门，按照内部监督程序和要求开展日常内部监督、审计监察工作，保证企业领导干部队伍的廉洁自律、运行机制的科学有效。

（五）强化质量管理

根据集团所属各分（子）公司质量管理工作水平参差不齐和股份公司基础较好的实际，以推进精细化管理为契机，按照ISO 9000认证的评审条件，采用集团引导、各分（子）公司为推进主体的方式，对质量管理工作进行全面调研，结合各自实际，着手全面导入ISO 9000族标准。集团公司对各分（子）公司在推进过程中遇到的瓶颈和难题给予充分的支持和帮助，协助各分（子）公司建立质量管理体系，使其在具备条件后参加质量管理体系评审工作，力争早日获得质量管理体系认证。集团公司协助已获质量管理体系认证的单位继续巩固和完善质量管理体系，开展其它如ISO 14001环境管理体系和OHSAS 18001职业健康安全管理体系调研，在全面评价自身管理水平的基础上，适时推进各分（子）公司进行其它标准化管理体系的建立工作，从而进一步提升企业管理工作水平。

（六）严格财务管理

建立集团财务管理信息系统，争取在年底前投入使用，为提高财务管控能力奠定坚实基础。严格按照集团公司《财务预算管理办法》，做好企业年度预算与日常管理工作。为拓宽融资渠道，优化融资结构，降低财务风险，集团公司启动中期票据发行工作，按照集团公司资金需求采取分期发行方式，并适时开展委托理财，高效盘活存量资金。制定并下发《河北港口集团有限公司资金管理办法》，对集团资金支付、筹资、资金调度的权限、程序进行详细规定，提高集团资金运营规范性，确保资金安全。严格资金、投融资、预决算等重大财务事项管理权限和审批程序。筹建集团财务公司，建立集团统一的资金管理平台，将集团分散的资金纳入一个资金池进行管理和运作，提高资金管理的规范性和整体资金运营效率，降低资金成本。

（七）加强成本费用管理

完善现代企业成本控制组织体系、成本控制决策系统、成本控制管理系统、成本控制执行系统。各部门将各自控制的成本项目预算报财务部，财务部平衡年度预算后安排主要费用项目预算。年度内集团由各主管部室对于本部室负责的费用项目按照年初预算安排进行严格控制，对于预算外项目由集团主管领导审批，坚决减少预算外成本项目的发生。财务部门出台成本核算管理办法，各部室也要制定自身成本费用管理的具体措施，使成本控制有章可循。

（八）规范重大投资管理

对投资企业进行调研，细致梳理投资企业现状，完善管理制度，跟踪监控各项指标变化，把握集团股权资产的价值区间。对表现较好具发展潜力的企业，协助其建立发展战略，密切与集团之间的互动，抢占发展良机，实现与集团的协同发展。不断谋划建立有进有退的股权动态管理机制，对于具有投资价值的项目，可考虑作为战略投资者进入，待项目价值充分显现后，择机退出变现，实现资产增值。同时密切关注资本市场动态，对投资企业经营情况定期开展分析研究，后续重点加强所持上市公司股权的市值管理，研究阶段性持股，在资本市场寻求获利空间。

（九）加强资本运营管理

积极探索设备资本运营新模式，构建以资产为纽带、以现代企业制度为基础的两级管理架构。逐步提升集团所属股权资产证券化水平，对表现优异的集团所属项目，实施公司股份制和产权资本化改造，催生上市公司，实现集团股权资本快速增值。认真谋划资本增量经营，更为积极地进入资本市场，寻觅并购和整合机遇，储备和孵化新项目，打造集团新的利润增长点，实现集团资本扩张。高度关注资本市场，谋求提升国有股权资本化和证券化水平。跟踪分析所持5家上市公司的经营情况，基于对投资价值的准确测算，参与招商银行配股、大秦铁路增发。全力配合集团秦皇岛港股份有限公司上市融资，上下积极做好各项工作，力争年内实现公司上市。重点推进浙江物产环保能源股份有限公司改制上市以及支持河北银行增资上市工作，培育新的效益增长点。

（十）加强科技工作管理

制订集团公司科技奖励办法和科技项目管理办法等规章制度，以“产、学、研”相结合的方式，提高企业技术创新能力。通过与科研院所合作，重点开展与节能、环保、创新工艺及与港口煤炭运输核心技术相关的科研课题研究，完成“港口煤炭运输标准”编制工作、“输煤皮带机除铁器节能技改研发”、“船舶岸基供电技术应用研究”、

“皮带机托辊改造试验”、“皮带机状态检测及诊断技术研发”、“皮带机高压电机节电研究与应用”等课题研究，为集团公司可持续发展提供科学的技术理论依据。积极谋划筹建“河北省现代物流研究院”，为港口物流业务运营、物流技术前瞻性应用研究提供技术支撑。通过不断加强已有创新平台建设（河北省现代港口煤炭物流工程技术研究中心、博士后工作站、中国物流学会产学研基地），利用校企结合的资源、人才、技术优势，积极开展煤炭物流规划设计、重大工艺装备改进、信息化、节能减排等共性关键技术研发，力争早日完成“智能港口煤炭物流结构体系研究”和“港口供应链系统构建研究”两项课题。

（十一）推进企业信息化管理创新

河北港口集团信息化管理原则为：战略性原则，即统一规划、跨越发展；创新性原则，即创新理念，技术突破；整体性原则，即均衡发展、平滑过渡；统一性原则，即集中管理、资源共享；延续性原则，即保护投资、急用先行；规范性原则，即制定标准、逐步规范。“十二五”期间，河北港口集团信息化建设重点内容可概括为“135111”。即一个集团级云计算与数据中心、三大资源整合与应用集成核心系统、五类管理应用系统、一个集团信息数据网络、一套异地灾备应用保障系统、一套信息资源与系统应用标准体系。通过河北港口集团信息化管理创新以期实现提升企业品牌形象，增强品牌竞争力。构建完整、统一、适应集团发展的对外服务窗口，进一步推进一体化物流信息平台建设，实现现代物流业集聚发展，扩大企业信息化覆盖层面，保障企业内部信息流的迅捷畅通，提高集团运作效率。

（十二）加强人力资源管理

认真贯彻落实河北省国资委《关于进一步加强人才队伍建设的指导意见》，重点抓好企业经营管理人才、专业技术人才、复合党群人才和技能操作人才这四类人才建设。努力推进薪酬体制改革，创建集团新的薪酬体系，制定集团基本的薪酬分配制度、工资总额调控办法、所属单位领导人员年薪制管理办法等。通过统一集团对下属分（子）公司的工资总额调控方式，进一步规范合资合营单位工资总额发放标准和集团委派管理人员的年薪标准，逐步建立规范的宏观调控机制和统一的薪酬分配机制。研究制定绩效考核方案，通过建立完善的绩效考核体系，使员工的收入与考核结果相挂钩、中层管理人员的薪酬与单位完成的重要工作相挂钩，确保薪酬改革的激励效果。集团坚持业绩与能力并重的原则，依据员工实际业绩、历史贡献、工作能力和综合素质开展职位评定，根据管理、专业技术和生产操作保障岗位类别分别设置各自的职业发展通道，通过“纵向可晋升、横向可转换”的方式，丰富职业发展路径，为员工创造更多的职业发展机会。继续扎实推进公务用车、劳务用工改革，建立系统配套的改革措施，增强企业发展的活力和竞争力。重点做好 e-HR 项目推进工作，组织完成第一批上线单位基础数据完善工作，开展组织机构、人员信息、人员变动、合同管理、报表中心等基础业务模块的试运行。

（十三）培育有特色的企业文化

扎实推进核心理念认知工作，在职工中大力宣传核心理念，使广大职工进一步认同理念、践行理念,使核心理念成为全体职工的价值取向。各系统、各单位结合工作实际,加强系统文化、场队文化、班组文化建设,不断深化拓展核心理念内涵。加强对《职工行为规范》执行情况督导检查,及时纠正违规行为,引导全员文明生产、文明工作、文明服务。广泛开展职工文明行为和礼仪培训,不断提高职工的文明从业水平。重点推进企业文化示范基地建设,建立健全《集团公司企业文化示范基地管理办法》,形成一批集团级企业文化示范基地试点单位。着重抓好港口博物馆建设,做好历史文物保护和历史文化资源的挖掘工作,力争到2013年建成并对外开放。

五、分阶段工作安排

(一)动员准备阶段(2012年8月至11月)

按照集团公司的总体要求,采取多种形式对加强企业管理工作活动进行宣贯、动员和发动。

1. 制定下发《河北港口集团关于加强企业管理实施方案》,全面启动以精细化理念、质量标准化体系建立和对标管理为载体的管理提升工作,落实责任分工。

2. 按照《河北港口集团关于加强企业管理实施方案》的统一部署,指导各分(子)公司加强管理工作。

3. 组织开展管理工作调研,对集团各分(子)公司管理现状进行调查摸底和深入分析,通过走访交流、听取汇报、查阅资料等方式开展调研活动,全面查找自身的问题和不足,破解制约集团发展的管理瓶颈,形成管理评估报告。全面谋划下一阶段工作。

4. 调查选定国内外优秀企业“质量管理体系”培训班,并结合各分(子)公司的需求情况,为做好ISO 9000族标准培训做准备。

5. 发挥舆论导向作用,充分发挥有线电视、港报、局域网、简报等载体的宣传服务职能,采取多种形式广泛宣传,营造加强管理、推进管理创新的氛围。

(二)组织实施阶段(2012年11月至2013年9月)

根据实施方案和管理工作计划,细化工作措施、落实工作进度,及时掌握工作动态,总结典型经验,加强引导和推广。

1. 加强创新能力建设。发挥榜样的导向作用,着力构建和完善以自主创新为主的管理创新体系,坚持自主创新与引进、消化、吸收国内外先进管理技术和管理方法相结合,在引进的基础上创新,提高自主创新水平,形成自主创新能力,推进管理水平提高。

2. 深入推进精细化管理。以“精细管理、持续改进”为主题,唤起广大职工对企业管理重要性、必要性的重新认识,引导一线职工参与管理,追求卓越,向管理要效益。

3. 加强集团规章制度体系建设。根据集团公司定位、管理职责、管理流程和管理方式方法,规划设计集团公司规章制度管理体系,增强制度的系统性、严密性和可操作性。认真审视现有规章制度,做好废、改、立等工作。设计开发集团公司规章制度电子文库并投入运行。

4. 组织引导推进对标管理。把对标管理作为加强企业管理工作的载体,从集团内部建标、对标起步,逐步延伸到与同行业对标。建立对标指标体系,广泛与自己对标、与国内外同行业先进企业对标、与国资委推出的管理典型企业对标。通过与先进水平对标,分析指标差距,找出关键因素,细化改进提升措施,持续改进,逐步建立起“对照先进、查错纠弊、持续改进、不断超越”的对标管理长效机制。

5. 组织开展 ISO 9000 质量管理体系培训和认证工作。借助于内外部力量,适时组织开展 ISO 9000 族标准培训工作,引导帮助有管理需求的分(子)公司开展认证工作。结合认证工作,锻炼、培养和造就一批专兼职内外评审员,为集团公司持续推行、改进工作质量和服务质量提供人才保障。

6. 搭建集团公司企业管理平台。借此吸引众多同仁参与到这项事业中来,一起研究管理,传播管理,实践管理,将业内优秀的管理方法和案例等信息,通过这个平台在集团范围内推广。

7. 加强管理推进工作督导。分阶段组织检查、监督、指导各分(子)公司管理提升工作,并引导各部门、各分(子)公司全面提高管理水平。

(三)总结评价阶段(2013 年 10 月至 12 月)

全面检查评价、总结经验、表彰先进,为持续改进奠定基础。

1. 各单位、各部室自行对管理提升和全面整改活动进行总结和总体评价,查找不足,明确持续改进的工作目标和方向,提出改进意见和措施,形成文字材料。

2. 各单位、各部门要结合自评情况,进一步巩固推进精细化管理工作成果,相互交流优秀经验,提高企业自身软实力。

3. 质量管理体系重点推进单位要不断跟踪和改进质量管理实施进展,验证效果,运用反馈原理,使现代化管理水平明显提高。

4. 根据上级安排,完成《河北港口集团有限公司加强企业管理工作汇报》的报送工作。

5. 组织召开加强企业管理工作总结会议,表彰先进,对先进优秀的管理经验成果进行总结固化。同时,对下一个循环的管理工作做出部署。

六、保障措施

(一)高度重视,加强组织领导。将管理提升工作纳入重要议事日程统筹规划,要认真落实责任,严格工作质量,积极有序地推进,要精心策划工作方案,指定分管领导和经办人员负责日常工作。为加强领导、落实责任,集团公司决定

成立专门的领导小组和工作小组。

1. 加强企业管理工作领导小组,负责对管理提升工作进行协调指导。

组长:集团公司总经理;

副组长:集团公司党委副书记、副总经理、总会计师;

集团公司办公室、政策研究室、人力资源部、财务部、战略发展部、企业管理部、资产管理部、安全监督部、审计部、党委工作部、投资管理中心、技术中心;

领导小组下设办公室,办公室设在企业管理部,办公室主任由企业管理部部长担任。

工作职责:负责制定集团加强管理工作分工方案及实施方案;督促公司各部门

按照集团公司要求上报加强管理工作实施计划及工作重点；引导重点公司开展质量管理体系导入工作。组织召开管理提升工作情况总结会，部署下阶段管理提升工作重点；按要求向领导小组上报加强企业管理工作开展情况及措施、成效分析报告；收集归纳整理公司各部门、单位在管理提升过程中卓有成效的管理理念、措施、方法，为完善精细化管理制度奠定基础。

2. 集团公司所属分(子)公司组建管理提升工作小组，由公司主管领导统一领导，要确定专人负责加强管理工作。

工作职责：根据集团加强企业管理工作实施方案，结合各自实际，制定本单位的工作计划及工作重点，形成适合自身管理提升的实施方案；定期召开工作情况分析会，认真分析实际管理工作中存在的突出问题和薄弱环节，结合自身管理现状，制定和改进管理制度和措施，做好 ISO 9000 族标准的导入工作。配合直管单位部门做好相关工作，分系统协助做好基础材料的整理、上报工作。

(二) 做好引导工作。各分(子)公司要运用内部自评、相互学习等方式，转变观念认识，畅通建言献策渠道，推介先进理念方法，发布活动信息，报道先进典型，交流经验成果，努力营造良好的舆论环境，形成相互比较、持续改进的工作氛围。

(三) 制定方案，抓好分解落实。将制定的工作目标和改进措施分解落实到相关部门及具体人员，加大考核力度，提高执行力，保证导入 ISO 9000 族标准工作落到实处。要实事求是地分析看待公司管理工作的发展现状和现实情况，既坚持循序渐进，又要敢于自我加压、持续改进，坚决避免走过场、搞形式。对加强精细化工作进行总体安排和部署，目标、重点、任务和措施要明确具体。要通过挖掘薄弱点，找出风险点，提出解决方案，从管理提升活动的成效中要效益、要质量、要增长。

(四) 加强指导检查。各分(子)公司领导成员带头调查研究、带头诊断分析、带头整改落实，加强对分管业务管理提升工作的指导。各分管部门要上下互动，集思广益，集团公司各部门在组织好集团层面加强管理的同时，要有针对性地指导督促所属企业开展加强管理工作。牵头各部室要细化工作计划，严格检查考核，及时协调服务。

(五) 综合评价，运用表彰与批评相结合的方式，实现加强管理工作的预期目标。对存在的问题提出整改建议，对提出有突出成效管理方法和经验的单位进行表彰奖励，加强年度自评力度，重点对今后实施方案落实情况、工作实际情况及存在问题进行客观评价，提出今后继续推进管理工作的措施意见。

(2012 年 10 月 23 日)

河北港口集团有限公司安全管理基本原则

河北港口政字〔2012〕234号

一、集团直属分公司的安全管理

安全生产主体责任属集团公司，集团公司依照《安全生产法》等法律法规及集团公司安全生产三项制度对其实施直接管理。接受属地安全生产监督管理部门和行业安全管理部门的安全监督管理。

集团及分公司分别设立安全生产监督管理机构，建立安全生产制度体系，健全并落实安全生产三项制度及实施细则，实施安全生产目标管理，安全生产目标逐级分解落实，并由下至上逐级对上一级做出包含安全生产目标内容的安全生产承诺。

集团公司及分公司定期分别对下属单位安全生产情况实施监督检查，对安全生产目标完成情况实施考核。

二、集团出资组建全资子公司的安全管理

安全生产主体责任属子公司，子公司依照《安全生产法》等法律法规实施自主安全生产管理。接受属地安全生产监督管理部门和行业安全管理部门的安全监督管理。集团公司按分公司管理模式对其安全生产工作进行指导、协调、监督、检查。

按照集团公司安全生产工作要求，子公司内部逐级设立安全生产监督管理机构，建立安全生产制度体系，健全并落实安全生产三项制度；分解落实集团公司下达年度安全生产目标，并由下至上逐级对上一级做出包含安全生产目标的安全生产承诺；定期对下属单位安全生产情况实施监督检查，对安全生产目标完成情况实施考核。

接受集团公司安全生产监督、检查和安全生产目标完成情况考核。集团公司对其实施安全目标管理，年度下达考核指标并签订《安全生产责任书》。定期对其安全生产情况实施监督检查，对安全生产目标完成情况实施考核。

三、集团出资组建绝对控股公司的安全管理

安全生产主体责任属控股公司，控股公司依照《安全生产法》实施自主安全生产管理，接受属地安全生产监督管理部门和行业安全管理部门的安全监督管理。

控股公司内部逐级设立安全生产监督管理机构，建立安全生产制度体系，健全安全生产三项制度及实施细则，分解落实集团公司下达年度安全生产目标，并由下至上逐级对上一级做出包含安全生产目标的安全生产承诺。定期对下属单位安全生产情况实施监督检查，对安全生产目标完成情况实施考核。

在公司董事会邀请下，集团公司对其实施安全目标管理，年度下达考核指标并签订《安全生产责任书》，定期对其安全生产工作进行指导、协调、监督、检查，对安全生产目标完成情况实施考核。

四、集团出资组建相对控股、参股公司的安全管理

安全生产主体责任属相对控股、参股公司，相对控股、参股公司依照《安全生产法》实施自主安全生产管理，接受属地安全生产监督管理部门和行业安全管理部门的安全管理。集团公司原则上不对相对控股、参股公司安全生产工作实施管理。

五、原《河北港口集团有限公司安全管理职责暨集团与所属各分、子公司安全管理责任界面(修订)》(河北港口政字〔2011〕4号)同时废止。

（2012年11月1日）

发文目录

河北港口年鉴 2013

HEBEI GANGKOU NIANJIAN 2013

河北港口集团有限公司董事会文件

表32

发文编号	文件标题
河北港口董字【2012】1号	关于赵剑平等同志的任免职的通知

河北港口集团有限公司文件

表33

发文编号	文件标题
河北港口政字【2012】1号	关于成立“河北港口集团煤炭物流有限公司”的通知
河北港口政字【2012】2号	2011年第十九次党政联席会议纪要
河北港口政字【2012】3号	关于港口宾馆营业执照问题的批复
河北港口政字【2012】4号	关于评选2011年度基本养老保险工作先进单位、先进个人的通知
河北港口政字【2012】5号	关于做好经营管理人才、专业技术人才统计工作的通知
河北港口政字【2012】6号	关于下发2012年安全生产奋斗目标及各分、子公司分解目标的通知
河北港口政字【2012】7号	关于贯彻落实新修订《工伤保险条例》有关问题的通知
河北港口政字【2012】8号	关于发放一次性奖金的通知
河北港口政字【2012】9号	关于批转审计部《关于之海公司原经理王鹏同志离任经济责任的审计报告》的通知
河北港口政字【2012】10号	关于南自成同志免职的通知
河北港口政字【2012】11号	关于江苏省煤炭物流靖江基地项目码头租赁及回购事宜的函
河北港口呈字【2012】12号	关于请求支持河北港口集团有限公司参与冀蒙合作开展煤炭资源开发的请示
河北港口政字【2012】13号	关于调整集团公司集体合同协商小组暨职工工资集体协商小组的通知
河北港口政字【2012】14号	关于赵卫国等同志任职的通知
河北港口政字【2012】15号	2011年第四次总经理办公会议纪要
河北港口政字【2012】16号	关于印发《河北港口集团有限公司会计核算办法》的通知
河北港口政字【2012】17号	关于填报2011年度固定资产投资决算报表的通知
河北港口呈字【2012】18号	关于统一执行《企业会计准则》的报告
河北港口政字【2012】19号	关于下达2012年度吞吐量指标的通知
河北港口政字【2012】20号	2012年第一次党政联席会议纪要

续表33

发文编号	文件标题
河北港口呈字【2012】21号	关于上报2011年度投资工作总结的报告
河北港口呈字【2012】22号	关于上报2011年度投资项目后评价报告的请示
河北港口呈字【2012】25号	关于恳请帮助协调免除黄骅港公共基础设施资产移交税费的请示
河北港口政字【2012】26号	关于发放一次性奖金的通知
河北港口呈字【2012】27号	关于总经理李敏同志出访香港的请示
河北港口呈字【2012】28号	关于秦皇岛港股份有限公司给予秦皇岛港引航站捐赠的请示
河北港口呈字【2012】29号	关于自主创新工作情况的报告
河北港口政字【2012】32号	关于设立秦皇岛港公安局黄骅港分局的通知
河北港口呈字【2012】33号	关于上报2011年投资项目后评价工作总结和2012年工作计划的请示
河北港口政字【2012】34号	关于成立河北港口集团关联交易价格协调委员会的通知
河北港口政字【2012】35号	关于设立“河北港口集团有限公司计量检测中心”的通知
河北港口呈字【2012】36号	关于报送2011年度河北省现代港口煤炭物流工程技术研究中心工作总结的报告
河北港口政字【2012】37号	2012年第二次党政联席会议纪要
河北港口政字【2012】38号	关于推荐河北港口集团港口工程有限公司董事长的函
河北港口政字【2012】39号	关于耿梓强等662名职工晋升技能等级的通知
河北港口政字【2012】40号	关于杨喜平等同志免职的通知
河北港口呈字【2012】41号	关于上报2012年度投资计划的请示
河北港口呈字【2012】42号	关于组建项目公司推进黄骅港综合港区矿石泊位及通用散杂泊位项目建设的请示
河北港口政字【2012】43号	2012年第一次总经理办公会议纪要
河北港口呈字【2012】44号	关于上报《工业控制系统信息安全管理情况调查表》的报告
河北港口呈字【2012】45号	关于秦皇岛港务集团地产发展有限公司资质延续工作的请示
河北港口呈字【2012】46号	关于黄骅港公共基础设施资产移交欠款问题及秦港股份上市有关情况的报告
河北港口呈字【2012】47号	关于兴港小区经济适用房“两会”期间涉稳情况的报告
河北港口政字【2012】48号	关于发放一次性奖金的通知
河北港口呈字【2012】49号	关于下属曹妃甸实业港务公司向曹妃甸边防检查站赞助办公车辆及信息化设备的请示
河北港口政字【2012】50号	关于“河北港口集团煤炭物流有限公司”更名的通知
河北港口政字【2012】51号	关于成立河北港口集团信息化“十二五”规划领导小组和工作小组的通知
河北港口呈字【2012】52号	关于实施公车改革方案的报告

续表33

发文编号	文件标题
河北港口政字【2012】53号	关于表彰2011年度优秀效能监察项目的通报
河北港口政字【2012】54号	关于郑玉军同志任免职的通知
河北港口政字【2012】55号	关于刘贺莹等同志任免职的通知
河北港口政字【2012】56号	2012年第三次党政联席会议纪要
河北港口政字【2012】57号	2012年第二次总经理办公会议纪要
河北港口政字【2012】58号	关于对2011年以来效能监察工作进行检查的通知
河北港口政字【2012】59号	关于批转审计部《关于审计意见与建议落实情况的专项审计报告》的通知
河北港口呈字【2012】60号	关于推进收回方大公司股权工作的情况报告
河北港口呈字【2012】61号	关于报送2012年财务预算的报告
河北港口呈字【2012】62号	关于报送《河北港口集团有限公司发展战略》的报告
河北港口呈字【2012】63号	关于向浙江物产燃料集团有限公司增加注册资本的报告
河北港口呈字【2012】64号	关于报送2011年度财务会计决算报表的报告
河北港口政字【2012】65号	关于批转审计部《关于教育中心原主任张维健同志离任经济责任的审计报告》的通知
河北港口呈字【2012】66号	关于对江苏国信秦港港务有限公司增资及提供反担保的请示
河北港口呈字【2012】67号	关于秦皇岛港务集团地产发展有限公司开发黄骅港配套办公项目的请示
河北港口政字【2012】68号	关于下发2012年度融资计划的通知
河北港口政字【2012】69号	关于批转审计部《关于港口建设公司原总经理孔德彪同志离任经济责任的审计报告》的通知
河北港口呈字【2012】70号	关于对秦皇岛港南山特等一号房进行保养维护的请示
河北港口呈字【2012】71号	关于秦皇岛港务集团地产发展有限公司设立沧州渤海港口房地产开发有限公司的备案请示
河北港口政字【2012】72号	2012年第四次党政联席会议纪要
河北港口呈字【2012】73号	关于2011年度企业负责人经营业绩考核指标清算需调整事项的请示
河北港口呈字【2012】74号	关于报送2011年度财务决算报表的报告
河北港口政字【2012】75号	关于印发《河北港口集团有限公司节能管理办法(试行)》的通知
河北港口政字【2012】76号	关于发放一次性奖金的通知
河北港口政字【2012】77号	关于设立“河北港口集团有限公司宾馆分公司”的通知
河北港口呈字【2012】78号	关于对2011年度日常经营资产损失进行核销备案的请示
河北港口政字【2012】79号	关于做好2012年职工健康体检工作的通知
河北港口政字【2012】80号	关于推荐秦皇岛港股份有限公司领导人员的函

续表33

发文编号	文件标题
河北港口政字【2012】81号	2012年第五次党政联席会议纪要
河北港口政字【2012】82号	关于推荐秦皇岛港方大房地产开发有限公司董事长的函
河北港口政字【2012】83号	关于推荐河北港口集团地产发展有限公司董事长的函
河北港口政字【2012】84号	关于推荐河北港口集团工程技术有限公司董事长的函
河北港口政字【2012】85号	关于葛庆成等同志任免职的通知
河北港口政字【2012】86号	关于开展港区环境容貌综合治理活动通知
河北港口政字【2012】87号	关于对安全监督部等机构设置进行调整的通知
河北港口政字【2012】88号	关于调整秦皇岛方圆港湾工程监理有限公司单位级别的通知
河北港口政字【2012】89号	关于秦皇岛港股份有限公司给予秦皇岛港引航站资金支持的批复
河北港口政字【2012】90号	关于不再推荐珠海秦发港务有限公司领导人员的函
河北港口呈字【2012】91号	关于参与河北融投担保集团有限公司增资扩股的请示
河北港口政字【2012】92号	关于表彰2011年度先进单位、先进厂队、先进班组和先进个人的决定
河北港口政字【2012】93号	关于发放一次性奖金的通知
河北港口政字【2012】94号	关于推荐秦皇岛之海船务代理有限公司领导人员的函
河北港口政字【2012】95号	关于推荐河北港口集团港口工程有限公司领导人员的函
河北港口政字【2012】96号	关于推荐河北港口集团工程技术有限公司领导人员的函
河北港口政字【2012】97号	2012年第六次党政联席会议纪要
河北港口政字【2012】98号	关于推荐沧州渤海新区港口房地产开发有限公司领导人员的函
河北港口政字【2012】99号	关于推荐海景酒店有限公司领导人员的函
河北港口政字【2012】100号	关于范国明等同志任职的通知
河北港口政字【2012】101号	关于张浩然等同志任免职的通知
河北港口呈字【2012】102号	关于方大公司工作情况的报告
河北港口呈字【2012】103号	关于报送2011年度职工监事工作报告的报告
河北港口呈字【2012】104号	关于秦皇岛港股份有限公司以土地使用权作价对兴奥秦港能源储运有限公司增资进行备案的请示
河北港口呈字【2012】105号	关于邀请省国资委(发改委、交通运输厅、港航局)领导参加邯郸国际陆港奠基仪式的请示
河北港口呈字【2012】106号	关于邀请省国资委领导参加开通秦皇岛港至上海申能准班轮运输协议签约仪式的请示
河北港口政字【2012】107号	关于印发2012年度投资项目后评价工作计划的通知
河北港口政字【2012】108号	关于做好2012年度基层单位绿化专项资金管理使用工作的通知

续表33

发文编号	文件标题
河北港口政字【2012】109号	关于聘任裴晓宇等8名同志专业技术职务和保留王利顺同志原专业技术职务待遇的通知
河北港口政字【2012】110号	关于聘任赵克同志专业技术职务的通知
河北港口呈字【2012】111号	关于向秦皇岛港方大房地产开发有限责任公司注资的请示
河北港口呈字【2012】112号	关于报送2012年度国有资本收益的报告
河北港口呈字【2012】113号	关于邀请省国资委领导出席第一届职工运动会的请示
河北港口政字【2012】114号	关于唐山曹妃甸煤炭港务有限公司2012年度固定资产投资计划的审核意见
河北港口政字【2012】115号	关于沧州渤海港务有限公司2012年度固定资产投资计划的审核意见
河北港口政字【2012】116号	关于邯郸国际陆港有限公司2012年度固定资产投资计划的审核意见
河北港口政字【2012】117号	关于秦皇岛睿港煤炭物流有限公司2012年度固定资产投资计划的审核意见
河北港口政字【2012】118号	关于海景酒店有限公司2012年度固定资产投资计划的审核意见
河北港口政字【2012】119号	关于工程技术有限公司2012年度固定资产投资计划的审核意见
河北港口政字【2012】120号	关于港口工程有限公司2012年度固定资产投资计划的审核意见
河北港口政字【2012】121号	关于方圆港湾工程监理有限公司2012年度固定资产投资计划的审核意见
河北港口政字【2012】122号	关于地产发展有限公司2012年度固定资产投资计划的审核意见
河北港口政字【2012】123号	关于秦皇岛港股份有限公司2012年度固定资产投资计划的审核意见
河北港口政字【2012】124号	关于印发2012年度固定资产投资计划的通知
河北港口政字【2012】125号	关于设立河北港口集团有限公司物流事业部的通知
河北港口政字【2012】126号	黄骅港散杂港区矿石码头一期工程初步设计审查会议纪要
河北港口政字【2012】127号	秦皇岛港20万吨级航道工程可行性研究报告审查会议纪要
河北港口呈字【2012】128号	关于对秦皇岛港区进行航道扫测及清淤的请示
河北港口政字【2012】129号	关于发放一次性奖金的通知
河北港口政字【2012】130号	关于后勤公司招聘生产岗位人员的批复
河北港口呈字【2012】131号	关于上报2012年上半年总结和下半年工作安排的报告
河北港口政字【2012】132号	关于做好2012年度美国白蛾等树木病虫害防治工作的通知
河北港口政字【2012】133号	关于“河北港口集团地产发展有限公司”更名通知
河北港口政字【2012】134号	关于推荐浙江物产环保能源股份有限公司董事、监事的函
河北港口呈字【2012】135号	关于对黄骅港综合港区公共基础设施资产移交期间利息进行审计的请示
河北港口政字【2012】136号	关于开展2012年技师考评工作的通知

续表33

发文编号	文件标题
河北港口政字【2012】137号	关于陈立新同志免职的通知
河北港口政字【2012】138号	关于下达2012年度集团公司内部经营业绩考核指标的通知
河北港口政字【2012】139号	关于进一步加强港口污染防治工作的通知
河北港口政字【2012】140号	2012年第七次党政联席会议纪要
河北港口政字【2012】141号	2012年第八次党政联席会议纪要
河北港口呈字【2012】142号	关于河北港口集团秦皇岛港股份有限公司上市最新进展情况的报告
河北港口政字【2012】143号	关于推荐秦皇岛之海船务代理有限公司副董事长的函
河北港口政字【2012】144号	关于贯彻落实省国资委周杰主任在二季度经济运行调度会上讲话精神的通知
河北港口呈字【2012】145号	关于兴港小区经济适用房信访问题的报告
河北港口呈字【2012】146号	关于邀请省政府和省国资委领导参加第二届秦皇岛煤炭交易商洽谈会的请示
河北港口呈字【2012】147号	关于上报秦皇岛港二十万吨级航道工程项目建议书的请示
河北港口政字【2012】148号	2012年第九次党政联席会议纪要
河北港口呈字【2012】149号	关于开展黄骅港综合港区煤炭码头及油品码头两项工程前期工作的请示
河北港口呈字【2012】150号	关于秦皇岛港公安局基本情况的报告
河北港口呈字【2012】151号	关于恳请向中国证监会撤回对秦皇岛港上市的举报的请示
河北港口政字【2012】152号	关于发放一次性奖金的通知
河北港口政字【2012】153号	关于变更河北港口集团工程技术有限公司经营范围的决定
河北港口政字【2012】154号	关于成立集团公司工人考评领导小组以及调整集团公司教育委员会的通知
河北港口呈字【2012】155号	关于筹建财务公司的请示
河北港口呈字【2012】156号	关于委托理财的报告
河北港口呈字【2012】157号	关于发行中期票据的请示
河北港口政字【2012】158号	关于调整企业年金管理委员会的通知
河北港口呈字【2012】159号	关于残疾人就业保障金缴纳工作的请示
河北港口呈字【2012】160号	关于上报第十四届中国科协年会技术、人才、项目需求和重大签约项目情况的报告
河北港口呈字【2012】161号	关于落实省委、省政府及省国资委领导对交通运输部李盛霖部长到秦皇岛港调研情况批示的报告
河北港口呈字【2012】162号	关于请协调解决山西省向中国证监会举报事件的请示
河北港口呈字【2012】163号	关于秦港股份上市近期进展情况的报告
河北港口政字【2012】164号	2012年第十次党政联席会议纪要

续表33

发文编号	文件标题
河北港口政字【2012】165号	关于组织做好集团公司机关科级及以下人员选聘等工作的通知
河北港口呈字【2012】166号	关于提起民事诉讼有关情况的报告
河北港口呈字【2012】167号	关于支持河北港口集团主导建设唐山曹妃甸港口后续三个5000万吨煤码头项目的请示
河北港口政字【2012】168号	关于进一步做好防汛、防台风工作的紧急通知
河北港口呈字【2012】169号	关于向河北省国有资产控股运营有限公司提供委托贷款的请示
河北港口政字【2012】170号	关于批转审计部《关于集团公司本部2011年度报表编制及财务收支情况的审计报告》的通知
河北港口政字【2012】171号	关于下发河北港口集团有限公司机关各部室编制定员和主要职责的通知
河北港口呈字【2012】172号	关于秦皇岛市委召开民事诉讼协调会的情况报告
河北港口政字【2012】173号	关于加强集团公司机关人员管理工作的通知
河北港口呈字【2012】174号	关于请协调山西省政府处理与河北港口集团有限公司合资建港历史遗留问题的请示
河北港口呈字【2012】175号	关于与国控矿业开发投资有限公司合作开发云南普洱项目的请示
河北港口政字【2012】176号	关于批转审计部《关于社保中心原主任赵来泉同志离任经济责任的审计报告》的通知
河北港口呈字【2012】177号	关于以总会计师温建国同志为团长的“河北港口集团中层干部培训班”代表团出访香港的请示
河北港口呈字【2012】178号	关于下属秦皇岛港股份有限公司以土地使用权作价向兴奥秦港能源储运有限公司增资的请示
河北港口呈字【2012】179号	关于购买秦皇岛港方大房地产开发有限责任公司债权的请示
河北港口呈字【2012】180号	关于向下属港口工程有限公司增加注册资本的备案报告
河北港口呈字【2012】181号	关于报送2011年度国有资本经营预算项目绩效评价的报告
河北港口政字【2012】182号	关于下发河北港口集团有限公司基层岗位名称规范表的通知
河北港口政字【2012】183号	关于下发河北港口集团有限公司组织机构设置、定编定员方案的通知
河北港口政字【2012】184号	关于印发《河北港口集团有限公司委派人员薪酬管理办法(试行)》的通知
河北港口政字【2012】185号	关于调整集团公司博士后工作领导小组和职称改革领导小组的通知
河北港口政字【2012】186号	2012年第十一次党政联席会议纪要
河北港口政字【2012】187号	关于推荐秦皇岛港立电梯有限公司总经理的函
河北港口政字【2012】188号	关于张子跃同志任职的通知
河北港口呈字【2012】189号	关于对秦皇岛港引航站人员资产划转过程中给予一次性资金支持的请示
河北港口呈字【2012】190号	关于全面管理秦皇岛水运卫校工作方案的请示
河北港口政字【2012】191号	关于印发《河北港口集团有限公司招投标活动实施办法(试行)》的通知
河北港口呈字【2012】192号	关于上报《河北港口集团有限公司信息安全分管领导、责任部门、责任人一览表》的报告

续表33

发文编号	文件标题
河北港口政字【2012】193号	关于同意秦皇岛港公安局设立水上巡逻警察支队等机构的批复
河北港口政字【2012】194号	关于印发《河北港口集团有限公司企业负责人公务用车管理暂行办法(试行)》的通知
河北港口政字【2012】195号	关于推荐邯郸国际陆港有限公司领导人员的函
河北港口政字【2012】196号	关于推荐河北港口集团港口工程有限公司领导人员的函
河北港口政字【2012】197号	关于董理等同志任免职的通知
河北港口呈字【2012】198号	关于履行深圳市长亮科技服务有限公司国有股转持资金上缴义务的请示
河北港口政字【2012】199号	财务公司筹建工作第一次专题会议纪要
河北港口政字【2012】200号	关于编制2013年财务预算的通知
河北港口政字【2012】201号	关于填报2012年度产权登记有关材料的通知
河北港口呈字【2012】202号	关于报送整合全省港口资源初步建议的报告
河北港口政字【2012】203号	关于上报2013年大学生毕业需求计划的通知
河北港口政字【2012】204号	关于上报2013年固定资产投资建设计划的通知
河北港口政字【2012】205号	2012年第十二次党政联席会议纪要
河北港口呈字【2012】206号	关于享受国务院政府特殊津贴专家谭永杰同志去世的报告
河北港口政字【2012】207号	关于成立网络与信息安全协调小组的通知
河北港口政字【2012】208号	关于推荐秦皇岛商业银行股份有限公司第四届董事候选人的函
河北港口呈字【2012】209号	关于2012年企业年金提取比例等事宜的请示
河北港口政字【2012】210号	关于实时领取企业年金待遇的通知
河北港口政字【2012】211号	河北港口集团有限公司企业年金管理委员会2012年第一次会议纪要
河北港口呈字【2012】212号	关于参股云南普洱矿产资源项目具体事项的请示
河北港口政字【2012】213号	关于做好2012年科学技术进步奖申报工作的通知
河北港口呈字【2012】214号	关于报送2013年国有资本经营预算的报告
河北港口呈字【2012】215号	关于港口医院购置螺旋CT项目的审核请示
河北港口呈字【2012】216号	关于港口医院购置128排螺旋CT项目的审核请示
河北港口呈字【2012】217号	关于以总经理李敏同志为团长的“河北港口集团中层干部培训班”代表出访香港的请示
河北港口呈字【2012】218号	关于开展2012年度资产清查工作的通知
河北港口呈字【2012】219号	关于投资参股迁安水厂矿区至曹妃甸港区铁路项目的请示
河北港口呈字【2012】220号	关于参股浙江浙能电力股份有限公司的请示

续表33

发文编号	文件标题
河北港口政字【2012】221号	关于发放一次性奖金的通知
河北港口政字【2012】222号	关于下发河北港口集团有限公司职工离岗培训暂行管理办法的通知
河北港口政字【2012】223号	关于印发2012年度固定资产投资计划执行要求的通知
河北港口政字【2012】224号	关于加强企业管理工作的通知
河北港口政字【2012】225号	关于秦皇岛边防检查站西港分站营房、营区使用情况的处理意见
河北港口政字【2012】226号	2012年第十三次党政联席会议纪要
河北港口政字【2012】227号	关于张慧民同志免职的通知
河北港口呈字【2012】228号	关于修改《河北港口集团有限公司章程》的请示
河北港口政字【2012】229号	关于物流事业部编制定员的批复
河北港口政字【2012】230号	关于设立秦皇岛港口博物馆的通知
河北港口政字【2012】231号	关于“河北港口集团工程技术有限公司”更名的通知
河北港口呈字【2012】232号	关于落实《关于对河北港口集团有限公司2011年度监督检查整改意见的通知》的报告
河北港口政字【2012】233号	关于印发《固定资产投资计划管理办法》的通知
河北港口政字【2012】234号	关于印发《河北港口集团有限公司安全管理基本原则》的通知
河北港口呈字【2012】235号	关于设立香港公司开展境外项目的请示
河北港口政字【2012】236号	关于调整安全生产委员会组成人员及职责的通知
河北港口政字【2012】237号	关于印发河北港口集团有限公司固定资产管理办法(试行)的通知
河北港口政字【2012】238号	关于提高集团公司机关劳务工司机工资标准的批复
河北港口政字【2012】239号	关于河北港口集团房地产开发有限公司增加机构设置和编制定员的批复
河北港口政字【2012】240号	关于政策研究室增设综合科的批复
河北港口呈字【2012】241号	关于请协调处理山西建港纠纷案的请示
河北港口呈字【2012】242号	关于邢录珍同志率河北港口集团港口业务洽谈及考察代表团出访秘鲁、墨西哥的请示
河北港口政字【2012】243号	邯郸国际陆港物流园区一期635亩地块修建性详细规划及全体建筑设计方案审查会议纪要
河北港口呈字【2012】244号	关于张儒健同志随团赴台的请示
河北港口政字【2012】245号	关于秦皇岛港股份有限公司以土地使用权作价对兴奥秦港能源储运有限公司增资的批复
河北港口政字【2012】246号	关于变更河北港口集团工程技术有限公司经营范围的决定
河北港口政字【2012】247号	关于开展2012年度冬季灭鼠工作的通知
河北港口政字【2012】248号	关于收缴2012年企业年金等相关事宜的通知

续表33

发文编号	文件标题
河北港口政字【2012】249号	关于对秦皇岛水运卫校实施全面管理的通知
河北港口政字【2012】250号	黄骅综合港配套办公项目规划建筑设计方案审查会议纪要
河北港口政字【2012】251号	2012年第十四次党政联席会议纪要
河北港口政字【2012】252号	河北港口集团综合管理信息平台工程可行性研究内部审查会会议纪要
河北港口政字【2012】253号	邯郸国际陆港项目一期工程可行性研究报告审查会议纪要
河北港口政字【2012】254号	关于开展投资企业章程修订工作的通知
河北港口呈字【2012】255号	关于港口公共基础设施资产情况的报告
河北港口政字【2012】256号	关于印发《河北港口集团有限公司冬季清雪应急预案(试行)》的通知
河北港口政字【2012】257号	关于推荐云南金博矿业开发有限公司领导人的函
河北港口呈字【2012】258号	关于拟请省国资委领导率河北港口业务洽谈及考察团出访巴西、秘鲁的请示
河北港口政字【2012】259号	关于《后勤公司调整通勤车收费标准的请示》的批复
河北港口呈字【2012】260号	关于赞助第一届中国港口标准化论坛的请示
河北港口政字【2012】261号	关于新闻中心增加定员的批复
河北港口政字【2012】262号	关于开展2012年度财务决算和2013年度财务预算编报工作的通知
河北港口政字【2012】263号	关于按月征缴企业年金的通知
河北港口政字【2012】264号	关于上报2012年度日常经营资产损失相关资料的通知
河北港口政字【2012】265号	关于做好2013年效能监察工作的通知
河北港口政字【2012】266号	关于成立集团物流发展战略研究小组的通知
河北港口政字【2012】267号	关于配备三班专职安全监督员的通知
河北港口呈字【2012】268号	关于向秦皇岛外轮代理有限公司增资的请示
河北港口政字【2012】269号	2012年第十六次党政联席会议纪要
河北港口呈字【2012】270号	关于报送《2012年度企业财务决算管理备案情况》的报告
河北港口呈字【2012】271号	关于水漕铁路项目有关情况的请示
河北港口政字【2012】272号	关于推荐浙江浙能电力股份有限公司董事的函
河北港口政字【2012】273号	关于发放一次性奖金的通知
河北港口政字【2012】274号	关于刘贺莹等同志任免职的通知
河北港口政字【2012】275号	关于推荐河北港口集团港口工程有限公司副总经理的函
河北港口政字【2012】276号	关于推荐江苏国信秦港港务有限公司领导人员的函

河北港口集团有限公司办公室文件

表34

发文编号	文件标题
河北港口政办字【2012】1号	关于上报2012年度投资项目后评价计划的通知
河北港口政办字【2012】2号	关于启用“河北港口集团煤炭物流有限公司”印章的通知
河北港口政办字【2012】3号	关于启用“河北港口集团有限公司企业管理部”等印章的通知
河北港口政办字【2012】4号	关于上报2011年固定资产投资工作总结的通知
河北港口政办字【2012】5号	关于启用“河北港口集团有限公司政策研究室”印章的通知
河北港口政办字【2012】6号	关于征求“河北港口集团综合管理信息平台”项目需求的通知
河北港口政办字【2012】7号	关于报送2012年度融资计划的通知
河北港口政办字【2012】8号	关于开展电动装卸机械司机等技能鉴定工作的通知
河北港口政办字【2012】9号	关于启用“河北港口集团有限公司信息与技术中心”等印章的通知
河北港口政办字【2012】10号	关于做好与央企合作有关情况报送工作的通知
河北港口政办字【2012】11号	关于转发河北省国资委《关于开展工业控制系统信息安全管理情况调查的通知》的通知
河北港口政办字【2012】12号	关于启用“河北港口集团有限公司行政后勤部”等印章的通知
河北港口政办字【2012】13号	关于档案管理系统正式运行的通知
河北港口政办字【2012】14号	关于报送与央企合作洽谈项目有关情况的紧急通知
河北港口政办字【2012】15号	关于西港搬迁情况调研的通知
河北港口政办字【2012】16号	关于启用“秦皇岛睿港煤炭物流有限公司”印章的通知
河北港口政办字【2012】17号	关于印发《2012年档案工作要点》的通知
河北港口政办字【2012】18号	关于转发省国资委《关于转发省委办公厅、省政府办公厅<关于做好第十四届中国科协年会筹办工作的通知>的通知》的通知
河北港口政办字【2012】19号	关于做好2011年度文件材料归档工作的通知
河北港口政办字【2012】20号	关于开展2012年度中国港口科技进步奖申报工作的通知
河北港口政办字【2012】21号	关于做好《港口岁月》丛书资料征集工作的通知
河北港口政办字【2012】22号	关于启用“河北港口集团有限公司检定专用章”等印章的通知
河北港口政办字【2012】23号	关于无线通信设备年检测试及核收无线电频台费的通知
河北港口政办字【2012】24号	关于转发《关于组织申报第十九届全国企业管理现代化创新成果暨全国交通企业管理现代化创新成果审定活动的通知》的通知
河北港口政办字【2012】25号	关于变更作息时间的通知

续表34

发文编号	文件标题
河北港口政办字【2012】26号	关于启用“河北港口集团有限公司物流事业部”印章的通知
河北港口政办字【2012】27号	关于进一步加强集团总部(石家庄)值班工作的通知
河北港口政办字【2012】28号	关于召开上半年经济活动分析会的预通知
河北港口政办字【2012】29号	关于启用“河北港口集团有限公司宾馆分公司”印章的通知
河北港口政办字【2012】30号	关于启用“河北港口集团房地产开发有限公司”印章的通知
河北港口政办字【2012】31号	关于尽快报送2012年半年投资工作总结的紧急通知
河北港口政办字【2012】32号	关于加强档案管理、数字化服务外包管理工作的通知
河北港口政办字【2012】33号	关于申报资源节约和环境保护2013年中央预算内投资备选项目的通知
河北港口政办字【2012】34号	关于印发2012年度河北港口集团有限公司节能、计量、标准化工作计划的通知
河北港口政办字【2012】35号	关于加强汛期档案安全管理的通知
河北港口政办字【2012】36号	关于做好汛期固定资产防灾及应急处置的通知
河北港口政办字【2012】37号	关于落实省国资委监管企业2012年投资工作调度会议精神的通知
河北港口政办字【2012】38号	关于加强互联网账号管理的通知
河北港口政办字【2012】39号	关于建立周工作调度例会制度的通知
河北港口政办字【2012】40号	关于开展2013年度市场调研的通知
河北港口政办字【2012】41号	关于生产岗位员工在管理岗情况进行调查的通知
河北港口政办字【2012】42号	关于转发《河北省人民政府国资委办公室关于转发〈河北省人民政府关于加强和改进消防工作的实施意见〉的通知》的通知
河北港口政办字【2012】43号	关于上报2013年度因公出国(境)商务洽谈及培训计划的通知
河北港口政办字【2012】44号	关于开展2012年门诊特殊慢性病申报工作的通知
河北港口政办字【2012】45号	关于填报人力资源管理系统基础数据的通知
河北港口政办字【2012】46号	关于编报2012年工资总额统计预报表和2013年工资总额预算的通知
河北港口政办字【2012】47号	关于开展2012年度会计人员继续教育培训的通知
河北港口政办字【2012】48号	关于上报《秦皇岛市国有企业职教·幼教退休教师资格初审表》和《秦皇岛市国有企业职教·幼教退休教师基本情况汇总表》的通知
河北港口政办字【2012】49号	关于十八大期间值班工作情况的检查通报
河北港口政办字【2012】50号	关于上报2013年固定资产报废、对外租赁计划的通知
河北港口政办字【2012】51号	关于转发《拖欠农民工工资问题综合治理实施方案》的通知
河北港口政办字【2012】52号	关于集团公司机关移动电话、住宅电话资费的规定(试行)

续表34

发文编号	文件标题
河北港口政办字【2012】53号	关于征集河北港口集团有限公司科协技术进步奖评审专家的通知
河北港口政办字【2012】54号	关于转发秦皇岛市科学技术局《关于2013年度秦皇岛市科学技术进步奖推荐工作的通知》的通知
河北港口政办字【2012】55号	关于转发秦皇岛市《关于提高城镇职工基本医疗保险最高支付限额的通知》以及《关于调整城镇职工意外伤害保险待遇的通知》的通知
河北港口政办字【2012】56号	关于做好2012年度职工因病提前退休工作有关问题的通知
河北港口政办字【2012】57号	关于启用"河北港口集团有限公司北京办事处"印章的通知
河北港口政办字【2012】58号	关于填报2012年度《企业年度工作报告》的通知
河北港口政办字【2012】59号	关于做好2012年度档案统计工作的通知
河北港口政办字【2012】60号	关于统计上报电话号码情况的通知
河北港口政办字【2012】61号	关于转发《省国资委关于规范企业实物资产转让工作的通知》和《关于报送企业实物资产转让工作情况的通知》的通知
河北港口政办字【2012】62号	关于2013年部分节假日安排的通知
河北港口政办字【2012】63号	关于进一步明确企业补充医疗保险补助报销结算时效的通知
河北港口政办字【2012】64号	关于上报工资统计表的通知
河北港口政办字【2012】65号	关于做好2012年精细化管理工作总结和2013年工作安排的通知
河北港口政办字【2012】66号	关于调整社会保险参保人员基本信息的通知

中共河北港口集团有限公司委员会文件

表35

发文编号	文件标题
河北港口党字【2012】1号	关于印发《2012年度信访工作要点》的通知
河北港口党字【2012】2号	关于印发《2012年1月份政治工作要点》的通知
河北港口党字【2012】3号	关于宋广学等同志任免职的通知
河北港口党字【2012】4号	关于印发《关于推进工程建设领域项目信息公开和诚信体系建设工作实施方案》的通知
河北港口党字【2012】5号	中共河北港口集团有限公司委员会 河北港口集团有限公司关于印发《河北港口集团有限公司关于在职工中开展法制宣传教育的第六个五年规划(2011~2015年)》的通知
河北港口党字【2012】6号	关于赵卫国同志任职的通知
河北港口党字【2012】7号	中共河北港口集团有限公司委员会河北港口集团有限公司关于印发《关于贯彻落实"三重一大"决策制度的实施办法(试行)》的通知

续表35

发文编号	文件标题
河北港口党字【2012】8号	关于印发《2012年2月份政治工作要点》的通知
河北港口党呈字【2012】9号	关于2011年度惩治和预防腐败体系建设工作情况的报告
河北港口党字【2012】10号	关于印发《2012年统一战线工作要点》的通知
河北港口党字【2012】11号	关于成立党务公开工作领导小组的通知
河北港口党字【2012】12号	关于印发《党务公开工作实施方案》的通知
河北港口党字【2012】13号	关于做好信访稳定工作的紧急通知
河北港口党字【2012】14号	关于提名裴晓宇等同志任免职的通知
河北港口党字【2012】15号	关于乔忠礼等同志任免职的通知
河北港口党字【2012】16号	关于陈立志等同志任免职的通知
河北港口党字【2012】17号	关于印发《2012年3月份政治工作要点》的通知
河北港口党呈字【2012】18号	关于对河北港口集团有限公司团委书记进行备案的报告
河北港口党字【2012】19号	中共河北港口集团有限公司委员会河北港口集团有限公司关于印发《2012年宣传思想文化工作要点》的通知
河北港口党字【2012】20号	中共河北港口集团有限公司委员会河北港口集团有限公司关于成立职务消费管理领导及工作小组的通知
河北港口党字【2012】21号	关于印发《2012年武装战备人防工作要点》的通知
河北港口党呈字【2012】22号	关于2011年度领导班子专题民主生活会情况的报告
河北港口党字【2012】23号	关于印发《2012年共青团和青年工作要点》的通知
河北港口党字【2012】24号	关于王莹等同志免职的通知
河北港口党字【2012】25号	关于印发《河北港口集团开展领导干部接访活动实施方案》的通知
河北港口党字【2012】26号	关于成立基层建设年活动领导小组的通知
河北港口党字【2012】27号	关于印发《河北港口集团有限公司职工思想动态分析管理办法》的通知
河北港口党字【2012】28号	关于沧州渤海港务有限公司领导人员任职的批复
河北港口党字【2012】29号	中共河北港口集团有限公司委员会 河北港口集团有限公司关于印发《2012年党风建设和反腐倡廉工作安排》和《2012年党风建设和反腐倡廉工作责任分工表》的通知
河北港口党字【2012】30号	中共河北港口集团有限公司委员会 河北港口集团有限公司关于成立人才工作领导小组的通知
河北港口党字【2012】31号	关于印发《2012年4月份政治工作要点》的通知
河北港口党字【2012】32号	中共河北港口集团有限公司委员会 河北港口集团有限公司关于开展工程建设项目招标、对外捐赠及公务用车管理专项检查情况的通报
河北港口党呈字【2012】33号	关于葛庆成等同志任免职备案的请示

续表35

发文编号	文件标题
河北港口党呈字【2012】34号	中共河北港口集团有限公司委员会 河北港口集团有限公司关于对省国资委纪委《关于对监管企业专项治理和五项制度综合督导检查情况的反馈意见》的落实情况报告
河北港口党字【2012】35号	关于提名何善琦等同志任职的通知
河北港口党字【2012】36号	关于提名秦皇岛港股份有限公司领导人员的通知
河北港口党字【2012】37号	关于何善琦等同志任职的通知
河北港口党字【2012】38号	关于赵剑平等同志任免职的通知
河北港口党字【2012】39号	关于提名葛庆成等同志任免职的通知
河北港口党字【2012】40号	关于印发《2012年5月份政治工作要点》的通知
河北港口党字【2012】41号	关于撤销珠海秦发港务有限公司临时党支部的通知
河北港口党字【2012】42号	中共河北港口集团有限公司委员会 河北港口集团有限公司关于表彰2010~2011年度文明单位、文明窗口的通报
河北港口党字【2012】43号	关于秦港股份公司给予青龙县肖营子镇五指山村帮建资金请示的批复
河北港口党字【2012】44号	关于付佑江等同志任职的批复
河北港口党字【2012】45号	关于开展“以案为鉴，树廉勤形象”主题教育活动的通知
河北港口党字【2012】46号	中共河北港口集团有限公司委员会 河北港口集团有限公司关于表彰秦皇岛港公安局侦破特大案件先进集体和先进个人的决定
河北港口党字【2012】47号	关于做好2010~2012年度创先争优先进基层党组织、优秀党员、优秀党务工作者推荐评选工作的通知
河北港口党字【2012】48号	关于侯幼农等同志任免职的通知
河北港口党字【2012】49号	关于周春旭等同志任免职的通知
河北港口党字【2012】50号	关于提名高晓渤等同志任免职的通知
河北港口党字【2012】51号	关于印发《2012年6月份政治工作要点》的通知
河北港口党字【2012】52号	关于广泛开展“惠在何处、惠从何来”宣传活动的通知
河北港口党字【2012】53号	关于提名浙江物产环保能源股份有限公司董事、监事的通知
河北港口党呈字【2012】54号	中共河北港口集团有限公司委员会 河北港口集团有限公司关于开展治理商业贿赂工作情况的报告
河北港口党字【2012】55号	关于印发《公务用车问题专项治理工作实施方案》的通知
河北港口党呈字【2012】56号	关于张国庆同志任职备案的请示
河北港口党字【2012】57号	关于提名秦皇岛之海船务代理有限公司副董事长的通知
河北港口党字【2012】58号	中共河北港口集团有限公司委员会 河北港口集团有限公司关于成立治理商业贿赂工作领导小组的通知

续表35

发文编号	文件标题
河北港口党呈字【2012】59号	关于贯彻落实省委组织部、省国资委党委《关于进一步加强和改进国有企业党建工作的意见》的自查报告
河北港口党字【2012】60号	关于进一步做好2012年度治理商业贿赂工作的通知
河北港口党字【2012】61号	关于表彰创先争优先进基层党组织、先进基层党支部、先进党小组、优秀共产党员和优秀党务工作者的决定
河北港口党字【2012】62号	关于聘任李红艳同志专业技术职务的通知
河北港口党字【2012】63号	关于印发《2012年7月份政治工作要点》的通知
河北港口党字【2012】64号	中共河北港口集团有限公司委员会 河北港口集团有限公司关于对“三重一大”决策制度执行情况进行检查的通知
河北港口党字【2012】65号	关于齐桂秋同志免职的通知
河北港口党呈字【2012】66号	关于王振法同志免职备案的通知
河北港口党字【2012】67号	关于吴继民等同志免职的通知
河北港口党字【2012】68号	关于印发《2012年8月份政治工作要点》的通知
河北港口党字【2012】69号	关于柴俊、齐桂秋同志免职的通知
河北港口党字【2012】70号	关于王振法同志免职的通知
河北港口党字【2012】71号	中共河北港口集团有限公司委员会 河北港口集团有限公司关于做好工程建设中挂靠借用资质投标、违规出借资质问题专项治理工作的通知
河北港口党字【2012】72号	中共河北港口集团有限公司委员会 河北港口集团有限公司关于印发《工程建设等领域实行廉洁承诺责任书制度的实施办法》的通知
河北港口党字【2012】73号	中共河北港口集团有限公司委员会 河北港口集团有限公司关于进一步做好2012年下半年工程建设领域突出问题专项治理工作的通知
河北港口党字【2012】74号	中共河北港口集团有限公司委员会 河北港口集团有限公司关于调整治理工程建设领域突出问题工作领导小组的通知
河北港口党字【2012】75号	中共河北港口集团有限公司委员会 河北港口集团有限公司关于权力运行监控机制正式运行工作的通知
河北港口党字【2012】76号	关于调整服务管理公司所属党组织隶属关系的通知
河北港口党字【2012】77号	中共河北港口集团有限公司委员会 河北港口集团有限公司关于印发权力运行监控机制建设有关工作文件的通知
河北港口党字【2012】78号	关于提名张子跃等同志任免职的通知
河北港口党字【2012】79号	关于印发《2012年9月份政治工作要点》的通知
河北港口党呈字【2012】80号	关于温建国同志出国(境)政审的请示
河北港口党字【2012】81号	关于开展“喜迎十八大，双百双促”活动的通知
河北港口党字【2012】82号	关于史伟彬等同志任免职的通知

续表35

发文编号	文件标题
河北港口党字【2012】83号	关于裴晓宇等同志任免职的通知
河北港口党字【2012】84号	关于提名高科等同志任免职的通知
河北港口党字【2012】85号	关于商洽中共秦皇岛港务局引航公司总支部委员会隶属关系调整的函
河北港口党字【2012】86号	关于印发《迎接“十八大”开展信访稳定60日攻坚活动实施方案》的通知
河北港口党呈字【2012】87号	关于田云山等同志任免职备案的请示
河北港口党字【2012】88号	中共河北港口集团有限公司委员会 河北港口集团有限公司关于开展严肃工作纪律保持企业平稳发展专项检查的通知
河北港口党字【2012】89号	关于印发《2012年10月份政治工作要点》的通知
河北港口党字【2012】90号	中共河北港口集团有限公司委员会 河北港口集团有限公司关于广泛开展“大干四季度、迎接十八大、全面创佳绩”活动的决定
河北港口党字【2012】91号	中共河北港口集团有限公司委员会 河北港口集团有限公司关于开展企业负责人公务用车等职务消费情况专项检查的通知
河北港口党字【2012】92号	中共河北港口集团有限公司委员会 河北港口集团有限公司关于印发《中共河北港口集团有限公司委员会、河北港口集团有限公司印信管理办法》的通知
河北港口党字【2012】93号	关于下发重点信访件的通知
河北港口党字【2012】94号	关于印发《2012年11月份政治工作要点》的通知
河北港口党字【2012】95号	关于进一步加强党务公开和基层重要事务规范化管理工作的通知
河北港口党字【2012】96号	关于进行矛盾纠纷和涉稳隐患排查的紧急通知
河北港口党字【2012】97号	关于田云山同志任职的通知
河北港口党呈字【2012】98号	中共河北港口集团有限公司委员会 河北港口集团有限公司关于严肃工作纪律保持企业平稳发展工作情况报告
河北港口党呈字【2012】99号	中共河北港口集团有限公司委员会 河北港口集团有限公司关于开展企业负责人公务用车的职务消费专项检查情况的报告
河北港口党字【2012】100号	关于葛瑛同志任职的通知
河北港口党呈字【2012】101号	关于为周忠义同志办理政审手续的请示
河北港口党字【2012】102号	关于印发《关于加强和改进新形势下职工思想政治工作的实施意见》的通知
河北港口党字【2012】103号	关于认真学习宣传贯彻党的十八大精神的通知
河北港口党字【2012】104号	关于印发《2012年12月份政治工作要点》的通知
河北港口党字【2012】105号	关于印发《“明权责、激活力、促发展”活动实施方案》的通知
河北港口党字【2012】106号	关于提名云南金博矿业开发有限公司领导人员的通知
河北港口党字【2012】107号	关于开展2012年度推进惩治和预防腐败体系建设自查工作的通知

续表35

发文编号	文件标题
河北港口党字【2012】108号	关于成立中共秦皇岛睿港煤炭物流有限公司支部委员会的批复
河北港口党字【2012】109号	关于“中共河北港口集团工程技术有限公司委员会”更名的通知
河北港口党字【2012】110号	关于给予樊在秋开除党籍处分的批复
河北港口党字【2012】111号	关于给予齐锦原开除党籍处分的批复
河北港口党字【2012】112号	关于组织开展党的十八大精神宣讲活动的通知
河北港口党字【2012】113号	关于陈冰同志免职的通知
河北港口党字【2012】114号	关于王钟敏等同志任免职的通知
河北港口党字【2012】115号	关于提名浙江浙能电力股份有限公司董事的通知
河北港口党字【2012】116号	关于2012年度集团公司领导班子民主生活会召开前征求意见的通知
河北港口党字【2012】117号	关于印发《2013年1月份政治工作要点》的通知
河北港口党字【2012】118号	关于认真做好2012年度领导人员个人有关事项报告工作的通知
河北港口党字【2012】119号	关于李红艳等同志任免职的通知
河北港口党字【2012】120号	关于提名刘贺莹等同志任免职的通知
河北港口党呈字【2012】121号	关于选举宋敬中同志为河北港口集团有限公司职工董事的请示
河北港口党呈字【2012】122号	关于选举宋敬中同志为河北港口集团有限公司工会主席的请示

中共河北港口集团有限公司委员会办公室文件

表36

发文编号	文件标题
河北港口党办字【2012】1号	关于启用“中国共产党河北港口集团有限公司委员会信访办公室”印章的通知
河北港口党办字【2012】2号	关于启用“中国共产党河北港口集团有限公司委员会党校”印章的通知
河北港口党办字【2012】3号	关于转发河北港口集团有限公司精神文明建设委员会《关于深入开展学雷锋活动的实施方案》的通知
河北港口党办字【2012】4号	中共河北港口集团有限公司委员会办公室 河北港口集团有限公司办公室关于印发公文格式规范的通知
河北港口党办字【2012】5号	中共河北港口集团有限公司委员会办公室 河北港口集团有限公司办公室关于做好“双节”期间值班报告工作的紧急通知
河北港口党办字【2012】6号	中共河北港口集团有限公司委员会办公室 河北港口集团有限公司办公室关于做好2012年工作总结及2013年工作安排的通知

续表36

发文编号	文件标题
河北港口党办字【2012】7号	关于制订2013年发展党员工作计划的通知
河北港口党办字【2012】8号	关于集中开展保密检查工作的通知
河北港口党办字【2012】9号	中共河北港口集团有限公司委员会办公室 河北港口集团有限公司办公室关于转发中共河北省委办公厅《关于做好2013年度重点党报党刊发行工作的通知》的通知
河北港口党办字【2012】10号	关于做好2013年重点党报党刊订阅工作的通知
河北港口党办字【2012】11号	2012年11月宣传、武装、统战工作要点
河北港口党办字【2012】12号	关于做好共产党员网征集《寄语十八大》和《我身边的共产党员》稿件工作的通知
河北港口党办字【2012】13号	关于做好收听收看党的十八大及宣传环境布置工作的通知
河北港口党办字【2012】14号	中共河北港口集团有限公司委员会办公室 河北港口集团有限公司办公室关于组织听取年度工作汇报的预通知
河北港口党办字【2012】15号	关于组织党员和职工收听收看党的十八大开幕盛况的通知
河北港口党办字【2012】16号	关于做好2012年宣传、武装、统战工作总结及2013年工作谋划的通知
河北港口党办字【2012】17号	关于举办学习贯彻中国共产党第十八次全国代表大会精神培训班的通知
河北港口党办字【2012】18号	关于举办基层专职党支部书记培训班的通知
河北港口党办字【2012】19号	关于举办直属党组织书记培训班的通知
河北港口党办字【2012】20号	2012年12月宣传、武装、统战工作要点
河北港口党办字【2012】21号	关于举办基层兼职党支部书记培训班的通知
河北港口党办字【2012】22号	中共河北港口集团有限公司委员会办公室 河北港口集团有限公司办公室关于召开2012年度工作汇报会的通知
河北港口党办字【2012】23号	关于做好2012年度党内统计和党费核对等工作的通知
河北港口党办字【2012】24号	关于印发《党组织中心组学习参考》第10期的通知
河北港口党办字【2012】25号	中共河北港口集团有限公司委员会办公室 河北港口集团有限公司办公室关于调整领导班子成员工作分工的通知
河北港口党办字【2012】26号	2013年1月份宣传、武装、统战工作要点
河北港口党办字【2012】27号	关于切实做好元旦、春节期间有关工作的通知

河北港口集团有限公司内部通报

表37

发文编号	文件标题
河北港口【2012】1号	董事长、党委书记邢录珍在集团公司2012年度安全生产工作会议上的讲话
河北港口【2012】2号	邢录珍、李敏在集团公司2012年1月份工作会议上的讲话
河北港口【2012】3号	邢录珍、李敏在河北港口集团有限公司第一届二次职工代表大会暨2012年度工作会议上的讲话
河北港口【2012】4号	邢录珍、李敏在集团公司2012年2月份工作会议上的讲话
河北港口【2012】5号	李敏在集团公司2012年3月份工作会议上的讲话
河北港口【2012】6号	周忠义在河北港口集团"弘扬雷锋精神、立足岗位奉献"报告会议上的讲话
河北港口【2012】7号	李敏在集团公司2012年4月份工作会议上的讲话
河北港口【2012】8号	邢录珍、周忠义同志在集团公司2012年党风建设和反腐倡廉工作会议上的讲话
河北港口【2012】9号	邢录珍同志在河北港口集团警示教育大会上的讲话
河北港口【2012】10号	邢录珍、李敏在集团公司2012年5月份工作会议上的讲话
河北港口【2012】11号	邢录珍在集团公司2011年度先进表彰大会上的讲话
河北港口【2012】12号	周忠义同志在集团共青团系统"做企业主人翁"主题教育活动动员大会上的讲话
河北港口【2012】13号	李敏在集团公司2012年6月份工作会议上的讲话
河北港口【2012】14号	李敏在纪念建党91周年暨创先争优活动表彰大会上的讲话
河北港口【2012】15号	李敏在集团公司2012年7月份工作会议上的讲话
河北港口【2012】16号	邢录珍在河北港口集团2012年上半年经济活动分析会上的讲话
河北港口【2012】17号	李敏在集团公司2012年8月份工作会议上的讲话
河北港口【2012】18号	邢录珍、周忠义在河北港口集团"惠在何处,惠从何来"形势报告会暨专题党课上的报告及主持讲话
河北港口【2012】19号	邢录珍在集团公司2012年9月份工作会议上的讲话
河北港口【2012】20号	邢录珍在集团公司2012年10月份工作会议上的讲话
河北港口【2012】21号	周忠义副书记在集团公司信访稳定工作会议上的讲话
河北港口【2012】22号	邢录珍、李敏在集团公司2012年11月份工作会议上的讲话
河北港口【2012】23号	李敏在集团公司2012年12月份工作会议上的讲话
河北港口【2012】24号	邢录珍在集团公司2013年1月份工作会议上的讲话

附录

河北港口集团有限公司章程

第一章 总 则

第一条 为规范河北港口集团有限公司(以下简称公司)的组织和行为,保护出资人、公司和债权人的合法权益,维护公司生产经营秩序,促进公司发展,根据《中华人民共和国公司法》(以下简称《公司法》)、《中华人民共和国企业国有资产法》及其他相关法律法规之规定,制定本章程。

第二条 公司按照《中华人民共和国登记管理条例》依法登记注册,具有企业法人资格,享有法人财产权,以其全部法人财产对公司的债务承担责任,依法享有民事权利,独立承担民事责任。

第三条 公司的一切活动应遵守中华人民共和国有关法律法规,依法从事经营活动,遵守社会公德、商业道德,诚实守信,接受政府和社会监督,承担社会责任。公司的合法权益受法律保护,不受侵犯。

第四条 公司根据中国共产党章程规定设立党委和纪委(与监察部门合署办公)。公司党组织发挥政治核心作用,保证党和国家的方针、政策的贯彻执行,支持董事会、监事会和经营班子依法行使职权,支持职工代表大会开展工作,参与企业重大问题的决策,领导思想政治工作、精神文明建设和工会、共青团组织。公司应当为党组织的活动提供必要条件。

第五条 公司依照《公司法》《中华人民共和国工会法》建立工会组织,开展工会活动,加强劳动保护、职业教育和岗位培训,提高职工素质,搞好安全生产,维护职工合法权益。其他群众组织按照有关规定设置,开展活动。

第六条 公司依照《中华人民共和国劳动法》及相关法律法规制定、执行劳动人事、社会保险等管理制度。

第二章 公司名称、住所

第七条 公司名称:河北港口集团有限公司

中文简称:河北港口集团

英文名称:Hebei Port Group Co.,Ltd

第八条 公司住所:河北省石家庄市裕华东路45号

第九条 公司经营期限为永久存续。

第三章 经营宗旨和经营范围

第十条 经营宗旨:以打造国际国内一流的港口集团为目标,通过整合省内港口资源,统筹全省沿海港口建设,推动港口结构调整,实现港口功能的拓展及老港区功能的转换。以港口投资建设为主体,跨地域跨行业经营,成为具有投资、融资功能,集港口建设、开发、国有资产管理运营于一体的综合性集团公司,为我省国民经济提供一流的港口服务。

第十一条 经营范围:港口建设开发经营;投资及投资管理;房屋、港口设施、设备租赁;货物装卸、仓储经营、码头和其他港口设施经营;劳务服务。以下供下属分支机构经营：输送机、装卸货物用机械、吊运设备部件的制造、安装、维修；起重机械及部件的制造、安装、维修；国内外船舶航修、房屋设备租赁、水上辅助服务（船舶加水、接送检疫人员）；承包境外港务工程及境内国际招标工程，上述境外工程所需的设备、材料出口，对外派遣实施上述境外工程所需的劳务人员；自动消防设施安装、施工；通信电力及低压配电安装、电气安装、维修；综合布线；钢结构制造；锅炉非压力容器部分维修、劳务；通信及有线广播、电视设计、施工、安装、维修；锅炉修理、改造、安装；管道安装、维修、供水、供暖；电子技术应用、咨询服务；计算机设计、开发、安装、维修；餐饮服务、住宿、房屋设备租赁、清洁服务（以工商登记机关核定为准）。

第四章　注册资本、出资人

第十二条　公司注册资本为人民币捌拾亿元。

第十三条　公司为国有独资公司，河北省人民政府国有资产监督管理委员会（以下简称省国资委）为公司的出资人。

第五章　出资人的权利和义务

第十四条　公司不设股东会，由省国资委行使股东会的下列职权：

（一）批准公司章程；

（二）委派或者更换董事，指定董事长、副董事长；

（三）向公司派出监事会；

（四）批准董事会、监事会的报告；

（五）批准公司的年度财务预、决算方案；

（六）批准公司的利润分配方案和弥补亏损方案；

（七）对公司业绩进行考核并确定有关人员的薪酬；

（八）核定公司职工工资总额并进行调控管理；

（九）批准公司的发展战略、发展规划、经营方针和重大投融资计划；

（十）决定或报请省政府批准公司的合并、分立、解散，增加或减少注册资本、发行公司债券等重大事项；

（十一）批准公司及其重要子企业的重大对外担保、财产转让、捐赠事项；

（十二）法律、法规和规章赋予的其他职权。

第十五条　出资人履行下列义务：

（一）遵守公司章程；

（二）以出资额为限对公司承担有限责任；

（三）履行国家法律法规和本章程规定的其他义务。

第六章　董事会

第十六条　公司依法设立董事会，董事会是最高经营决策机构，对省国资委负责。

第十七条　董事会由13人组成，其中外部董事3人，职工董事1人。董事会设董事长1人，设副董事长2人，董事长为法定代表人。

董事会成员除职工董事外由省国资委委派，职工董事由公司职工代表大会选举产生。董事长、副董事长由省国资委从董事会成员中指定。

董事每届任期三年，经省国资委同意

可以连任。

第十八条　董事会行使下列职权：

（一）执行省国资委的决定、决议，并向其报告工作；

（二）制订公司发展战略、发展规划、经营方针及重大投资计划；

（三）决定公司发展规划实施方案和经营计划；

（四）制订公司投融资方案；

（五）制订公司年度财务预、决算方案；

（六）制订公司的利润分配方案和弥补亏损方案；

（七）决定公司内部管理机构的设置；

（八）制订公司合并、分立、解散、变更公司形式的方案；

（九）制订公司增加或减少注册资本的方案；

（十）拟订或修改公司章程的草案；

（十一）拟订发行公司债券方案；

（十二）根据省国资委有关规定决定聘任或者解聘公司总经理及其报酬事项。经总经理提请，决定聘任或解聘公司副总经理和总会计师、总法律顾问等高级管理人员及其报酬事项；

（十三）制定公司的基本管理制度；

（十四）听取并审议公司总经理的工作报告；

（十五）制订公司对外担保、财产转让和捐赠方案，按照省国资委规定履行有关程序；

（十六）审核或批准子公司章程；

（十七）国家法律法规和出资人授予的其他职权。

第十九条　董事长为公司的法定代表人，履行下列职责：

（一）召集和主持董事会会议；

（二）检查董事会决议的执行情况，并向董事会报告；

（三）签署董事会的重要文件和其他应由公司法定代表人签署的文件；

（四）董事会授予的其他职权。

第二十条　董事会会议应有三分之二以上的董事出席方可举行。董事因故不能出席会议时，须在会前向董事长请假，同时可以书面委托其他董事代为出席会议。委托书应载明授权范围和授权事项。

第二十一条　董事会会议分为定期会议和临时会议。定期会议每年至少召开两次，根据工作需要可召开董事会临时会议。

召开董事会临时会议的情况为：

（一）董事长提议；

（二）三分之一以上董事提议；

（三）监事会提议；

（四）总经理提议。

第二十二条　董事会会议召开的具体时间、地点由董事长确定，并在会议召开前以书面形式将会议议题、召开时间、地点告知董事。非董事的经理层成员及相关人员可列席董事会会议。

第二十三条　董事会会议由董事长主持。董事长不能履行职务或不履行职务的，由副董事长主持。

第二十四条　董事会会议决议事项采取一人一票表决的方式。若会议决定多个事项时，应逐项分别表决。

第二十五条　董事会决议分一般决议和特别决议两种形式。一般决议须经全体董事过半数通过。特别决议须经全体董事三分之二以上通过，并需报请省国资委批准同意。需特别决议通过的事项如下：

（一）修改《公司章程》；

（二）制订公司增加或减少注册资本的方案；

（三）公司发行股票或债券；

（四）制订公司合并、分立、解散的方案；

（五）需列为特别决议的其他事项。

第二十六条 董事会会议记录由到会的董事签字。会议记录按有关规定归档保存。参加会议的董事应依照董事会会议记录承担责任。

第二十七条 董事会决议须与会全体董事签字，符合本章程第二十五条规定后生效。

第二十八条 董事辞职应向省国资委提交书面辞职报告，经批准后生效。

第二十九条 董事离职后，其对公司和出资人负有的义务在其离职后的合理期间并不当然解除，其对公司商业秘密的义务在其离职后仍然有效，直到该秘密成为公开信息。其他义务的持续期间应当根据相关法律法规规定确定，无相关规定时，可根据公平原则决定。

第三十条 董事擅自离职给公司造成损失的，应当依照有关法律法规承担赔偿等责任。

第三十一条 董事应遵守本章程，忠实履行义务，维护公司利益，对公司负有诚信勤勉的义务，不得利用其在公司的地位和职权为自己谋取私利，不得从事损害公司利益的活动。

第三十二条 经省国资委同意，董事可以兼任公司总经理。公司董事长、副董事长、董事，未经省国资委同意，不得在其他有限责任公司、股份有限公司或者其他经济组织兼职。

第七章 经理层

第三十三条 公司设总经理，由董事会聘任或者解聘。总经理对董事会负责，执行董事会决议。

第三十四条 总经理行使下列职权：

（一）主持公司的生产经营管理工作，组织实施董事会决议，并向董事会报告工作；

（二）组织实施公司年度经营计划和投资方案；

（三）拟订公司内部管理机构设置方案；

（四）拟订公司的基本管理制度，并制定公司的具体规章；

（五）根据董事会授权，决定聘任或解聘相关管理人员；

（六）董事会授予的其他职权。

总经理行使职权时，不得改变董事会的决议或超越授权范围。

第三十五条 副总经理及其他高级管理人员在总经理领导下，按照经理层职能和各自分工开展工作。

第三十六条 公司总经理办公会议由总经理召集和主持，副总经理等高级管理人员及有关部门负责人参加。总经理因故不能召集和主持会议时，可委托副总经理召集和主持。总经理办公会议议题经充分讨论后，形成会议纪要，经总经理签署后执行。

第三十七条 总经理应当根据董事会或者监事会的要求，向董事会或者监事会报告公司经营管理的重大事项，总经理必须保证该报告的真实性和完整性。

第三十八条 总经理应制订总经理工作细则，报董事会审批后实施。总经理工作细则包括以下内容：

（一）总经理、副总经理及其他高级管理人员各自具体的职责及分工；

（二）总经理办公会议召开的条件、参加人员及议事程序；

（三）向董事会、监事会的报告制度；

（四）董事会认为必要的其他事项。

第三十九条 总经理违反国家法律法规或本章程，徇私舞弊或失职造成公司重大经济损失的，依照有关法律法规追究相应责任。

第四十条 本章程第二十八条至第三十二条适用于公司高级管理人员。

第八章 监事会

第四十一条 公司依法设立监事会。监事会由 9 人组成，其中职工代表 3 人。监事会成员除职工代表外由省国资委委派，监事会成员中的职工代表由公司职工代表大会选举产生。监事会主席由省国资委从监事会成员中指定。监事每届任期三年，经省国资委同意可以连任。

第四十二条 监事会行使下列职权：

（一）检查公司财务；

（二）对董事、高级管理人员执行公司职务的行为进行监督，对违反法律法规、本章程或者省国资委决定的董事、高级管理人员提出罢免的建议；

（三）当董事、高级管理人员的行为损害或可能损害公司利益时，要求董事、高级管理人员予以纠正；

（四）监事可以列席董事会会议，并对董事会决议事项提出质询或者建议；

（五）监事会发现公司经营情况异常，可以进行调查；必要时，可以聘请会计师事务所等协助其工作，费用由公司承担；

（六）法律法规和省国资委规定的其他职权。

第四十三条 监事会的议事方式和表决程序按照《公司法》《国有企业监事会暂行条例》等有关规定执行。

第九章 公司内部管理结构及运行机制

第四十四条 公司实行以下母子公司管理体制及运行机制：

（一）公司作为战略规划、资本运营和决策中心，统筹经营管理公司的国有资产，对所属企业依法行使出资人权利；集中管理使用所出资企业的国有资产收益、国有资产转让和变现收入，进行国有资本的再投入和结构调整，并相应承担保值增值责任；按照有关规定对所属子(分)公司管理人员和各部门负责人的考核、奖惩及薪酬等事项进行管理；委派全资子公司的董事和监事，对控投子公司和参股企业委派股东代表，按出资比例推荐董事会、监事会成员。

（二）所属子(分)公司作为生产经营和利润中心，按照公司的发展规划和经营方针，在公司的授权范围内自主经营、自负盈亏，负责本公司经营计划的具体实施和生产管理工作，承担本公司所属资产的保值增值责任。

第四十五条 公司按照“精干、效能、统筹、创新”的原则和扁平化的要求，建立综合与专业工作部门，承担产权与资本运营、人力资源配置、日常营销管理、财务预决算考核、发展战略规划与重大投资决策、安全与科学管理、法律风险防范、党建群团工作等职能。并根据工作需要设立若干专项业务机构，承担相关专项业务职能。

第十章 财务会计、利润分配和审计

第四十六条 公司应按照国家有关法律法规和国务院财政部门的规定，建立公司的财务管理、会计核算制度和内部审计制度。

第四十七条 公司应在每一会计年度终了时编制财务会计报告，并依法经会计师事务所审计。

第四十八条 公司依法缴纳企业所得税，税后利润按下列顺序分配：

（一）弥补以前年度亏损；

（二）提取10%的法定公积金；

（三）提取任意公积金，其提取比例及用途由省国资委授权董事会决定；

（四）向出资人分配利润。

第四十九条 公司法定公积金累计额为公司注册资本的50%以上时，可不再提取。公司的公积金用于弥补亏损、扩大公司的生产经营或转增公司资本，当其转增资本时，其转增后留存的法定公积金不得少于转增前公司注册资本的25%。

第五十条 公司除法定的会计账册外，不得另立会计账册。对公司资产，不得以任何个人名义账户存储。

第十一章 章程修改

第五十一条 公司董事会可根据需要提出修改公司章程意见。

第五十二条 有下列情形之一的，公司应修改章程：

（一）变更公司名称或依据；

（二）变更经营范围或注册资本；

（三）因其他情况需要修改章程条款的。

第五十三条 章程修改经省国资委批准后，公司应及时向工商登记机关办理变更登记或备案。

第十二章 公司解散与清算

第五十四条 公司有下列情形之一的，可以解散：

（一）省国资委决定并经省政府批准解散；

（二）因公司合并或分立需要解散；

（三）依法被吊销营业执照、责令关闭或被撤销。

第五十五条 公司解散，应依法组成清算组，制定清算原则、程序并进行清算。清算结束后，清算组应当制作清算报告，报有关主管机关确认，并报工商登记机关，申请注销公司登记，公告公司终止。

第十三章 附 则

第五十六条 《公司法》及本章程未作出明确规定的事项，涉及股东权利的，由省国资委决定；其他事项由公司董事会决定。

第五十七条 本章程经省国资委批准，自公司登记注册之日起生效。

第五十八条 本章程由省国资委负责解释。

河北港口集团有限公司董事会工作规则

第一章　总　则

第一条　为健全完善河北港口集团有限公司（以下简称集团公司）法人治理结构，规范董事会运作程序，理顺内部工作关系，保障董事会及其成员依法行使职权，根据《中华人民共和国公司法》、《河北港口集团有限公司章程》（以下简称《公司章程》）的有关规定，特制定本规则。

本规则适用于集团公司全体董事、列席董事会的监事、高管人员及其他相关人员。

第二章　董事会的性质与人员组成

第二条　董事会是集团公司的最高经营决策机构，对省国资委负责。

第三条　董事会由13人组成，其中外部董事3人，职工董事1人。董事会设董事长1人，设副董事长2人。

第四条　董事每届任期为3年。

第五条　董事长为集团公司法定代表人。

第六条　董事会接受监事会的监督。

第三章　董事会的职权以及日常工作

第七条　董事会行使以下职权：

（一）执行省国资委的决定、决议，并向其报告工作；

（二）制订集团公司发展战略、发展规划、经营方针及重大投资计划；

（三）决定集团公司发展规划实施方案和经营计划；

（四）制订集团公司投融资方案；

（五）制订集团公司年度财务预、决算方案；

（六）制订集团公司的利润分配方案和弥补亏损方案；

（七）决定董事会内部工作机构和集团公司内部管理机构的设置；

（八）制订集团公司合并、分立、解散、变更集团公司形式的方案；

（九）制订集团公司增加或减少注册资本的方案；

（十）拟订或修改《公司章程》的草案；

（十一）拟订发行集团公司债券方案；

（十二）根据省国资委有关规定决定聘任或者解聘集团公司总裁及其报酬事项。经总裁提请，决定聘任或解聘集团公司副总裁和总会计师、总法律顾问等高级管理人员及其报酬事项；

（十三）制定集团公司的基本管理制度；

（十四）听取并审议集团公司总裁的工作报告；

（十五）制订集团公司对外担保、收购、财产转让、捐赠、兼并其他企业或转让下属公司股权方案，按照省国资委规定履行有关程序；

（十六）审核或批准子公司章程；

（十七）聘请或更换为集团公司审计的会计师事务所；

（十八）向全资子公司、控股子公司和

参股公司推荐董事、监事、总经理和财务负责人等人选；

（十九）国家法律法规和出资人授予的其他职权。

第八条 董事会的日常工作包括：

（一）联络省国资委，听取和征询省国资委意见；

（二）保证集团公司经营的合法性、财务信息的真实性和完整性；

（三）检查和督促集团公司经营层的工作，评价集团公司的生产经营活动；

（四）检查集团公司各项计划（方案）的落实情况和运行状态，及时向经营层提出指导和修正的意见，并做好备忘录；

（五）审计集团公司经营情况，审核月度财务报表和资料；

（六）定期、定事征求监事会、党委会、工会对集团公司生产经营和日常重要业务的意见，督促改进经营层的工作；

（七）组织市场调研、产业远景预测。了解集团公司的用户信息、集团公司的外在形象和信誉，改进工作质量，修正集团公司的发展策略。

第四章 董事长、副董事长、董事的职权和责任

第九条 董事长的职权：

（一）召集和主持董事会会议；

（二）检查董事会决议的执行情况，并向董事会报告；

（三）签署董事会的重要文件和其他应由集团公司法定代表人签署的文件；

（四）董事会授予的其他职权。

第十条 副董事长协助董事长开展工作，董事长不能主持或不主持董事会会议的，由副董事长主持。

第十一条 董事的职权：

（一）出席董事会会议并行使表决权；

（二）根据《公司章程》规定或董事会委托授权对外代表集团公司处理有关事务；

（三）根据《公司章程》规定或董事会委托授权执行集团公司业务；

（四）在集团公司内部行使其分管工作的职责，包括为公司决策和开展业务活动提供个人意见。

第十二条 董事长、副董事长、董事承担以下责任：

（一）遵守国家法律法规和《公司章程》规定，执行董事会决议，忠实履行岗位职责，维护股东和集团公司利益；

（二）不得利用在集团公司的地位和职权谋取私利、收受贿赂或其他非法收入，不得侵占集团公司财产；

（三）不得泄露集团公司的秘密；

（四）不得自营或为他人经营与集团公司经营范围相同的业务或从事损害集团公司利益的活动；

（五）对董事会的决议承担责任。董事会的决议违反法律、法规或《公司章程》，致使集团公司遭受严重损失的，或者没有执行省国资委决定，致使集团公司遭受损害的，按照激励和约束、权利和责任相一致的原则，董事长、副董事长和董事应承担相应的责任。但经证明在表决时曾表明反对意见并有书面记载的，该董事可免除责任。

第五章 董事会所属机构

第十三条 董事会办公室是董事会日常办事机构，在董事会领导下，负责日常工作，包括：

（一）负责董事会会议的组织和协调工作，包括安排会议议程、组织会议召开、负责会议记录及会议决议的起草工作。

（二）协助董事会依法行使职权。

（三）为召开董事会，进行会前准备、会后归档，编制、编发和保管文件。

（四）保管好集团公司工商注册、股本构成、董事、监事、经营层人员个人档案等资料、编印成册，视情况及时修订。

（五）建立健全董事会内部议事、办公、考勤记录等，保证董事会办事效率。

（六）负责协调与省国资委的沟通。

（七）协助董事会做好董事会下属各专业委员会的工作。

第十四条 集团公司董事会设立以下专业委员会，作为董事会的议事机构和专家咨询机构，委员会主任可由董事长或董事兼任：

（一）战略发展与投资委员会。负责对集团公司的发展战略和规划、计划执行情况进行分析，根据国家政策及经济发展趋势，对集团公司经营发展战略和中长期发展规划提出建议，对集团公司拟订的投资方案进行分析和咨询论证，根据国家政策和集团公司发展需要，研究并提出企业对外投资的建议或意见，供董事会决策参考。

（二）提名与人力资源委员会。负责对集团公司及下属分、子公司高、中层管理人员的任免提出相关建议或意见，对涉及集团公司及分、子公司人力资源政策制度和规划的制定、人力资源的合理配置、关键岗位人才的开发培养、重要人事干部的任免和管理等事项提供意见，供董事会决策参考。

（三）预算与考核薪酬委员会。负责对集团公司及下属分、子公司的财务预算及高、中层管理人员的薪酬、奖惩方案进行咨询论证，提出相关建议或意见，供董事会决策参考。

（四）审计与监察委员会。负责对集团公司内部控制、财务信息和内部审计等进行监督、检查和评价，调查处理违纪违规行为，并提出相关工作建议，供董事会决策参考。

第六章 董事会议事规则

第十五条 董事会会议的召集。

（一）董事会会议应由三分之二以上董事出席方可举行。

（二）董事会会议的召集人为董事长。董事长因特殊原因不能召集时，应授权由一名副董事长召集。

（三）董事会办公室负责董事会会议的会务工作。

第十六条 董事会会议制度。

（一）董事会会议分定期会议和临时会议。董事会定期会议每年至少召开两次。

（二）有下列情形之一的，应召开董事会临时会议：

1. 董事长提议；
2. 三分之一以上董事提议；
3. 监事会提议；
4. 总裁提议。

（三）董事会会议应在会议召开前通

知全体董事和监事，必要时通知集团公司其他高级管理人员和相关人员。董事会会议通知的内容包括会议日期、地点、会议议题等，并同时提供足够的资料，包括会议议题的相关背景资料和有助于董事了解集团公司业务进展的信息及数据。

（四）董事会临时会议在保障董事充分表达意见的前提下，可采用传真等方式进行并做出决议，并由董事签字。

（五）董事会就集团公司的重大事项进行议事，最后通过表决形成决议。董事因故不能出席，可以书面委托其他董事代为出席董事会会议，委托书应载明授权范围和表决意见。

第十七条 董事会议案的提出。凡需提交董事会讨论的议案，应向董事会办公室提出，由董事会办公室按照有关规定提请董事会讨论并做出决议。

第十八条 董事会议案的表决。

（一）董事会无论采取何种形式召开，董事每人享有一票表决权，出席会议的董事对会议讨论的各项议案需有表决意见，表决意见应明确分为同意或者不同意，在会议决议和董事会会议记录上签字。

（二）董事会形成的决议分为一般决议和特别决议。一般决议须经全体董事过半数通过。特别决议须经全体董事三分之二以上通过，并需报请省国资委批准同意。

（三）需特别决议的事项有：

1. 修改《公司章程》；

2. 制订集团公司增加或减少注册资本的方案；

3. 集团公司发行股票和债券；

4. 制订集团公司合并、分立、解散的方案；

5. 需列为特别决议的其他事项。

（四）除特别决议事项外，其他事项为一般决议事项。

（五）董事会的决议如果违反法律法规、《公司章程》或本工作规则，给集团公司造成重大损害的，对于表决同意并在决议上签字的董事须承担相应的责任。但经证明在表决时曾表明反对意见并有书面记载的，该董事可免除责任。

（六）对本规则议事范围的事项，因未经董事会决议而实施的，如果实施结果造成了经济损失，由行为人负全部责任。

（七）列席董事会会议的集团公司监事和其他高级管理人员对董事会讨论的事项，可以充分表达自己的建议和意见，供董事会决策时参考，但没有表决权。

（八）董事会就关联交易进行表决时，与关联方或关联人有任何利害关系的董事，在董事会就该事项进行表决时，应当回避，不参与表决。若由于关联董事的回避而无法使该项决议获得通过时，关联董事应在声明其系站在集团公司的立场上并保证该项关联交易不侵害集团公司的利益后方可参与表决，有关声明应在董事会决议中详细说明。

第十九条 董事会决议的实施。

（一）董事会决议一经形成，应即由集团公司总裁组织贯彻落实，由相关部门负责实施并就实施情况和存在的问题及时向总裁汇报，总裁就反馈的执行情况及时向董事长汇报。

（二）董事会就落实情况进行督促和检查，有权就董事会决议的落实情况向有关执行者提出质询，对具体落实中违反董事会决议的,要追究执行者的个人责任。董事会办公室协助董事会负责董事会决议的督促和检查工作。

1. 董事会对总裁及经营班子进行成果检查。检查总裁及经营班子对董事会的决议、决策、决定执行情况,并提出质询和整改建议;

2. 董事会对总裁及经营班子成员的生产经营管理工作做出检查、考核,并由董事会对总裁(经营班子)的效绩做出评价和奖罚;

3. 董事会检查集团公司执行规章制度的情况、集团公司和下属分、子公司的工作秩序和效果,并向总裁(经营班子)提出质询和整改建议;

4. 董事长就监事会对董事会提出的总裁(经营班子)监督案,负责召集董事会审议和处置,并记录在案。

(三)每次召开董事会,董事有权就历次董事会决议的落实情况,向有关执行者提出质询。

第二十条 董事会的会议记录。董事会办公室对董事会会议所议事项应制成会议记录,会议记录应记载会议的时间、场所、出席者姓名、主持人姓名、决议方法、议事经过的要领及结果。

第七章 附 则

第二十一条 本规则未尽事宜,依照《公司法》和《公司章程》及有关法律和行政法规的规定。

第二十二条 本规则解释权属集团公司董事会。

第二十三条 本规则自公布之日起实施。

河北港口年鉴

2013

河北港口集团秦皇岛港口博物馆 编

方志出版社
Publishing House of Local Records

图书在版编目(CIP)数据

河北港口年鉴. 2013/ 河北港口集团秦皇岛港口博物馆编.
— 北京： 方志出版社， 2019.2
ISBN 978-7-5144-3698-3

Ⅰ. ①河… Ⅱ. ①河… Ⅲ. ①港口企业—企业集团—河北
—2013—年鉴 Ⅳ. ①F552.722

中国版本图书馆 CIP 数据核字(2019)第 043090 号

河北港口年鉴 2013

编　　者：河北港口集团秦皇岛港口博物馆
责任编辑：梅中英

出 版 人：冀祥德
出 版 者：方志出版社
地址　北京市朝阳区潘家园东里 9 号(国家方志馆 4 层)
邮编　100021
网址　http://www.fzph.org
发　　行：方志出版社图书经销中心
电话　(010) 67110600
经　　销：各地新华书店
印　　刷：廊坊市蓝海德彩印有限公司

开　　本：787 × 1092　　1/16
印　　张：21
字　　数：440 千字
版　　次：2019 年 2 月第 1 版　2019 年 2 月第 1 次印刷
印　　数：001 ~ 300 册

ISBN 978-7-5144-3698-3　　定价：200 元